ANTIM

DU MÊME AUTEUR

Quelle transformation de la société ?
avec Jean-Christophe Cambadélis et Gilbert Wassermann,
Éditions de l'Atelier, 1995.

Stratégie et moyens de développement de l'efficacité énergétique et des sources d'énergie renouvelables en France,
La Documentation française, 2000.

Sauver la Terre
avec Agnès Sinaï, Fayard, 2003.

Pétrole apocalypse
Fayard, 2005.

L'équipe :
Yasmine Bonhomme ; Bernard Degril ; Marion Lacroix ;
Joëlle Parreau ; Loïc Pennanéac'h.
Première de couverture : Maurizio Cattelan, *Untitled*, 1997.

ISBN : 978 2 7495 0845 0

Cet ouvrage a été réalisé avec des encres végétales sur du papier PEFC 100% issu de forêts gérées durablement, chez un imprimeur respectant toutes les normes environnementales.
Imprimé en France par I.M.E. 25112 Baume-les-Dames

Yves Cochet

Antimanuel d'écologie

Éditions Bréal

1, rue de Rome - 93561 Rosny-sous-Bois Cedex

S O M M

Est-il raisonnable d'être alarmiste ?

Regarde.

Cette maison où l'on rentre le soir n'est-elle pas la même qu'au matin ? La forêt où l'on revient se promener n'est-elle pas identique à ce qu'elle était la première fois ? Et la mer ? La mer dans laquelle on s'est toujours baigné l'été depuis l'enfance. Pareille ? Pas tout à fait. La plage est parfois recouverte d'algues en plus grand nombre que jadis, parfois jonchée de boulettes goudronnées noirâtres. Pourquoi tant d'algues qu'un engin ramasse aux petits matins du mois d'août ? D'où proviennent ces galettes de marée noire ? La forêt elle-même n'est finalement pas celle de notre souvenir. Elle est plus bruyante de monde et d'autos, moins vivante de plantes et d'animaux, diminuée par le lotissement en bordure.

Partir ? Aller plus loin ? Mais l'on sait qu'au loin, très loin, c'est la même chose, les voisinages de tous sont également touchés. Nous avons vu le sol craquelé de soif en Somalie et les détritus innombrables qui recouvrent le Nil au Caire. Nous avons senti les inspirations malsaines de l'air à Los Angeles, à Mexico, à Pékin. Nous ne retournons plus en vacances à Saint-Michel-en-Grève, où des marées vertes empuantissent la plage. À l'autre bout du monde, sur l'île de Tuvalu, le corail meurt dans l'acidité de l'océan. Ici, ailleurs. Ma forêt, leur forêt, ma mer, leur mer. La planète entière est malade.

L'écologie est une pensée globale (› chapitre 1).

Les molécules d'eau voyagent. Flottant à la surface de l'océan, elles montent au ciel évaporées par la chaleur du soleil, se regroupent avec leurs semblables pour former un nuage qui se heurte bientôt à une masse d'air chaud, le précipitant en gouttes de pluie. L'eau s'infiltre dans la terre ou ruisselle sur le sol vers la rivière qui coule jusqu'à l'océan. Et tout recommence. En apparence. Mais pourquoi l'Elbe a-t-elle inondé la ville de Dresde en plein été 2002 ? À l'inverse, pourquoi pleut-il moins à Djibouti ?

Les molécules de dioxyde de carbone – le CO_2 – voyagent aussi. Dans l'atmosphère d'abord, où elles se trouvent peu concentrées. Puis, au contact des mers, elles se dissolvent, ou bien, au contact des végétaux, elles sont absorbées et transformées par la photosynthèse en substances biochimiques carbonées que les animaux et les humains ingèrent. Tous ces êtres vivants respirent en émettant du CO_2. Ils meurent aussi, se décomposent et se fossilisent longuement en tourbe, charbon, gaz naturel et pétrole que nous brûlons dans différentes activités, émettant ainsi de nouvelles molécules de dioxyde de carbone dans l'atmosphère. La boucle est bouclée. En quelles quantités tout cela ? Comment ce cycle du carbone a-t-il évolué depuis trois siècles ? Et qu'en est-il du cycle de l'azote ? De celui du phosphore ? En fait, tous les grands systèmes naturels sont perturbés.

L'écologie est une pensée systémique (➤ chapitre 2).

Perturbations ? Mais le monde a toujours été perturbé ! Oui, mais pas à cette vitesse-là. Les sols s'appauvrissent, les volumes d'eau douce diminuent, la biodiversité se réduit plus rapidement que jamais dans l'histoire de l'humanité. Tandis que les concentrations de dioxyde de carbone et autres gaz à effet de serre augmentent fortement depuis la révolution industrielle.

Pis, ces bouleversements s'accélèrent. En Antarctique existent deux immenses plaques de glace, l'une à l'est, l'autre à l'ouest. Le volume de ces plaques représente 90 % des glaces du monde. Si la seule plaque ouest basculait dans l'océan, le niveau moyen des mers augmenterait de 6 mètres. Or, dans les douze dernières années, trois énormes blocs de la péninsule ouest se sont effondrés dans l'eau, et les glaciers qui les alimentaient s'amincissent de plus en plus rapidement. Aux antipodes, l'Arctique n'est pas en reste. Les régions au sol gelé en permanence (le pergélisol), notamment les tourbières de la toundra, renferment

du méthane piégé dans la glace depuis dix mille ans. Le début de réchauffement que nous connaissons aujourd'hui fait fondre le pergélisol qui libère le méthane. Ce gaz possède un potentiel de réchauffement de l'atmosphère vingt fois plus important que celui du CO_2. Cela conduit à une accélération du changement climatique. Le réchauffement augmente le réchauffement.
L'écologie est une pensée de l'accélération (› chapitre 3).

En Afrique subsaharienne, le sol s'appauvrit en éléments nutritifs, azote, phosphore, potassium. Pauvres céréales du Zimbabwe ! Près de 1 million de kilomètres carrés sont menacés de dégradation irréversible. Un petit crapaud d'Europe, le sonneur à ventre jaune, est en voie de disparition en raison des drainages et de la pollution des eaux. Ces risques sont prévisibles. D'autres ne le sont pas. Le bassin de l'Amazone, actuellement en phase humide, pourrait basculer en phase sèche si un certain seuil de déforestation était dépassé. Personne ne connaît ce seuil. Mais l'on peut imaginer les conséquences dramatiques d'un tel basculement. L'écologie est une pensée de l'irréversible et de l'imprévisible (› chapitre 4)

La terre en danger sous l'effet du réchauffement climatique. Photographie de Jonas Hamers, 2007.

La majorité des affaires humaines que traite la politique n'a aucun rapport avec l'environnement. La sécurisation des caisses de retraite en 2040, la fixation du taux directeur de la Banque centrale européenne, la question du voile islamique à l'école… sont autant de questions qui sont débattues entre humains, sans que ces négociateurs prêtent une quelconque attention à la catastrophe environnementale au cours de leurs confrontations. Les issues possibles de telles discussions sont souvent pesées en termes de rapports de force, d'intérêts, d'acquis, d'opinions, de points de vue, de traditions et autres traits propres à la psychologie sociale. Les questions et les problèmes environnementaux sont essentiellement autres. Ils ne touchent pas d'abord les humains, mais la nature. Ils sont, pour une part, mesurables par

quelque méthode experte. Les données scientifiques qui les définissent sont peu sujettes à contestation. La catastrophe environnementale est objective. La nature ne négocie pas.
L'écologie est une pensée matérialiste (› chapitre 5).

Pendant des dizaines de milliers d'années, et jusqu'à fort récemment, nos cinq sens, alliés à notre réflexion, furent nos instruments les plus fiables de protection contre les risques « naturels ». Il n'en est plus de même aujourd'hui. Avons-nous déjà vu, de nos yeux nus, le trou dans la couche d'ozone ? Sommes-nous capables de sentir la concentration de CO_2 dans l'atmosphère ? De comptabiliser la perte de biodiversité dans la forêt voisine ? De savoir si cette eau claire est potable ? De la catastrophe environnementale, je ne vois, je ne perçois presque rien. La plupart des problèmes qui se présentent échappent à nos sens, et même à notre réflexion. Notre odorat nous dit, bien sûr, que l'air sent mauvais dans les villes, notre vue nous retient de nous baigner dans une rivière mousseuse. Mais ces signaux ne nous informent pas sur l'ampleur du désastre. Les questions environnementales ne peuvent désormais être appréhendées avec justesse que par l'intermédiaire de mesures scientifiques et d'experts susceptibles de les interpréter.
L'écologie est une pensée de la mesure (› chapitre 6).

Carl W. Röhrig, *Le Trou de la couche d'ozone*, 1987.

Pourtant, la totalité de ces problèmes environnementaux provient des activités humaines. Il reste encore quelques négationnistes du changement climatique, mais peu de monde conteste à présent les impacts destructeurs de l'agriculture chimique sur les sols et les eaux, des transports sur la qualité de l'air, de l'industrie sur l'épuisement des ressources non renouvelables. Curieusement, depuis le début de l'ère industrielle en Occident, puis son expansion au monde entier, les penseurs du productivisme n'ont jamais envisagé les dégradations subies par la nature en amont de la production, pas plus que les dommages des rejets en aval de la consommation. Qu'ils soient libéraux ou marxistes, leurs pensées et leurs débats se sont focalisés sur les questions de propriété des moyens de production et des rapports afférents, de la croissance économique mesurée au chiffre d'affaires ou au produit intérieur brut, et des modalités de la redistribution, toutes considérations étroitement humaines qui oublient complètement les relations que les sociétés entretiennent nécessairement avec la biosphère. Mais il n'y a pas de repas gratuit dans la nature. Il nous faut aujourd'hui payer l'addition.
L'écologie est une pensée de la responsabilité (› chapitre 7).

Dans tous les domaines d'affaires spécifiquement humaines, la « communauté internationale » est plus ou moins parvenue à créer des instances mondiales, onusiennes ou non, afin de prévenir, réguler et sanctionner les inévitables conflits entre intérêts nationaux. L'Organisation des Nations unies (ONU) elle-même est censée s'occuper de la guerre et de la paix. Puis, comme leur nom l'indique, l'Organisation mondiale de la Santé (OMS), le Bureau international du travail (BIT)... jusqu'à l'Organisation mondiale du commerce (OMC). En revanche, dans le domaine de l'environnement, existent seulement des Accords multilatéraux sur l'environnement (AME), d'autant plus faibles qu'ils sont plus nombreux (il y en a plusieurs centaines) Il n'y a pas d'Organisation mondiale de l'environnement (OME), dotée d'une autorité et d'une puissance comparables à celles de l'OMC, par exemple. Même dans les instances les plus respectées en matière d'environnement, telle la Convention climatique, les représentants des États semblent plus habités de nationalisme économique qu'épris de souci environnemental.
L'écologie est une pensée du droit (› chapitre 8).

Certaines sociétés ou civilisations se sont effondrées faute de comprendre les processus biophysiques dont elles dépendaient et d'exercer leur vigilance sur la qualité de leur environnement. Les exemples les plus fameux sont ceux des habitants de l'île de Pâques, des Mayas du Yucatán et de la civilisation khmère. Mais c'est la première fois que l'humanité entière, sur toute la planète, est confrontée à un ensemble de phénomènes de dégradation dont les caractéristiques sont toutes nouvelles. La première fois que tous les grands cycles de sustentation de la vie, eau, carbone, azote..., sont simultanément perturbés. Que ces perturbations ont atteint des vitesses, voire des accélérations, jamais égalées. La première fois qu'on voit de telles irréversibilités et de telles imprévisibilités. Que la survie de l'espèce humaine est menacée par une catastrophe dont les manifestations sont non humaines, et sont peu perceptibles par nos sens et notre raison. Mais dont, paradoxalement, les origines sont toutes humaines, et qu'aucune instance internationale n'a le pouvoir de résorber. Nous n'avons pas anticipé les transformations du monde dont nous sommes pourtant les acteurs. Les conséquences de nos propres actions nous semblent étrangères. « Nous n'avons pas voulu cela » pourraient se lamenter les principaux responsables de ce pitoyable état de la planète, faute d'avoir eu une pensée complète du changement.

L'écologie est une pensée du changement (› chapitre 9).

Le jour où la Terre s'arrêtera, film de Scott Derrickson, avec Jennifer Connelly, 2008.

Munie d'une telle ambition, l'écologie devrait être à même de déployer un projet de société dans lequel l'épanouissement individuel et collectif serait l'objectif affiché, et dans lequel des politiques publiques précises, nationales et planétaires, seraient décrites pour y parvenir. C'est ce à quoi s'adonnent souvent les partis écologistes au moment des élections, à l'instar de tous les autres partis politiques. Or, l'ampleur et l'urgence des bouleversements biophysiques contemporains nous interdisent de laisser croire que le siècle qui s'annonce puisse être placé sous le signe de l'épanouissement humain. Plusieurs raisons nous conduisent à cette conclusion désespérante. L'une d'entre elles est simplement que le temps nous manque pour réaliser les changements fondamentaux qu'exige la situation. Vous avez entendu parler du changement climatique et du protocole de Kyoto, bien sûr. Il s'agit de la constatation d'émissions excessives de gaz à effet de serre dans l'atmosphère, ce que j'appelle l'« aval du carbone ». Mais avez-vous connaissance du pic de Hubbert ? Il s'agit de l'origine géologique des excès de carbone dans l'atmosphère, ce que je nomme l'« amont du carbone », c'est-à-dire l'extraction croissante d'énergies fossiles, charbon, gaz, pétrole, pour satisfaire notre énergivoracité. Les méthodes du géophysicien Marion King Hubbert permettent d'estimer que la production mondiale de pétrole est proche du déclin, voire déjà déclinante. Vu l'importance première du pétrole dans l'économie mondiale, le choc imminent de la crise énergétique bouleversera toutes les sociétés, dans tous les domaines, sur tous les continents. Ce n'est pas pour demain, c'est pour aujourd'hui. Quelques scientifiques ont évalué que l'humanité pourrait éventuellement s'en sortir par une transition énergétique radicale mais progressive, à condition de mettre en œuvre cette transition au moins vingt ans avant le déclin pétrolier. Le malheur veut que nous n'ayons plus vingt ans devant nous, mais au mieux quelques années. Le choc est donc inévitable. Nous ne sommes plus dans le projet de société « épanouissant » mais dans l'urgence de la survie, dans le compte à rebours.

L'écologie est une pensée de l'urgence.

L'écologie est une pensée du devenir humain, ici et maintenant (› chapitre 10).

À chaque époque et dans toute société, la vision politique du monde – l'idéologie dominante, si vous voulez – est influencée par l'état courant des sciences et des techniques. Lorsque cette vision ne peut s'adapter à l'avancée des connaissances, ou tarde à le faire, il y a crise. Au XVIIIe siècle, en Occident, la naissance et l'essor de la pensée libérale – tant économique que politique – correspondent à la vision horlogère du monde issue de la physique de Newton et de Laplace. Au XIXe siècle, toujours en Occident, l'avènement concomitant de la révolution industrielle, de la philosophie du progrès, de la thermodynamique de Carnot, de la théorie de l'évolution de Darwin et des analyses économiques de Marx bouleverse la vision précédente.

Au XXe siècle, encore en Occident, certains travaux scientifiques décrivent le milieu terrestre comme un système ouvert, recevant et dissipant des flux d'énergie qui peuvent, localement et dans certaines circonstances, provoquer des phénomènes de structuration et de complexification sur fond de dégradation et d'entropie. Parallèlement à ces recherches scientifiques, les écologistes politiques d'aujourd'hui développent l'idée que tout système auto-organisateur (organisme vivant, individu, ville, institution, entreprise, société…) apparaît comme une structure qui se maintient, évolue et se reproduit en échangeant matière, énergie et information avec son environnement. De cette vision du monde se déduit la nécessité de la qualité du milieu naturel pour le bon fonctionnement des échanges. Se déduit aussi l'intégration, dans la pensée politique, de la création continuelle de formes sociales dans le temps de l'histoire : l'inattendu, le nouveau, le singulier sont inévitables dans notre monde. Cela s'oppose à tout dogmatisme figé, à toute doctrine éternelle, à tout totalitarisme glaciaire. Se déduit enfin l'ouverture du futur à l'influence et au choix des acteurs. Ce qui adviendra n'est qu'une des réalisations de multiples futurs possibles, selon l'enchevêtrement des rencontres et des actions des êtres humains. L'avenir se construit.

L'écologie est une pensée totale. L'écologie est un paradigme (› chapitre 11).

Longtemps les écologistes ont eu raison trop tôt. Aujourd'hui, l'histoire rattrape leurs analyses. Le productivisme, la mondialisation et le marché libre constituent des attaques sans précédent contre les conditions élémentaires de la vie sur terre. Les conséquences écologiques et sociales de ces attaques sont désormais mesurables partout. Il est de notre responsabilité de présenter une autre voie politique, une nouvelle vision du monde, qui permette à chacun d'ouvrir les yeux. Notre analyse politique marque une rupture avec les projets félicistes (« en votant pour nous, ça ira mieux demain »). Notre action n'est plus guidée par les vœux pieux de programmes souriants qui ne se réalisent pas, avec pour conséquence les désillusions, les déceptions et même l'abstention des citoyens. Nous ne cherchons pas à construire un impossible monde meilleur, mais à réduire les conséquences sociales du pire qui arrive. Nous n'avons pas choisi cette réalité de la catastrophe écologique, elle s'impose à tous. Nous avons même intensément lutté depuis trente ans pour essayer de l'éviter. Nous avons échoué. Notre responsabilité est désormais de changer de posture. De nous préparer à affronter l'inflation, la récession, les tensions sociales et internationales, la guerre.

À cette fin, une seule inspiration doit guider les politiques publiques dans tous les pays : protéger les citoyens contre les conséquences de la catastrophe écologique. Ce qui impose, pour les pays riches, la décroissance de leur empreinte écologique, notamment en matière d'énergie. Cette politique de décroissance, de sobriété individuelle et collective, est la seule susceptible de sauvegarder les valeurs cardinales de la paix, de la démocratie et de la solidarité. Plus n'est pas nécessairement mieux. Moins n'est pas nécessairement pire.

L'écologie est une pensée politique (› chapitre 12).

Vestiges industriels, Zwickau (Saxe), 2007.

TEXTES

Aristote (philosophe, 384-322 av. J.-C.)

Extraordinaire diversité animale

En général, les animaux varient selon les climats ; ainsi, de même que quelques-uns ne vivent pas du tout dans certaines contrées, de même, dans certaines contrées où ils peuvent vivre, ils sont plus petits ; leur vie y est plus courte, et ils ne s'y portent pas bien. Quelquefois, ces différences sont sensibles dans des régions très rapprochées les unes des autres ; et, par exemple, en certains endroits de la Milésie fort voisins entre eux, il y a des cigales dans ceux-ci ; il n'y en a point dans ceux-là. Dans l'île de Céphalonie, une rivière sépare deux cantons, l'un où l'on trouve la cigale, et l'autre où elle ne se trouve plus. Dans la Pordosélène, un chemin seulement sépare les cantons où en deçà il y a des belettes ; et où au-delà, il n'y en a point. En Béotie, il y a beaucoup de taupes aux environs d'Orchomène, tandis que dans la Lébadie, qui en est toute voisine, il n'y en a point ; et si l'on en apporte, elles ne veulent point y fouiller la terre. À Ithaque, les lièvres ne vivent pas, si l'on en apporte et qu'on les y lâche ; mais on les trouve bientôt morts sur la côte, tournés vers l'endroit d'où on les a apportés. En Sicile, on ne voit pas de fourmis-cavalières ; et jadis à Cyrène, il n'y avait pas de grenouilles coassantes. On ne trouverait pas dans la Libye entière, ni un sanglier, ni un cerf sauvage, ni une chèvre sauvage. Dans l'Inde, à ce que prétend Ctésias, d'ailleurs si peu digne de foi, on ne trouve ni porc, ni sanglier ; et tous les animaux qui n'ont pas de sang et qui ont des écailles y sont d'une grandeur démesurée. Dans le Pont-Euxin, on ne trouve ni de mollusques, ni de testacés, si ce n'est en quelques endroits et en très petit nombre. Au contraire, dans la mer Rouge, tous les testacés sont énormes. En Syrie, les moutons ont des queues larges d'une coudée ; et les chèvres y ont des oreilles longues d'une palme et de quatre doigts ; quelques-unes même les ont traînantes jusqu'à terre. Les bœufs, ainsi que les chameaux, y ont des crinières au sommet des épaules. En Lycie, on tond les chèvres, comme ailleurs on tond les moutons. En Libye, les béliers qui ont des cornes les ont en naissant ; et ce ne sont pas les mâles seulement, comme le dit Homère, ce sont aussi les autres.

Histoire des animaux (vers 347-342 av. J.-C.), trad. J. Bertier, Gallimard, 1994.

Aimé Césaire (poète et homme politique, 1913-2008)

La condition-mangrove

Le désespoir n'a pas de nom
Une main agite mou le drapeau de toutes les redditions
C'est le grand anguillard qui nous fait signe
Que les gentillesses sont hors de saison
On tourne en rond. Autour du pot.
Le pot au noir bien sûr.
Noire la mangrove reste un miroir.
Aussi une mangeoire.
La mangrove broie-tapie à part.
La mangrove respire. Méphitique. Vasard.
La tourbière serait bien pire.
(Ce n'est rien que du haut : mort à la base
même portant beau)
Au contraire le fruit flotte le poisson grimpe
aux arbres
On peut très bien survivre mou
En prenant assise sur la vase commensale
L'allure est des forêts.
La dodine
Celle du balancement des marées.

Moi laminaire, Le Seuil, 1982.

Hans Jonas (philosophe, 1903-1993)

L'avenir de l'humanité et l'avenir de la nature

L'avenir de l'humanité est la première obligation du comportement collectif humain à l'âge de la civilisation technique devenue « toute-puissante » *modo negativo*. Manifestement, l'avenir de la nature y est compris comme condition *sine qua non*, mais même indépendamment de cela, c'est une responsabilité métaphysique en soi et pour soi, depuis que l'homme est devenu dangereux non seulement pour lui-même, mais pour la biosphère entière. Même si les deux choses se laissaient séparer – c'est-à-dire si, avec un environnement ravagé (et remplacé en grande partie par des artefacts), une vie digne d'être appelée humaine était possible pour nos descendants – la plénitude de vie produite pendant le long travail créateur de la nature, et maintenant livrée entre nos mains, aurait droit à notre protection pour son propre bien. Mais puisqu'en effet les deux choses sont inséparables, sans caricaturer l'image de l'homme, et qu'au contraire dans le plus décisif, à savoir l'alternative « préservation ou destruction », l'intérêt de l'homme coïncide avec celui du reste de la vie qui est sa patrie terrestre au sens le plus sublime de ce mot, nous pouvons traiter les deux obligations sous le concept directeur de l'obligation pour l'homme comme une seule obligation, sans pour autant succomber à une réduction anthropocentrique. La réduction à l'homme seul, pour autant qu'il est distinct de tout le reste de la nature, peut seulement signifier un rétrécissement, et même une déshumanisation de l'homme lui-même, le rapetissement de son essence, même dans le cas favorable de sa conservation biologique – elle contredit donc son but prétendu, cautionné précisément par la dignité de son essence. Dans une optique véritablement humaine la nature conserve sa dignité propre qui s'oppose à l'arbitraire de notre pouvoir. Pour autant qu'elle nous a produits, nous devons à la totalité apparentée de ses productions une fidélité, dont celle que nous devons à notre propre être est seulement le sommet le plus élevé. Celle-ci en revanche, à condition d'être bien comprise, comprend tout le reste en elle.

Le Principe responsabilité (1979), Éditions du Cerf, 1997.

Ivan Illich (penseur de l'écologie politique, 1926-2002)

Pour un contrôle politique de l'énergie

La prétendue crise de l'énergie est un concept politiquement ambigu. Déterminer la juste quantité d'énergie à employer et la façon adéquate de contrôler cette même énergie, c'est se placer à la croisée des chemins. À gauche peut-être un déblocage et une reconstruction politique d'où naîtrait une économie postindustrielle fondée sur le travail personnel, une basse consommation d'énergie et la réalisation concrète de l'équité. À droite, le souci hystérique de nourrir la machine redouble l'escalade de la croissance solidaire de l'institution et du capital et n'offre pas d'autre avenir qu'une apocalypse hyperindustrielle. Choisir la première voie, c'est retenir le postulat suivant : quand la dépense d'énergie par tête dépasse un certain seuil critique, l'énergie échappe au contrôle politique. Que des planificateurs désireux de maintenir la production industrielle à son maximum promulguent une limitation écologique à la consommation d'énergie ne suffira pas à éviter l'effondrement social. Des pays riches comme les États-Unis, le Japon ou la France ne verront pas le jour de l'asphyxie sous leurs propres déchets, simplement parce qu'ils seront déjà morts dans un coma énergétique. À l'inverse, des pays comme l'Inde, la Birmanie ou, pour un temps encore, la Chine sont assez musclés pour savoir s'arrêter juste avant le collapsus. Ils pourraient dès à présent décider de maintenir leur consommation d'énergie au-dessous de ce seuil que les riches devront aussi respecter pour survivre.

Énergie et équité (1973), dans *Œuvres complètes*, Fayard, 2004.

Four solaire d'Odeillo, Pyrénées-Orientales (France). Il est l'un des deux plus grands fours solaires du monde, avec celui de Tachkent (Ouzbékistan). Sa puissance thermique est de 1000 kW.

Serge Frontier, Denise Pichod-Viale, Alain Leprêtre, Dominique Davoult et Christophe Luczak (écologues contemporains)

Place de l'homme dans l'écosystème planétaire

Le succès du mot « environnement » est une indication précieuse sur la perception que l'homme a de son insertion écologique. L'environnement est en effet ce qui « entoure » l'homme, ce qui lui est périphérique, aux confins, par rapport au « central », à l'essentiel.

Cette vision anthropocentrique a été engendrée par la culture judéo-chrétienne véhiculant l'idée de supériorité de l'homme et l'évidence de son règne sur la Terre. La science, jusqu'au début du XXe siècle, a confirmé cette vision : l'homme est l'être qui a su « maîtriser la nature », « dompter ses forces », les « détourner à son profit » ; de plus, il établit des lois qui lui permettent de prédire – pouvoir suprême !

S'ensuit une objectivation ou réification pure et simple de la nature, dénoncée par les philosophes. La science s'approprie la nature, tout d'abord en tant qu'objet d'étude. Marcuse (1968) dénonce la « nature-objet » et propose comme alternative une « nature-partenaire ». Habermas (1968/1972) reproche à la science de disposer des choses, et s'inquiète d'un triomphalisme qui conduit à une idéologie de la science et de la technique. En fait, la science actuelle continue à se forger en sapant les fondements antérieurs de la science dominante – celle qui distinguait les sciences exactes et expérimentales dites « dures », des sciences naturelles et humaines « molles » par opposition.

Il a fallu un demi-siècle pour sortir de ce triomphalisme d'une science qui tentait de « dompter les forces de la nature » (et de les prévoir avec des équations simples, des lois unitaires, des temps réversibles). Cette science mécaniste avait « désenchanté le monde » (Prigogine & Stenghers, 1979). Une « nouvelle alliance » (*ibid.*) devient possible avec la science des systèmes dissipatifs, des phénomènes de turbulence, du chaos, du temps irréversible. Cette science « métamorphosée » (*ibid.*) réhabilite jusque dans les sciences « dures » l'historicité et les trajectoires imprévisibles, jadis apanage des sciences naturelles et humaines. Faisant profession de modestie, elle montre aujourd'hui qu'elle ne peut pas tout prévoir, et que l'observation directe des phénomènes *in situ* est une phase irremplaçable de la connaissance, à égalité avec la connaissance discursive. Cette nouvelle alliance

des diverses sciences entre elles, alliance aussi du scientifique et du philosophe, correspond à un important progrès dans la compréhension du rôle de l'homme dans les écosystèmes, et du poids de son action.

Écosystèmes : structure, fonctionnement, évolution (1991), Dunod, 2004, 3e édition.

Moines se rendant au temple et manifestant pour protéger la forêt menacée de destruction.

Hannah Arendt (philosophe, 1906-1975)

Introduction à la politique

Dans la mesure où l'espace publico-politique est pour les Grecs l'espace commun (*koinon*) où tous se rassemblent, il est également le seul espace dans lequel toutes choses peuvent être mises en valeur en prenant en considération tous leurs aspects. Cette faculté, fondée en dernière analyse sur l'impartialité homérique qui consiste à envisager une même chose tout d'abord à partir de points de vue opposés, puis sous tous ses aspects, possède dans l'Antiquité une intensité passionnelle unique et inégalée jusqu'à notre époque même. On la trouve encore à la base des artifices des sophistes dont on sous-estime la signification pour l'affranchissement de la pensée humaine par rapport aux liens dogmatiques si, à l'instar de Platon, on la juge d'un point de vue moral. Et pourtant, cette faculté extraordinaire de l'argumentation n'est que secondaire pour la constitution du politique tel qu'il est advenu pour la première fois dans la *polis*. Ce qui est décisif, ce n'est pas de pouvoir retourner les arguments et mettre les affirmations sens dessus dessous, mais d'avoir acquis la capacité de voir réellement les choses de différents côtés, c'est-à-dire politiquement parlant, d'être capable d'assumer toutes les positions possibles présentes dans le monde réel à partir desquelles on peut observer la même chose – laquelle révèle ainsi, abstraction faite de son identité, les aspects les plus différents.

Qu'est-ce que la politique ?, Le Seuil, 1995.

Hubert Reeves (astrophysicien, né en 1932)

Relativité humaine dans le cosmos

Contrairement à « l'infiniment grand des étoiles » et à « l'infiniment petit des atomes », « l'infiniment complexe de la vie » n'est pas donné une fois pour toutes. Il est fragile et toujours menacé. Sa juridiction doit s'adapter à l'inextricable écheveau de la *psyché* humaine. Il n'est plus question d'y retrouver la simplicité et l'élégance olympienne des lois de la nature. Il importe de lui associer une subtile et tolérante mouvance, plus proche de la réalité humaine. Contrairement aux injonctions génétiques des fourmis, inéluctables et incontournables, la législation de l'infiniment complexe doit permettre l'éclosion des pulsions fertiles qui ont présidé à la croissance de la complexité et à l'apparition de l'intelligence humaine. Suffisamment souple pour encadrer et promouvoir la créativité, elle doit intégrer, tout en les respectant, les paradoxes et les facettes contradictoires de la réalité. Consciente des ombres maléfiques que la nature a accumulées au-dessus d'elle-même, cette législation doit canaliser, *sans les neutraliser*, les aveugles « ferments de la vitalité cosmique ». Il faut sauver, à la fois la chèvre et le chou. Il faut assurer la coexistence et l'épanouissement simultané *du moi, du groupe et de la planète*.

Malicorne. Réflexions d'un observateur de la nature, Seuil, 1990.

Jean Crotti, *Mouvement cosmique*, 1921.

L'Etna en éruption, en 1985.

La matière et la vie

PARTIE 1

Absolute Beginners, film de Julien Temple,
avec David Bowie, 1986.

CHAPITRE 1

Une seule Terre

Une seule Terre

Quelle quantité de ressources terrestres me sont nécessaires pour vivre comme je le fais ? Telle est la question que chacun d'entre nous peut et doit se poser en examinant son mode de vie. Est-ce que je mange de la viande ou du poisson tous les jours ou non ? Ma nourriture provient-elle de loin – plus de 500 kilomètres – ou bien est-elle surtout locale ? Mes produits alimentaires sont-ils de saison ? Quel poids de déchets se retrouve dans ma poubelle chaque soir ? J'habite dans un appartement ou dans une maison individuelle ? Combien de mètres carrés par personne chez moi ? Quelle est la distance que je parcours chaque semaine en transport collectif ? À pied ou en vélo ? En voiture ? Quelle voiture ? Seul ou à plusieurs ? Combien d'heures d'avion par an ? Les réponses à ces questions élémentaires, et à d'autres, permettent de calculer l'empreinte écologique de chacun, c'est-à-dire la surface de terres et d'eaux dont chacun a besoin pour produire les ressources qu'il consomme et pour absorber ses déchets, compte tenu des technologies actuelles. L'empreinte écologique[1] se mesure en hectares, ce qui permet de comprendre facilement ce dont il s'agit et de réaliser des comparaisons. Plus généralement, l'empreinte écologique s'étend à une population vivant sur un territoire donné. On peut ainsi mesurer l'empreinte écologique d'une ville, d'une région ou d'un pays, et jusqu'à la planète entière avec ses 6,7 milliards d'habitants. En 2005, l'empreinte écologique de l'humanité était de 2,7 hectares par personne, alors que la biocapacité

---

1. Une introduction à cette notion est éditée par le World Wide Fund for Nature (WWF) et téléchargeable à l'adresse <http://www.wwf.fr/pdf/LPR_2008_FR.pdf> (janvier 2009).

globale, c'est-à-dire la surface totale des zones biologiquement productives pour répondre à nos besoins, n'était que de 2,1 hectares par personne, sans tenir compte des besoins des autres espèces ! L'humanité demande donc à la Terre de lui fournir 30 % de plus que ce qu'elle peut offrir, et ce chiffre ne cesse d'augmenter. Autrement dit, l'humanité a besoin de 1,3 Terre pour vivre, alors que nous n'en avons qu'une. Comment est-ce possible ? Essentiellement en extrayant des énergies fossiles du sous-sol – pétrole, gaz, charbon – sans capacité de renouvellement de ces ressources. Mais aussi en surconsommant le bois des forêts et les poissons des mers qui ne peuvent plus se reproduire suffisamment. Nous vivons sur un capital naturel qui s'épuise, alors qu'il faudrait se limiter aux intérêts que celui-ci produit annuellement.

Les uns plus que les autres

L'empreinte écologique permet aussi de comparer les impacts de chaque pays sur la biosphère, et de savoir si tel pays vit au-dessus de ses moyens, c'est-à-dire si son empreinte dépasse la biocapacité de son territoire. Un Américain du Nord a une empreinte de l'ordre de 9,5 hectares, tandis que sa biocapacité est de 5,8 hectares. Soit une dette écologique de 3,7 hectares par personne. Un habitant de l'Union européenne n'est guère plus vertueux, puisque son empreinte est de 4,8 hectares – deux fois moins qu'un Américain quand même ! – et sa biocapacité de 2,2 hectares, ce qui donne une dette écologique de 2,6 hectares. En revanche, un Américain du Sud impacte sur 2 hectares seulement, alors qu'il dispose d'une biocapacité de 5,4 hectares. Il a donc un crédit écologique de 3,4 hectares. L'Africain moyen a la plus petite empreinte, 1 hectare, mais une faible biocapacité, 1,2 hectare. Il est néanmoins créditeur. Bref, les pays « riches » sont beaucoup

Jim Dine, *Boots (terracotta)*.

plus prédateurs de ressources naturelles que les pays « pauvres ». Est-ce à dire que leurs habitants sont plus heureux ?

Il n'y a pas de mesure satisfaisante du bonheur, mais le Programme des Nations unies pour le développement (PNUD) utilise un indice de développement humain (IDH) qui essaie de déterminer le bien-être en agrégeant des données disparates telles que l'espérance de vie, l'alphabétisation, l'éducation et le produit intérieur brut (PIB) par habitant. En combinant l'empreinte écologique et l'IDH, on peut établir des comparaisons plus complètes entre pays. Surprise : seul Cuba parvient à respecter simultanément les deux critères d'une faible empreinte écologique et d'un IDH satisfaisant. Les pays du Nord possèdent un bon IDH, mais une empreinte excessive. Les pays du Sud ont une bonne empreinte, mais un IDH insuffisant. Parmi ces pays, certains ont des trajectoires très différentes lorsqu'on examine l'évolution des deux indicateurs depuis trente ans. Les États-Unis d'Amérique ont beaucoup augmenté leur utilisation des ressources en améliorant un peu leur IDH, tandis que la Hongrie et l'Australie ont amélioré leur IDH tout en baissant leur empreinte. Enfin, la Chine et l'Inde ont beaucoup accru leur IDH en restant, pour l'instant, en dessous de la biocapacité maximale de 1,8 hectare. Le calcul de l'empreinte écologique par pays évalue précisément l'inégalité internationale en mettant en évidence les coûts écologiques des transferts d'accès aux ressources entre pays. Cette inégalité des échanges se réalise dans l'exportation vers les pays riches de produits de pays pauvres, à des prix qui ne tiennent pas compte des caractéristiques locales, ni des dommages écologiques et sociaux causés par ces exportations ainsi que par l'épuisement des ressources naturelles. Ces inégalités se produisent aussi à l'intérieur d'un même pays. L'empreinte écologique est à peu près proportionnelle à la consommation, elle-même croissant avec le revenu disponible. À l'échelle planétaire, 20 % de la population mondiale consomme 80 % de la richesse mondiale. Ce sont donc ces 20 % de femmes et d'hommes les plus aisés – j'en fais partie – dont il faut baisser l'empreinte écologique, notamment les plus riches d'entre eux qui, par effet mimétique, tirent les autres vers la consommation ostentatoire, le gaspillage généralisé et la dilapidation des ressources.

En partant d'une personne et de son empreinte écologique, nous sommes parvenus à l'humanité entière et à son impact sur la biosphère, par simple addition des empreintes individuelles. Dans ce passage du local au global, quelque chose a émergé que nous ne pouvions pas prévoir avant d'avoir terminé le calcul. C'est le dépassement fort, durable, croissant, de la biocapacité de la Terre. Nous vivons au-dessus de nos moyens, certains de ces « nous » beaucoup plus que d'autres.

Une menace planétaire

Ce n'est pas la première fois qu'un événement d'ordre biophysique menace l'humanité entière. On peut remonter aux années quarante du siècle dernier, plus précisément aux dates du 6 et du 9 août 1945, lorsque les villes japonaises de Hiroshima puis de Nagasaki furent frappées par une bombe atomique. Les morts directes et instantanées causées par ces deux explosions se chiffrent en dizaines de milliers et les blessés en centaines de milliers par les effets combinés du souffle et de la chaleur. En revanche, le comptage des morts dus aux effets radioactifs est beaucoup plus incertain. Fatigue, nausées, vomissements, saignement des muqueuses furent les principaux symptômes immédiats observés avant la mort. Quelques années plus tard apparurent des victimes de leucémies, puis de cancers, et les dommages génétiques. En quoi ce drame local a-t-il affecté la planète dans son ensemble ? Parce qu'il fut le premier à contaminer l'atmosphère par des particules de matières radioactives. À vrai dire, cette première contamination globale fut faible puisque seul 1 kilogramme de matière a alors fissionné. Mais, depuis cette époque, la multiplication des essais nucléaires aériens (Bikini, Rongalap, Sahara), puis la catastrophe de Tchernobyl en 1986 ont dispersé dans l'atmosphère beaucoup plus de matières radioactives. On parle en tonnes de matières et en millions de personnes contaminées. Hiroshima et Nagasaki demeurent aussi dans les consciences comme l'entrée dans l'ère nouvelle de la possible autodestruction de l'humanité, voire de la fin de toute vie sur terre. Cet événement inaugurait également une forme inédite de guerre par l'usage de la terreur absolue : une multitude de morts d'un côté, aucun de l'autre. Enfin, Hiroshima et Nagasaki ont mis fin au scientisme banal, celui qui laissait croire que les savants et les ingénieurs, la science et la technique, sont toujours les porteurs bienveillants de bienfaits pour l'humanité. Avec la bombe A naît la suspicion à l'égard de la technoscience et meurt le mythe de la neutralité des scientifiques. Même si l'on en parle moins aujourd'hui, un relâchement accidentel ou non de matières radioactives dans l'atmosphère demeure l'une des menaces globales les plus importantes de notre époque nucléaire.

Spencer Tunick, *Photographie de nus*, New York, 2003.

Du local au global

L'exemple contemporain le plus notoire d'un passage d'activités locales à l'émergence de conséquences globales est la question du changement climatique dû à l'excès d'émissions de gaz à effet de serre. Ce problème considérable est désormais connu du grand public et reconnu par les décideurs, après de trop longues années d'ignorance, de déni ou de sous-estimation, alors que les écologistes n'ont cessé d'alerter sur ce point depuis trente-cinq ans. Le problème et sa solution peuvent être résumés très facilement : le dioxyde de carbone émis par la combustion des énergies fossiles existe en trop grande quantité dans l'atmosphère, il faut donc réduire la consommation de fossiles. Bien entendu, derrière cette phrase lapidaire se cache un phénomène complexe de changement climatique, garni de certaines controverses, et une foultitude de solutions, elles-mêmes sujettes à de nombreuses polémiques.

« Le réchauffement du système climatique est sans équivoque, comme le montrent aujourd'hui les observations de l'augmentation globale moyenne des températures de l'air et des océans, la fonte généralisée de la neige et de la glace, et la hausse globale moyenne du niveau des mers. » Ainsi commence le résumé du dernier rapport (AR4) du Groupe d'experts intergouvernemental sur l'évolution du climat (GIEC)[2]. Les causes de ce réchauffement global sont clairement identifiées : « Les émissions globales de gaz à effet de serre (GES) dues aux activités humaines se sont accrues depuis l'époque préindustrielle, avec une augmentation de 70 % entre 1970 et 2004. » Les conséquences futures sont prévisibles : « La poursuite des émissions de GES en quantité supérieure ou égale au taux courant aggraverait le réchauffement de la planète et provoquerait de nombreux changements dans le système climatique mondial au cours du XIe siècle qui risquent fort d'être plus grands que ceux observés au cours du XXe siècle. » Enfin, les efforts à effectuer sont évalués : « Un large éventail d'options d'adaptation, bien plus vaste que l'adaptation actuellement en cours, est nécessaire pour réduire la vulnérabilité aux changements climatiques. La capacité d'adaptation est intimement liée au développement économique et social, mais est inégalement répartie entre et au sein des sociétés. »

Quelles sont ces « activités humaines » qui perturbent le climat depuis deux siècles et demi ? Elles se répartissent en sept grands secteurs dont la contribution respective aux émissions mondiales de gaz à effet de serre est indiquée entre parenthèses : l'industrie (21 %), la déforestation (18 %), l'habitat (15 %), l'agriculture (15 %), les transports (14 %), la production d'énergie (14 %) et les déchets (3 %). Ces moyennes sectorielles planétaires se répartissent très différemment d'un pays à l'autre. Ainsi, dans les pays riches, le secteur des transports contribue à plus du quart des émissions, tandis que la déforestation est faible. De même, le volume moyen des émissions de gaz à effet de serre par personne, aujourd'hui de l'ordre de 6 tonnes équivalent CO_2, est très différent d'un pays à l'autre selon les modes de vie. Avec 25 tonnes équivalent CO_2, un Étatsunien ou un Australien moyen émet deux fois plus qu'un

2. Intergovernmental Panel on Climate Change, Fourth Assessment Report, AR4, *Climate Change* 2007.

Européen, six fois plus qu'un Chinois et douze fois plus qu'un Indien. Bref, de quelque côté que l'on examine les émissions de gaz à effet de serre et plus généralement l'impact du mode de vie sur la biosphère, il y a une forte corrélation entre les revenus par personne et l'empreinte écologique. Les riches consomment plus et polluent plus que les pauvres. Les riches doivent aux pauvres une immense dette écologique. Celle-ci est supérieure à la dette financière des pays pauvres : en calculant le coût des impacts de l'intensification agricole, de la déforestation, de la surpêche, de la destruction des mangroves, de l'amincissement de la couche d'ozone et du changement climatique sur les économies des pays pauvres entre 1961 et 2000, les auteurs d'un récent rapport établissent clairement qui saccage le monde et qui en paye le prix[3].

Unicité du monde, inégalités entre humains

La planète, ses ressources et ses capacités de régénération, sont limitées. La Terre est finie. Ces truismes semblent évidents. Ils ne le sont pas du tout lorsqu'on examine les modèles du monde qui habitent l'esprit des décideurs économiques et politiques, ainsi que les actions réelles effectuées depuis la révolution industrielle. L'économie néolibérale ignore pratiquement les processus qui gouvernent la biosphère, les matières et l'énergie que nous extrayons du sous-sol, les déchets que nous rejetons dans les milieux, et l'environnement dans son ensemble. Elle entretient la croyance magique d'une croissance infinie sur une planète finie. Tout le vocabulaire économique est imprégné de cette croyance que les discours officiels et les médias répètent à satiété. Il n'est question que de « pays développés », de « pays en transition » (la Russie), de « pays émergents » (la Chine, l'Inde, le Brésil...) et de « pays sous-développés ». Un seul exemple montre que cette fable ne résiste pas une minute devant les réalités matérielles. La France de 62 millions d'habitants possède 36 millions d'automobiles. La Chine de 1 330 millions d'habitants en possède aussi 36 millions. Si les Chinois devaient vivre comme les Français, leur pays devrait posséder plus de 770 millions d'automobiles. Ce seul chiffre doublerait le parc automobile mondial. Cet accroissement est impossible du simple fait qu'il n'y aura jamais assez d'acier, de plastiques, d'aluminium, de plomb, de cuivre... pour construire autant de

---

3. *The Guardian*, 21 janvier 2008.

véhicules, ni assez de pétrole pour les mouvoir. Ce raisonnement quantitatif peut s'étendre à l'Inde, au Brésil, à l'Afrique du Sud et autres « pays émergents », ainsi que s'élargir à la proportion de téléviseurs, de réfrigérateurs, de téléphones mobiles, d'ordinateurs… entre un Français moyen et un Chinois moyen. Jamais la Chine, l'Inde, le Brésil ne vivront comme la France, l'Allemagne, les États-Unis ou l'Australie de 2008. Jamais. Non que ces « pays émergents » n'en aient pas l'envie, mais parce que la Terre ne possède pas assez de matières premières et de capacité de régénération pour produire tant d'objets et absorber tant de déchets. En revanche, il est probable que la France, l'Allemagne, les États-Unis ou l'Australie de 2050 vivent comme la Chine, l'Inde ou le Brésil.

En janvier 2008, Gérard Onesta, vice-président vert du Parlement européen, adressa une carte de vœux originale à ses amis. Il s'agit d'un planisphère de 120 sur 85 centimètres, centré sur l'Afrique, berceau de l'humanité, et dont le sud se trouve en haut, alors que le nord est en bas. En outre n'y figurent que le fond de carte de géographie physique – océans d'un bleu plus ou moins sombre selon la profondeur, continents et régions en gris, jaune ou vert selon le type de végétation – et, par centaines, les noms des ethnies inscrits sur les territoires qu'elles occupent. Aucun pays, aucune frontière, aucune ville. Cette carte rend hommage à la diversité de la biosphère et de ses peuplements, mais inspire aussi une impression d'unité de notre planète. L'ami Onesta, musicien à ses heures, se remémorait peut-être les dernières paroles de la

© Honoré

chanson idéaliste *Imagine* composée et interprétée par John Lennon : « *And the world will live as one* » (Et le monde vivra en tant qu'un).

Un autre écologiste, le scientifique James Lovelock, se rendit mondialement célèbre en 1979 lorsqu'il publia un livre[4] qui proclamait : « La Terre est un être vivant. » Cette hypothèse géophysiologique, appuyée par la dénomination « Gaïa » qui désignait la déesse de la Terre chez les Grecs, suscita de nombreuses controverses au sein de la communauté scientifique. Tout d'abord, Gaïa et sa phraséologie organiciste semblaient s'inscrire dans une tradition mythologique animiste, voire mystico-naturaliste à l'image de la vague « New Age » des années soixante-dix, en attribuant à la Terre une sorte d'intention : un système s'auto-organisant pour rechercher et maintenir sur la planète un état physico-chimique favorable à la vie. L'hypothèse de Gaïa serait finaliste, soutenue par un projet vitaliste, tendue vers la création et la conservation inconditionnelles de la vie. Les écologistes déterministes rétorquèrent que si la vie existait sur terre, c'était simplement que les conditions physico-chimiques externes et leur évolution permirent l'apparition et l'adaptation de la vie végétale, et non parce que les végétaux avaient participé à la régulation de l'atmosphère afin qu'elle leur soit favorable. Une autre critique de Gaïa rejette ce que l'on appelle son « holisme », c'est-à-dire cette vision du haut vers le bas qui considère qu'une totalité est plus que la somme de ses éléments. Le holisme s'opposerait à la vraie science et à sa méthode réductionniste, qui explique les réalités par l'analyse de leurs unités élémentaires constitutives. Aujourd'hui, la plupart des écologistes scientifiques s'accordent sur la complémentarité du holisme et du réductionnisme. Enfin, une dernière critique de Gaïa serait que cette hypothèse n'apporte rien de nouveau. Si. Cette hypothèse a permis de réconcilier plusieurs conceptions de l'écologie globale, entre les naturalistes qui considèrent la biosphère comme support de toute la vie, y compris humaine, et les ingénieurs qui voient la biosphère comme une immense machinerie thermochimique.

4. James Lovelock, *Gaïa. A New Look at Life on Earth*, Oxford University Press, 1979 ; traduction française, *La Terre est un être vivant. L'hypothèse Gaïa*, Flammarion, 1993.

TEXTES

Wladimir Vernadsky (écologue, 1863-1945)

La biosphère dans le cosmos

La face de la Terre, son image dans le cosmos, perçue du dehors, du lointain des espaces célestes infinis, nous paraît unique, spécifique, distincte des images de tous les autres corps célestes.

La face de la Terre révèle la surface de notre planète, sa biosphère, ses régions externes, régions qui la séparent du milieu cosmique. Cette face terrestre devient visible grâce aux rayons lumineux des astres célestes qui la pénètrent, du Soleil en premier lieu. Elle reçoit de tous les points des espaces célestes un nombre infini de rayonnements divers, dont les rayonnements lumineux visibles pour nous ne forment qu'une part insignifiante. Nous ne connaissons jusqu'à présent qu'un petit nombre des rayonnements invisibles. Nous commençons à peine à nous rendre compte de leur variété, à comprendre combien nos représentations du monde de ces rayonnements qui nous environnent, nous pénètrent dans la biosphère, sont défectueuses et incomplètes, à nous rendre compte de l'importance fondamentale dans les processus ambiants, importance presque insaisissable pour notre esprit habitué à d'autres tableaux de l'univers.

La Biosphère (1926), Diderot éditeur, 1997.

Élisée Reclus (géographe, 1830-1905)

L'humanité ne peut se passer de la nature

L'homme, cet « être raisonnable » qui aime tant à vanter son libre arbitre, ne peut néanmoins se rendre indépendant des climats et des conditions physiques de la contrée qu'il habite. Notre liberté, dans nos rapports avec la Terre, consiste à en reconnaître les lois pour y conformer notre existence. Quelle que soit la relative facilité d'allures que nous ont conquise notre intelligence et notre volonté propres, nous n'en restons pas moins des produits de la planète attachés à sa surface comme d'imperceptibles animalcules, nous sommes emportés dans tous ses mouvements et nous dépendons de toutes ses lois [...] Après avoir été longtemps pour le globe de simples produits à peine conscients, nous devenons des agents de plus en plus actifs dans son histoire.

La Terre (1869), dans *L'Homme et la Terre*, choix de textes établi par Béatrice Giblin, La Découverte, 1998.

Margaret C. Cook, *A man contemplates the sunrise*, 1913.

René Descartes (philosophe, 1596-1650)

Maîtres et possesseurs de la nature

Mais sitôt que j'ai acquis quelques notions générales touchant la physique, et que, commençant à les éprouver en diverses difficultés particulières, j'ai remarqué jusques où elles peuvent conduire, et combien elles diffèrent des principes dont on s'est servi jusques à présent, j'ai cru que je ne pouvais les tenir cachées sans pécher grandement contre la loi qui nous oblige à procurer, autant qu'il est en nous, le bien général de tous les hommes : car elles m'ont fait voir qu'il est possible de parvenir à des connaissances qui sont fort utiles à la vie et qu'au lieu de cette philosophie spéculative qu'on enseigne dans les écoles, on peut trouver une pratique par laquelle, connaissant la force et les actions du feu, de l'eau, de l'air, des astres, des cieux et de tous les autres corps qui nous environnent, aussi distinctement que nous connaissons les divers métiers de nos artisans, nous les pourrions employer en même façon à tous les usages auxquels ils sont propres, et ainsi nous rendre maîtres et possesseurs de la nature.

Discours de la méthode (1637).

James Lovelock (écologiste, né en 1919)

L'hypothèse Gaïa

La vie apparut sur terre pour la première fois il y a environ 3 500 millions d'années. La présence de fossiles prouve que le climat de la Terre ne s'est guère modifié au cours de cette période. Or, l'émission de chaleur du Soleil, les propriétés de surface de la Terre, et la composition de l'atmosphère ont sans aucun doute varié de manière considérable durant cette même période.

La composition chimique de l'atmosphère ne confirme pas les suppositions relatives à l'équilibre chimique de l'état stable. La présence de méthane, de protoxyde d'azote et même d'azote dans notre atmosphère oxydante actuelle représente une violation des règles de chimie, mesurables en plusieurs dizaines d'ordres de grandeur. Des déséquilibres de cette ampleur donnent à penser que l'atmosphère n'est pas seulement un produit biologique, mais plus probablement une construction biologique : non pas vivante, mais semblable à la fourrure d'un chat, aux plumes d'un oiseau ou au papier d'un guêpier, une extension d'un système vivant conçu pour préserver un environnement choisi. Ainsi la concentration atmosphérique de gaz tels que l'oxygène et l'ammoniac s'avère être conservée dans une proportion maximum qui, si elle subissait d'infimes variations, pourrait avoir des conséquences désastreuses pour la vie. Le climat et les propriétés chimiques de la Terre, aujourd'hui et tout au long de son histoire, semblent avoir toujours été optimaux pour la vie. Qu'un tel phénomène soit fortuit est aussi peu probable que le fait de sortir indemne d'une promenade les yeux fermés dans les rues de la ville à une heure de pointe.

Gaïa est demeurée une hypothèse mais, à l'instar de maintes autres hypothèses utiles, elle a déjà prouvé sa valeur théorique, sinon son existence, en engendrant des questions et des réponses expérimentales qui s'avérèrent des exercices profitables en soi. Si, par exemple, l'atmosphère est, entre autres choses, un support pour véhiculer des matières brutes vers et de la biosphère, il paraît raisonnable de supposer la présence de médiateurs permettant d'assurer la circulation d'éléments essentiels dans tous les systèmes biologiques, par exemple l'iodine et le soufre. Quelle récompense de découvrir que tous deux émanaient des océans, où ils abondaient, étaient portés par l'air jusqu'à la terre ferme où on les trouve en quantités réduites. Les véhicules, l'iodure de méthyle et l'éthane, sont des produits directs de la vie marine. La curiosité scientifique étant inépuisable, il est probable que la présence de ces composés intéressants de l'atmosphère ait fini par être découverte et leur importance discutée, même sans le stimulus de l'hypothèse Gaïa. Mais grâce à l'hypothèse, on les rechercha de manière active et leur présence fut vérifiée de manière constante.

La Terre est un être vivant. L'hypothèse Gaïa, Flammarion, 1993.

Augustin Berque (géographe et orientaliste, né en 1942)

Le respect de la demeure humaine

L'écoumène, c'est à la fois la Terre et l'humanité ; mais ce n'est pas la Terre plus l'humanité, ni l'inverse ; c'est la Terre en tant qu'elle est habitée par l'humanité, et c'est aussi l'humanité en tant qu'elle habite la Terre. L'écoumène est donc une réalité relative, ou, plus exactement dit, relationnelle ; d'où notre définition : *l'écoumène, c'est la relation de l'humanité à l'étendue terrestre.*

Ce n'est que dans les termes de cette relation – dans l'en-tant-que écouménal – que l'on peut examiner valablement des questions telles que celle de l'habitabilité de la Terre ; car elles sous-entendent toujours : en fonction de l'existence humaine. La Terre peut cesser d'être habitable – autrement dit, l'écoumène peut cesser d'exister – tout en restant écologiquement viable en ce qui concerne d'autres espèces que la nôtre (certaines bactéries, certaines algues, par exemple, voire toutes les espèces vivantes à part la nôtre) ; mais cette viabilité-là n'intéresse personne, car elle ne concerne pas l'être humain. L'habitabilité de la Terre n'a de sens qu'en termes d'écoumène.

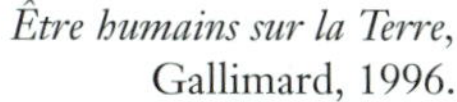

Être humains sur la Terre, Gallimard, 1996.

Photographie de Joan Costa, San Ignacio (Bélize).

Paul Crutzen (prix Nobel de chimie en 1995) et Eugene F. Stoermer (biologiste, né en 1933)

L'ère de l'Anthropocène a commencé avec la révolution industrielle

Proposé pour la première fois par sir Charles Lyell en 1833, et adopté par le Congrès international de géographie à Bologne en 1885, le nom d'Holocène (« le tout récent ») recouvre l'époque géologique postglaciaire qui remonte à 10 000 à 12 000 ans. Pendant cette période de l'Holocène, les activités humaines se sont graduellement développées, au point de devenir une force géologique et morphologique significative, ainsi que de nombreux scientifiques l'ont précocement reconnu. Ainsi, dès 1864, G. P. Marsh a publié un livre intitulé *L'Homme et la nature*, réimprimé par la suite sous le titre *La Terre modifiée par l'action*

Chris Butler, *Débris en orbite*.

humaine. En 1873, Stoppani a décrit les activités humaines comme une « force tellurique nouvelle dont la puissance et l'universalité sont comparables aux plus grandes forces de la Terre ». Stoppani parlait déjà d'ère anthropozoïque.

Aujourd'hui, le genre humain a visité et habité pratiquement tous les lieux de la Terre ; il a même déjà mis les pieds sur la Lune. [...] L'expansion du genre humain, en nombre et en termes de consommation de ressources naturelles par individu, a été bouleversante. Donnons quelques exemples : au cours des trois derniers siècles, le nombre d'humains sur Terre a été multiplié par dix, atteignant les 6 000 millions, accompagné par une augmentation de quelque 1 400 millions têtes de bétail de plus (soit environ une vache par famille de taille moyenne). L'urbanisation a été multipliée par dix au cours du siècle dernier. Quelques générations ont suffi pour épuiser les combustibles fossiles qui abondaient naturellement depuis quelques centaines de millions d'années. Le dégagement de SO_2, d'environ 160 téragrammes par an, issu de la combustion du pétrole et du charbon, est au moins deux fois plus élevé que la somme de toutes les émissions naturelles, qui proviennent principalement du sulfure de diméthyle des océans ; de Vitousek *et al.*, nous apprenons que 30 à 50 % des terres émergées ont été transformées par l'action de l'homme ; la quantité d'azote synthétique utilisée sous forme d'engrais dans l'agriculture est désormais supérieure à celle qui est naturellement fixée dans les écosystèmes terrestres. Le dégagement d'oxydes nitreux dans l'atmosphère, issu des combustibles fossiles et de la combustion de la biomasse, supérieure à la fixation naturelle, entraîne la formation d'ozone photochimique (« *smog* ») dans de vastes régions du monde ; plus de la moitié de l'eau douce de la planète est consommée par le genre humain ; l'activité humaine a augmenté le taux d'extinction des espèces de mille à dix mille fois dans les forêts tropicales et plusieurs gaz « à effet de serre » climatiquement importants ont sensiblement augmenté dans l'atmosphère : CO_2 de plus de 30 % et de CH_4 de plus de 100 %. [...]

Compte tenu de ces impacts des activités humaines, et de bien d'autres, sur la Terre et l'atmosphère, à une échelle globale, il nous semble plus approprié de souligner le rôle central du genre humain dans la géologie et l'écologie en proposant d'utiliser le terme « Anthropocène » pour désigner l'époque géologique actuelle. Les impacts des activités humaines se poursuivront sur de longues périodes. Selon une étude de Berger et Loutre, en raison des émissions anthropiques de CO_2, le climat pourrait dévier de son comportement naturel de manière significative au cours des prochains cinquante mille ans.

Attribuer une date une spécifique au début de la période de l'Anthropocène peut sembler quelque peu arbitraire, mais nous proposons de la faire remonter à la seconde partie du XVIIIe siècle, tout en étant bien conscients que des propositions alternatives peuvent être faites (certains proposent même d'y inclure l'ensemble de l'Holocène). Cependant, nous faisons le choix de cette date parce que, durant les deux derniers siècles, les effets globaux des activités humaines sont devenus clairement décelables.

« L'Anthropocène », IGBP Newsletter, n° 41, mai 2000.

Edgar Morin (sociologue et philosophe, né en 1921)

Nécessaire métamorphose du monde

Nous ne devons pas seulement subir, nous devons aussi affronter la grande révolution que les transformations scientifiques, techniques, économiques, sociales opèrent sur notre planète. Il s'agit bien, comme disent Joël de Rosnay et Jacques Robin, d'une révolution Anthropologique. Elle ne concerne pas seulement nos conditions matérielles d'être, mais notre être tout entier. Cette révolution nous permet de concevoir des progrès jusqu'alors inimaginables ; en même temps elle nous conduit à la catastrophe parce que le déchaînement incontrôlé scientifique/technique/ économique, que l'on appelle encore en aveugles « développement », produit de plus en plus en plus conjointement des menaces mortelles sur l'humanité et sur la biosphère. Il ne s'agit plus de « faire la révolution », il s'agit de ne pas se laisser faire par cette révolution, c'est-à-dire, non seulement d'empêcher la catastrophe, mais aussi d'être capable de la guider, pour notre salut commun, vers ce qui pourrait – devrait – être une grande métamorphose, aussi profonde et multidimensionnelle que celle que l'humanité a connue quand elle est passée de la préhistoire aux sociétés historiques.

Déclaration d'Edgar Morin pour la réunion du Groupe de recherche inter- et transdisciplinaire (GRIT)/*Transversales* sur le thème « L'Organisation artificielle de la rareté », La Villette, 9 mars 2005.

CHAPITRE 2

Y a-t-il encore quelque chose d'intact ?

Y a-t-il encore quelque chose d'intact ?

L'écologie scientifique a longtemps privilégié les études locales, le « terrain », par rapport aux recherches sur la biosphère dans son ensemble, notamment parce que l'écologie globale fait appel à des disciplines variées et que les données quantitatives à l'échelle planétaire supposent une coopération mondiale qui était auparavant peu développée. Le premier Sommet de la Terre, intitulé « Conférence des Nations unies sur l'environnement », s'est tenu à Stockholm en juin 1972, reconnaissant ainsi l'écologie globale comme question internationale. Cet événement eut pour conséquence la création de « ministères de l'Environnement » dans de nombreux pays, et la création du Programme des Nations unies pour l'environnement (PNUE). Cette institution s'appuie sur les travaux de multiples laboratoires à travers le monde pour publier des rapports sur l'état écologique de la planète, le quatrième d'entre eux datant de 2007[1]. Comment a évolué l'écologie globale depuis vingt ans ? Mal : le changement climatique a des effets graves sur la santé humaine, la production de nourriture, la sécurité et la disponibilité des ressources. Les événements météorologiques extrêmes ont un impact croissant sur les communautés humaines les plus vulnérables. Les pollutions intérieure et extérieure entraînent de nombreux décès prématurés. La dégradation des sols diminue la productivité agricole, rogne les revenus des paysans et réduit la sécurité alimentaire. La décroissance des approvisionnements en eau potable compromet la santé humaine et l'activité économique. Les fortes

1. United Nations Environment Programme, *Global Environment Outlook, GEO4*, 2007.

réductions de stocks halieutiques ont pour conséquence des pertes économiques et d'approvisionnements alimentaires. L'accélération de l'extinction des espèces est une perte de sources génétiques uniques pour de futures avancées médicales et agricoles.

Éléments et systèmes

Ainsi succinctement décrit, l'état de santé de la planète apparaît comme une juxtaposition de diagnostics dans différents domaines indépendants les uns des autres. Cette impression est due, pour une part, à la séquentialité du langage lui-même qui oblige à un parcours par étapes pour décrire le monde et, pour une autre part, à un découpage académique traditionnel de l'écologie scientifique en autant de domaines qu'il y a de substances dans la nature (l'air, la terre, l'eau...). Puis, ces substances sont elles-mêmes découpées selon un point de vue – chimique par exemple, dans le cas de l'air – en éléments plus simples tels que l'azote, l'oxygène, le dioxyde de carbone... et ainsi de suite. Cette méthode est due à Descartes. On gagne ainsi en précision d'analyse et en mesure des quantités, tandis que l'on perd en vision générale et en dynamique d'évolution. Aujourd'hui cependant, la plupart des manuels[2] d'écologie scientifique et des rapports[3] d'experts sur l'état de la planète adoptent un point de vue systémique. Qu'est-ce à dire ? Et qu'est-ce qu'un système ?

Un petit détour historique est nécessaire pour comprendre comment ce mot, ce concept, est parvenu à s'imposer dans certaines disciplines scientifiques. La formidable expansion de la recherche scientifique après la Deuxième Guerre mondiale s'est accompagnée d'une spécialisation si pointue que les chercheurs parvenaient de moins en moins à se comprendre mutuellement, même dans des disciplines apparemment voisines. On assistait à une ramification sans fin des spécialités savantes, sans espoir d'un cadre de pensée unificateur. Au début des années soixante-dix, un biologiste autrichien[4] proposa une nouvelle modélisation de l'activité scientifique, en opposition au réductionnisme

2. Par exemple, Robert Barbault, *Écologie générale*, Dunod, 2003, 5ᵉ édition ; Serge Frontier, Denise Pichot-Viale, Alain Leprêtre, Dominique Davoult et Christophe Luczak, *Écosystèmes : structure, fonctionnement, évolution* (1991), Dunod, 2004, 3ᵉ édition.

3. Par exemple, les rapports AR4 du GIEC et *GEO4* du PNUE, déjà cités.

4. Ludwig von Bertalanffy, *Théorie générale des systèmes*, Dunod, 1973.

cartésien. Cette modélisation part du point de vue que, dans quelque région du savoir que ce soit, les éléments de connaissance appartiennent à des ensembles – appelés systèmes – dotés de propriétés irréductibles à celles de leurs éléments. Plus précisément, appelons « système » un ensemble d'entités-éléments en interaction mutuelle et avec le milieu extérieur, ensemble tel que son organisation soit munie de propriétés globales nouvelles par rapport à celles de ses entités-éléments (« le tout est plus que la somme de ses parties »), et tel que ce tout rétroagisse sur ses entités-éléments (« le tout est moins que la somme de ses parties »). Cette définition très générale mais excitante produisit certaines désillusions lorsque des chercheurs voulurent l'appliquer à des régions de la connaissance dont la compréhension n'était pas suffisante. Cependant, notamment grâce à la simulation informatique, on commence à savoir modéliser convenablement certains systèmes physiques ou biologiques, cognitifs ou sociaux.

Agriculture productiviste *versus* agriculture biologique

L'un des meilleurs exemples des différences entre l'approche réductionniste et l'approche systémique nous est fourni par les deux modèles d'agriculture, le productiviste d'un côté et le biologique de l'autre. Plus précisément, comment le sol est-il considéré par ces deux approches ? Le productivisme répond aux objectifs de la Politique agricole commune (PAC) fixés par l'Europe naissante dans le traité de Rome, à la fin des années cinquante. Il fallait accroître la productivité de l'agriculture, assurer des revenus équitables aux paysans, stabiliser les marchés, reconquérir l'autosuffisance alimentaire du continent, tout en proposant des prix raisonnables aux consommateurs. Ces objectifs devaient aussi organiser l'exode rural pour offrir la main-d'œuvre agricole à l'industrie européenne en reconstruction. Seul le premier objectif est d'ordre agronomique : maximiser les rendements en minimisant les coûts apparents de la main-d'œuvre, du sol et du machinisme. À cette fin, les moyens techniques déployés se nomment engrais chimiques, pesticides, sélection génétique, irrigation et drainage, culture sous serre et hors sol. Dans cette conception, le sol n'est considéré que comme une surface pour la croissance des végétaux auxquels on fournit, de l'extérieur, la plupart des éléments nutritifs et des régulateurs de croissance. L'exemple extrême de ce point de vue s'étend sur des centaines

Sous une serre chauffée, les Chinois font pousser des roses en plein hiver.
Photographie de Alain Le Bacquer, Xinjiang (Chine), 2006.

de milliers d'hectares dans la région d'Almería, en Espagne. Le sol « naturel » étant décidément trop imparfait pour garantir des rendements maximaux, il est remplacé, dans d'immenses serres, par de la laine de roche sur laquelle les légumes croissent sous perfusion[5]. Ces méthodes productivistes affectent la qualité des sols : érosion hydrique favorisée par le tassement dû aux engins agricoles de plus en plus lourds, réduction de la porosité des sols entraînant un déficit en oxygène et une stagnation de l'eau, acidification et pollution par des métaux[6], diminution de la teneur en matière organique. Après vingt ans de culture intensive, il faudrait un siècle pour qu'un sol retrouve ses qualités premières.

5. Le film *We Feed the World* (2007), du cinéaste autrichien Erwin Wagenhofer, montre les méthodes et le cynisme des multinationales de l'agroalimentaire.

6. La pollution métallique excessive de la plaine de Pierrelay-Bessancourt (Val-d'Oise) a entraîné l'interdiction de consommer les légumes qui y étaient traditionnellement cultivés.

Par contraste, l'agriculture biologique prend en compte tout le système air-eau-sol-plantes-animaux et le gère sans utiliser de pesticides ni d'engrais chimiques. Ses méthodes se nomment recyclage de la matière organique, compostage des déchets biodégradables, productions végétales diversifiées et adaptées au terroir, rotation des cultures, entretien de la diversité paysagère (arbres, haies, zones humides, lisières...), élevage d'animaux de race adaptés au sol et au climat. Le sol n'est pas retourné mais aéré, le fumier n'est pas enfoui mais composté, la terre n'est jamais nue, le sol est considéré comme un écosystème. Sur quelques dizaines de centimètres, le sol concentre 80 % des êtres vivants de la planète. Les seuls vers de terre[7] pèsent plus lourd que tous les autres animaux du monde réunis. En mai 2007, l'Organisation des Nations unies pour l'alimentation et l'agriculture (FAO), changeant complètement son point de vue traditionnel, a indiqué que l'agriculture biologique pouvait nourrir la planète entière, en réduisant considérablement l'impact de l'agriculture sur l'environnement, notamment en matière d'émissions de gaz à effet de serre. Le sol n'est pas qu'un tas de pièces détachées, vivantes et non vivantes, qui sont posées par terre. Ce qui constitue un sol, c'est la relation qui fait tenir ensemble ces pièces. Que l'une d'entre elles soit affectée, et ses interactions avec les autres pièces le sont aussi. Le sol lui-même en souffre, dans l'une ou l'autre de ses qualités émergentes telle la fertilité. En retour, il peut être alors abandonné à sa dégradation qui rétroagit sur certaines pièces. Mieux : une unité de temps et de lieu préside à l'existence d'un sol et de ses propriétés. Les mêmes éléments bio-physico-chimiques qui le constituent ici et maintenant ne formeraient pas le même sol ailleurs et plus tard, parce qu'il n'aurait pas la même histoire, pas le même devenir, et ne serait pas relié aux mêmes systèmes qui l'englobent fatalement. Autrement dit, si tous les éléments d'un sol sont nécessaires et suffisants ensemble pour le constituer et en actualiser une propriété – la fertilité, par exemple –, tandis qu'aucun de ces éléments ne peut isolément l'actualiser, alors la propriété n'appartient qu'au tout du sol que constituent ses éléments lorsqu'ils coexistent en un même lieu et au même moment. Bref, « Un sol n'est ce qu'il est que par l'action des animaux, végétaux, et micro-organismes qui le peuplent, qui l'ont fabriqué et qui l'entretiennent. Il est une substance à nulle autre

7. Quelques mois avant sa mort, en 1881, le grand Charles Darwin lui-même a publié un dernier livre intitulé *La Formation de la terre végétale par l'action des vers*, Syllepse, 2001.

pareille, à la fois indispensable à la vie qu'il abrite, et créée par elle à partir de la roche mère, de l'eau reçue, et du carbone atmosphérique préalablement fixé par assimilation chlorophyllienne. Il est l'exemple typique du système écologique n'existant que grâce aux interactions qu'il abrite, en même temps qu'il les rend possibles[8]. »

Le trio Azote - Phosphore - Potasium

Parmi les éléments du système sol, l'agriculture distingue trois nutriments majeurs : l'azote (N), le phosphore (P), le potassium (K). Les méthodes agricoles productivistes ont perturbé les cycles naturels de ces éléments. Le cas du phosphore est le plus inquiétant, car ce n'est pas une ressource renouvelable, contrairement à l'azote. L'érosion des roches et le ruissellement des eaux de pluie conduisent le phosphore vers les terres où il est absorbé par les végétaux qui nourrissent animaux et humains. Le retour du phosphore en terre s'effectue partiellement *via* les excréments. Le ruissellement l'emmène aussi vers les rivières et les océans où il s'accumule dans les sédiments marins. Les quantités annuelles mondiales ainsi déplacées sont de l'ordre de 40 millions de tonnes. Le retour du phosphore vers la terre, essentiellement assuré par le guano des oiseaux, ne pèse que quelques dizaines de milliers de tonnes. Insuffisant pour l'agriculture industrielle. C'est par l'apport d'engrais phosphatés que le sol trouve les quantités nécessaires dans la course aux rendements agricoles. Le phosphore ne décrit donc pas un cycle, il va de la mine à la mer, en passant par la terre. En agriculture, le phosphore est indispensable et irremplaçable. Il n'y a pas de substitut. Or nous vivons sur un stock de phosphates miniers qui ne se renouvelle pas à échelle humaine. Dire que, au rythme de l'extraction actuelle, il reste entre cinquante et cent ans avant que les gisements mondiaux soient épuisés, et que donc nous avons encore le temps de voir venir, est un aveuglement irresponsable que nous retrouverons dans l'examen d'autres ressources du sous-sol. Ce qui compte n'est pas le temps qui reste, mais le moment du pic de production mondiale. C'est-à-dire le moment où l'on a atteint le maximum de production, après une croissance annuelle de plusieurs décennies, et où commence alors la décroissance de l'extraction de la ressource, quel que soit le modernisme des technologies utilisées.

8. Serge Frontier et *alii*, *op. cit.*, p. 8.

Cet événement s'est déjà produit sur l'île de Nauru, un caillou de 21 kilomètres carrés perdu dans le Pacifique sud. La seule ressource de l'île était son gisement de phosphates[9]. Son extraction intensive pendant quatre-vingt-dix ans a aujourd'hui laissé l'île à l'état de décharge de résidus miniers. Or le volume ultime de phosphates extractibles était prévisible avant le pic de production à Nauru, en 1973, par les méthodes du géophysicien américain Marion King Hubbert, que nous examinerons longuement plus loin. Appliquées aux ressources en phosphates des États-Unis d'Amérique, le plus important producteur, consommateur et exportateur mondial, ces méthodes montrent que la production américaine a culminé vers 1988 avec 55 millions de tonnes, puis a décliné, et s'achèvera aux environs de 2050. En 2007, elle fut de 35 millions de tonnes. À l'échelon mondial, le pic de production a été franchi en 1989 avec 165 millions de tonnes. Le déclin aboutit à 145 millions de tonnes en 2007, et pourrait se réduire à 30 ou 40 millions de tonnes en 2025. L'agriculture productiviste en pâtira à coup sûr, sauf à se transformer rapidement en agriculture biologique par la renaissance d'un cycle de nutriments : compostage complet des excréments solides animaux et humains, ainsi que des déchets végétaux, et séparation des urines[10]. C'est en effet l'urine qui contient la majeure partie du phosphore excrété. Elle est récupérable isolément par l'usage de toilettes séparées pour la miction et la défécation. Le compostage des selles permet pour sa part le retour des composants de l'amendement agricole

Cow parade ou Vach'Art dans les rues de Paris, 2006. Photographie d'Éric Chauvet.

9. Et le fait d'être un paradis fiscal !

10. Patrick Déry, *Pérenniser l'agriculture*, mémoire pour la Commission sur l'avenir de l'agriculture du Québec, avril 2007.

à la terre locale. Même dans nos comportements les plus triviaux, nous devons nous considérer comme un élément des écosystèmes qui nous entourent.

La conséquence générale de l'utilisation d'engrais chimiques est la pollution des sols et des eaux, non seulement par les excès de N, P et K ainsi délivrés, mais aussi par les impuretés métalliques que contiennent ces engrais[11] et qui s'accumulent dans les sols. Ces excès sont inévitables dans la mesure où les apports d'engrais n'augmentent pas le rendement des cultures de manière linéaire. Les derniers quintaux à l'hectare se payent d'une escalade chimique disproportionnée. S'y ajoute une autre pollution par les pesticides, au spectre de toxicité étendu et souvent à longue persistance. Ceux-ci se concentrent dans les organismes vivants et se retrouvent dans tous les milieux naturels. Les « douze salopards » désignent les plus dangereux de ces polluants organiques persistants (les POP), interdits de production, d'utilisation, d'importation et d'exportation depuis 2004 par la Convention de Stockholm. En droit. Mais en réalité, de nombreux pays souffrent encore de ces dichlorodiphényltrichloroéthane (DDT), dioxines, furanes et autres polychlorobiphényles (PCB), France comprise. En avril 2004, le World Wide Fund for Nature (WWF) a effectué des tests sanguins sur trente-neuf députés au Parlement européen. La française Marie Anne Isler-Béguin a recensé cinquante et une substances toxiques dans son sang, sur les cent une recherchées. « Je n'arrive pas à comprendre – s'interroge-t-elle – je vis dans ce que je crois être un environnement sain, à la campagne. » Au cours de l'été 2007, la consommation de toutes les espèces de poissons pêchées dans le Rhône a été interdite, depuis l'amont de Lyon jusqu'à son embouchure en Camargue, pour cause de pollution massive par les polychlorobiphényles. Ni solubles, ni biodégradables, ces substances cancérigènes et stérilisantes se sont mélangées aux centaines de milliers de tonnes de sédiments du fleuve, vraisemblablement après le déversement de milliers de kilogrammes de Pyralène[12] par des usines de décontamination des transformateurs électriques et autres appareils dans lesquels ce POP est utilisé pour sa grande stabilité thermique et ses propriétés isolantes.

11. Il reviendrait trop cher aux industriels de l'agrochimie de purifier les engrais fabriqués.

12. Nom commercial d'un produit à base de PCB.

Perturbation des cycles naturels

L'augmentation de la population mondiale et de ses besoins en nourriture, en habitations, transports, énergies, matières premières, et l'accroissement de ses déchets de toutes sortes, liés au mode de production industriel, a perturbé l'ensemble des grands cycles biochimiques de sustentation de la vie. Le cycle du carbone par l'augmentation des concentrations de CO_2 dans l'atmosphère, due à l'utilisation des énergies fossiles, à la déforestation et aux cimenteries. Le cycle de l'azote par les combustions dans les moteurs et les incendies (formation des oxydes d'azote, NOx), l'utilisation d'engrais de synthèse (les nitrates) et l'élevage intensif (rejet d'urée). Le cycle du phosphore par les engrais et les détergents. Le cycle de l'eau par les captages et lacs artificiels pour les usages urbains, les applications industrielles et l'irrigation. Ces cycles s'interpénètrent et sont englobés dans le super-système de la biosphère en une dynamique globale difficile à analyser. Cependant, la dégradation est visible à travers les « services » produits par les écosystèmes et dont nous bénéficions gratuitement : la nourriture, l'eau douce, le bois et les fibres, les ressources génétiques sont des services d'approvisionnement surexploités, par le rythme de pêche qui effondre certaines populations de poissons, par la surconsommation d'eau qui dépasse le renouvellement des réserves, par la déforestation due à la demande de bois exotiques et par la sylviculture d'immenses palmeraies pour fabriquer des agrocarburants. Les services de régulation des écosystèmes – climat, recyclage des déchets, confinement des maladies… – sont altérés par des émissions excessives de gaz à effet de serre, par l'augmentation du nombre d'inondations et

Produits destinés au recyclage, Allemagne. Photographie de G. Hagen, 2003.

d'incendies de forêt, le dépassement de la capacité de recyclage des toxines et engrais par surabondance d'utilisation, par les modifications de la fréquence et de la distribution des maladies dues à la transformation des habitats[13]. La formation et l'entretien des sols, la pollinisation et les cycles de nutriments sont des services de soutien, de maintenance aux autres services des écosystèmes. Les services culturels de la beauté des paysages ou des loisirs de nature s'effondrent sous la pression d'usage et la laideur d'aménagement. Le sublime kantien devant la nature s'évanouit.

Nous perdons les eaux, les poissons et les pêcheurs

Le changement climatique, l'utilisation intensive des ressources aquatiques dans les activités agricoles et industrielles, la surexploitation des populations de poissons, perturbent ensemble le cycle de l'eau. En principe, les océans sont le premier régulateur du climat planétaire et le premier des puits de carbone. Cependant, bien que les interactions océans-atmosphère ne soient pas encore toutes bien connues, on peut affirmer que le changement climatique affecte les glaciers et les banquises, la salinité et l'acidité des océans, le niveau des mers, les régimes pluviométriques, et même la circulation des eaux entre les océans. Si l'on y ajoute l'urbanisation croissante et le tourisme, qui ont un impact considérable sur les écosystèmes côtiers, il est facile d'imaginer les innombrables conséquences économiques et sociales des perturbations du cycle de l'eau dues au changement climatique. L'accessibilité à l'eau potable et la protection des ressources aquatiques, en quantité et en qualité, sont évidemment cruciales pour toute société humaine. Or, au rythme de dégradation actuelle, près de 2 milliards de personnes souffriront de manque d'eau de qualité en 2025, et les deux tiers de l'humanité seront soumis à des difficultés d'approvisionnement en eau. La réponse à ces menaces repose sur le modèle français de gestion de l'eau par bassins versants, incluant les ressources issues des nappes aquifères et les embouchures des fleuves. En effet, l'eau est un problème mondial, et non pas un problème mondialisé. Partout dans le monde se posent des questions de gestion des eaux, mais elles ne peuvent être résolues que localement. Il n'y a pas de marché mondial

13. Au sens écologique de biotope, milieu de vie.

de l'eau, contrairement au marché du pétrole par exemple. L'agriculture utilise plus de 70 % des eaux douces, c'est donc du côté des méthodes agricoles qu'il faut d'abord rechercher des solutions locales au problème mondial de l'eau.

La dégradation de la qualité des eaux est aujourd'hui le plus grand facteur de maladies et de morts à l'échelle mondiale. Dans les pays du Sud, 3 millions de personnes en meurent chaque année, la plupart avant l'âge de cinq ans. Les microbes pathogènes, les polluants chimiques menacent la santé humaine et la survie des écosystèmes. L'exemple de l'interdiction de pêcher dans le Rhône, du barrage de Sault-Brenaz (Isère) à la Camargue, est édifiant : dans les sédiments du Rhône et dans la chair des poissons (gardons, mulets, perches, sandres, truites...) ont été retrouvés récemment des PCB[14], dont la vente est pourtant interdite depuis 1987. L'Organisation mondiale de la santé (OMS) a fixé à 8 picogrammes[15] par gramme la concentration admissible en PCB dans les poissons destinés à la consommation. En 2007, les résultats des prélèvements réalisés sur 6 espèces de poissons montrent une contamination allant jusqu'à 59 picogrammes par gramme. La pollution, ancienne, est si importante que le préfet de région a reconnu l'impuissance de l'État à dépolluer le Rhône. « La présence importante de PCB dans le corps augmente le facteur de risque de cancer, de troubles de la fertilité, de déficit immunitaire et de troubles neurologiques : cancers du foie, du côlon, du sein et du pancréas, effets neurotoxiques chez les enfants avec des troubles du développement cérébral, baisse du système immunitaire et troubles de la reproduction. Cela nous rend stériles » déclare le docteur Halimi de l'Association santé environnement Provence (ASEP), le 29 mai 2008. Vu la stabilité des pyralènes, l'interdiction de pêcher risque de durer longtemps.

Les écosystèmes aquatiques sont également abîmés, au point que certaines ressources en poissons et la biodiversité marine elle-même sont menacées. La plupart des populations de poissons de mer et d'eau douce déclinent du fait de la surpêche. Les prises des marins-pêcheurs s'effectuent plus loin des côtes, à de plus grandes profondeurs, et plus en amont des chaînes alimentaires. Les stocks de légines australes, de requins, de grenadiers, d'*orange roughy* sont surexploités, alors que

14. Polychlorobiphényles, plus connus sous le nom de Pyralènes.

15. 1 picogramme = 1 millionième de millionième de gramme (10^{-12} gramme).

ces espèces des profondeurs possèdent des caractéristiques biologiques (longue durée de vie, maturité sexuelle tardive, croissance lente, faible taux de reproduction) qui les rendent plus vulnérables que d'autres à une pression de pêche intensive. Pour masquer la déplétion alarmante de certaines populations de requins, les poissonneries en modifient les noms afin de continuer à les vendre. Boycottons les achats d'« aiguillats », de « roussettes » et de « saumonettes » : il s'agit en réalité d'espèces de requins menacées d'extinction ! Les pêcheurs artisanaux sont également frappés par la surpêche industrielle : au large des côtes occidentales de l'Afrique, on rencontre des bateaux européens et russes plutôt que sénégalais. Les grands mangeurs traditionnels de poissons que sont le Ghana, le Nigeria, l'Angola et le Bénin sont aujourd'hui devenus importateurs pour satisfaire leur demande intérieure.

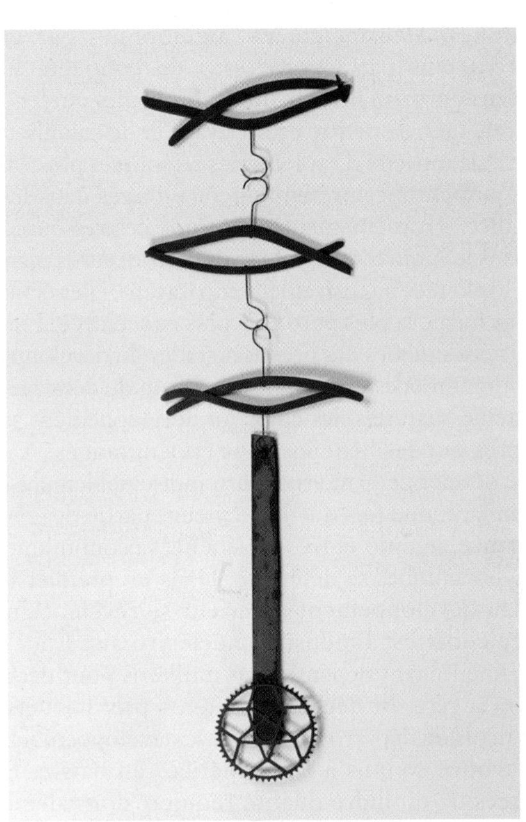

Robert Filliou, *I comme dans poisson*, 1961.

TEXTES

William Ophuls (politologue, né en 1934)

Une ère anormale de croissance économique rapide

Si le processus que nous appelons développement économique est aussi nocif qu'on le dit sur le plan écologique, comment expliquer son succès apparent ? En résumé, grâce à des circonstances extraordinaires et uniques. Premièrement, les Européens, qui, auparavant, avaient connu des contraintes économiques et sociales, ont « découvert » la grande frontière du Nouveau Monde – une corne d'abondance de ressources fertiles accessibles en contrepartie de l'assassinat, de la mise en esclavage, ou de la colonisation des autochtones. Deuxièmement, aiguillonnés par la pénurie de ressources puis par le processus de conquête lui-même, les Européens ont aussi inventé des technologies qui leur ont donné le pouvoir de tuer, de mettre en esclavage et de coloniser à une échelle globale et la capacité d'exploiter les ressources plus « intensément » que les autochtones prétendument plongés dans les ténèbres de l'ignorance. Troisièmement, parce que ces ressources, non seulement dans le Nouveau Monde mais partout sur la planète, n'avaient pas été exploitées intensivement auparavant, elles étaient accessibles dans leur forme la plus pure et la plus concentrée. En conséquence, les coûts écologiques des premiers stades du développement économique furent modestes. De plus, en raison du décalage de la réponse des systèmes naturels, les coûts du développement se sont révélés bien après que les bénéfices ont été engrangés. À première vue donc, le développement est apparu indiscutablement bénéfique.

Cependant, une fois que la meilleure partie des ressources a été consommée, le ratio entre les bénéfices économiques et les coûts thermodynamiques se détériore. Dans un premier temps, le prix latent du développement antérieur se révèle. (Un exemple de premier choix est l'industrie nucléaire aux États-Unis : nous devons maintenant dépenser des milliards pour décontaminer les centrales et gérer les déchets nucléaires, prix qui n'était pas intégré à nos calculs de départ.) Puis, c'est le développement économique qui se trouve soumis à des bénéfices en baisse. Exploiter des ressources de moindre qualité requiert normalement un effort technologique et une plus grande dépense de matière et d'énergie.

Ainsi nous devons maintenant forer à de grandes profondeurs pour trouver du pétrole, dans des environnements lointains et hostiles, ce qui implique de déployer plus d'énergie pour obtenir de l'énergie. Bref, tandis que des effets retard et des bénéfices en baisse font monter les coûts écologiques, le prix attaché au développement augmente inexorablement avec le temps.

Requiem for Modern Politics, Westview Press, 1997.

William R. Catton Jr. (sociologue, né en 1926)

L'âge de la postexubérance

En ne reconnaissant pas le facteur écologique, nous avons bâti notre histoire sur un contresens. Notre capacité à outrepasser la capacité de charge de la planète résulte de cette erreur d'analyse. Si cette méprise persiste, cet antagonisme écologique peut devenir un conflit de type émotionnel, et l'avenir n'en sera que plus cruel. Alors que les autres mammifères ont évolué vers un stade de postexubérance, la compétition exacerbée a conduit à aggraver la violence et à faire dégénérer les comportements. Les hiérarchies au sein des groupes deviennent plus prégnantes. Le soin des plus jeunes et l'éducation se font avec réticence ; les jeunes en viennent à être traités comme des intrus. Il en résulte un ralentissement démographique. Autre conséquence, la peur, la misère et l'hostilité s'infiltrent dans tous les aspects de la vie. Telles sont les réactions à la surpopulation dans un habitat restreint qui ont pu être observées à l'occasion d'études approfondies des autres primates (babouins, singes) et parmi les rats de laboratoire.

L'homme s'est imaginé plus différent des autres mammifères qu'il ne l'est en réalité. Dès lors, lorsque le comportement humain s'est mis à déployer le même type de caractéristiques, toutes sortes d'autres explications ont été mises en avant, qui ont obscurci l'importance de la pression démographique. Au cours du XXe siècle, lorsque le nombre d'humains sur terre s'est accru et que la baisse des ressources est devenue significative, l'homme est entré en guerre. Il s'est ameuté dans les rues. Il a commis de plus en plus de crimes violents. Sa sensibilité politique est devenue unilatérale et il a créé des gouvernements totalitaires, dont certains ont autorisé des tendances sadiques. L'écart entre générations s'est accru et approfondi. En dépit des efforts des activistes humanistes pour contenir le racisme et pour rectifier les inégalités économiques, les différences entre les individus sont demeurées et l'hostilité est devenue plus virulente. Les règles de décence dans les comportements vis-à-vis des autres et la capacité des individus à respecter autrui se sont érodées et dégradée un peu partout.

Overshoot, the Ecological Basis of Revolutionary Change, University of Illinois Press, 1982.

Sylvie Lasserre (grand reporter, née en 1960)

Pilleurs d'or vert

Les intérêts financiers sont colossaux. L'industrie pharmaceutique, en mal de nouvelles molécules inoffensives et efficaces, s'intéresse de plus en plus à la médecine des chamans. Mais la science des plantes, ce sont les peuples aborigènes qui la détiennent. On les appelle tradipraticiens au Gabon, *maraakame* au Mexique, *çaman* chez les Toungouses de Sibérie (à l'origine du terme « chaman », qui signifie « bondir »), *sangoma* en Afrique du Sud, *inyanga* chez les Zoulous, *angakok* chez les Inuits… Leur savoir, très secret, se transmet de père en fils. Les chamans guérissent, alliant leurs connaissances des plantes aux cérémonies rituelles. Des pratiques immémoriales, disparues d'Occident mais qui perdurent dans le reste du monde. Or l'industrie a besoin de ce savoir ancestral. Car les plantes, il faut les connaître, savoir où les chercher. Il faut marcher loin, longtemps, souvent des jours entiers. Si l'on n'a pas la « science », si l'on ne connaît pas le « secret », impossible de distinguer les bonnes et les mauvaises plantes. Autant chercher une aiguille dans une botte de foin. C'est donc devenu pratique courante pour les compagnies de se faire aider des indigènes pour identifier les herbes et leurs propriétés curatives.

« Pilleurs d'or vert », *Le Monde 2*, 23 juin 2007.

Chaman de Krasnoyarsk (Russie), XVIIIe siècle.

David Pimentel (écologue, né en 1925)

Érosion des sols

La perte de couverture végétale est particulièrement étendue dans les pays en développement où les densités de population sont élevées, et où les pratiques agricoles sont souvent inadéquates pour la protection des sols (*top soils*). Richard et Floint (1994) ont découvert une relation étroite entre la couverture naturelle forestière (et son contraire, les terres cultivées) et la densité de population dans de nombreux pays d'Asie du Sud-Est. De plus, la cuisine et le chauffage, dans ces pays, dépendent la plupart du temps de la combustion de résidus de récoltes. Par exemple, environ 60 % des résidus de récoltes en Chine et 90 % au Bangladesh sont couramment arrachés du sol et brûlés. Dans les zones où le bois de chauffage et d'autres formes de biomasse sont rares, même les racines d'herbes et les arbustes sont collectés et brûlés. Toutes ces pratiques (sauf la déforestation pour pâturage) laissent le sol à nu et totalement exposé à la pluie et à la force du vent, qui œuvrent à son érosion.

« Soil Erosion. A Food and Environmental Threat », dans Grégoire Leclerc et Charles A. S. Hall (dir.), *Making World Development Work : Scientific Alternatives to Neoclassical Economic Theory*, University of New Mexico Press, 2007.

Jean-Pierre Berlan (agronome, né en 1945)

Le XXIe siècle : l'agriculture chimérique

Rien n'est plus révélateur du primat de la marchandise que la célébration extravagante du « miracle » des « hybrides » – terme devenu synonyme de « supérieur » – tandis qu'on ignore aux États-Unis comme en France le travail admirable des sélectionneurs de blé. Aux États-Unis, le rendement du blé a pourtant augmenté à un rythme deux fois plus rapide que celui du maïs pendant la période 1922-1946 qui va du choix politique de cette méthode de sélection à son succès dans la Ceinture de maïs. Pourtant, les « hybrideurs » passent pour des héros de la philanthropie scientifique et les sélectionneurs de blé sont restés anonymes. Mais les premiers avaient créé une nouvelle source de

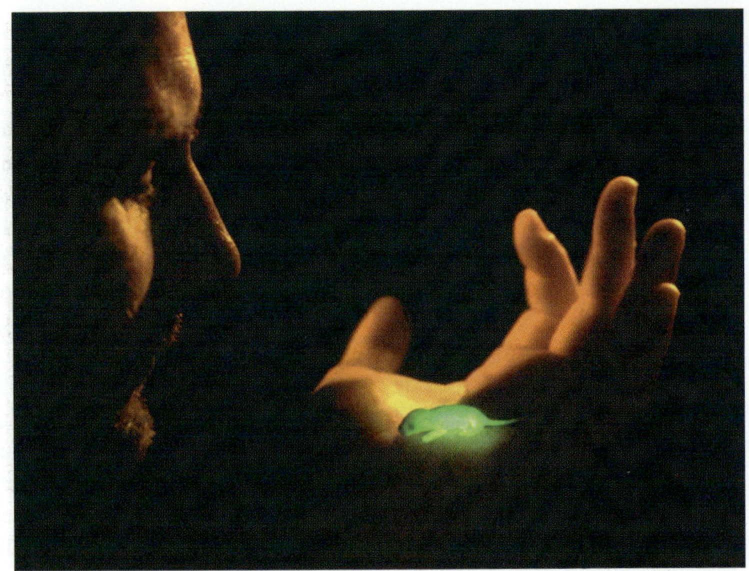

Meckes Oliver,
Souris transgénique fluorescente verte.

profit aux dépens de l'intérêt public quand les seconds avaient servi ce dernier sans créer de profit.

On peut donc craindre que la célébration tout aussi extravagante des exploits biotechniciens (crapauds anencéphales et lapins phosphorescents) et des miracles toujours prochains de l'agriculture chimérique ne soit, une fois encore, que celle du culte de la marchandise. Le procédé est éculé mais efficace, qui consiste à avancer les intérêts marchands sous couvert de progrès, de maîtrise du vivant, de droit à la connaissance et de philanthropie. Les biotechniciens classent d'avance leurs opposants parmi les obscurantistes et assimilent la destruction luddiste des cultures transgéniques aux autodafés nazis. Cette solution de facilité leur évite de s'interroger sur les fonctions d'une technoscience devenue institution du capitalisme.

La Guerre au vivant, Agone, 2001.

Davi Kopenawa

(chaman et porte-parole des Yanomami, né en 1970)

L'esprit de la forêt

Pour nous, Yanomami, la forêt est très « importante », comme vous dites, parce que nous voulons continuer à y vivre. Cette forêt est belle et elle a le pouvoir de faire croître tout ce que nous mangeons. Vous, les Blancs, vous ne savez pas protéger la forêt. Vous ne savez que la maltraiter et la défricher. Nous, les Yanomami, nous sommes avisés et c'est pourquoi nous sommes amis avec la forêt. Comme vous dites dans votre langage, elle est « importante ». Dans ma langue, celle que parlent mes ancêtres depuis toujours, je dis qu'elle est belle, *tohiti*, et que j'y suis attaché. Je veux la garder et je veux la défendre. Nous, Yanomami, nous voulons continuer à vivre sur notre terre. C'est dans cette forêt que nous faisons nos rites funéraires *reahu*, nos chasses rituelles *henimu*, que nous pêchons, que nous ouvrons nos jardins, que nous partons en voyage pour rendre des visites d'un village à l'autre, que nous allons en expédition collecter des fruits sauvages. C'est dans cette forêt que le gibier que nous mangeons se reproduit et que les fruits poussent. C'est pour cela que nous gardons dans nos pensées que la forêt est « importante ».

Ce que vous nommez « environnement », c'est ce qui reste de ce que vous avez détruit.

« Les feux d'El Niño », *Ethnies*, « Nature sauvage, nature sauvée ? Écologie et peuples autochtones », n°s 24-25, 1999.

Scot Nickels, Chris Furgal, Heather Moquim et Mark Buell

(écologues contemporains)

Les Inuits désorientés

Les Inuits sont particulièrement vulnérables aux changements qui s'opèrent dans le milieu arctique. En raison de la mutation des voies de migration et des sentiers empruntés lors de déplacements, le chasseur doit maintenant parcourir de plus longues distances et modifier en conséquence le parcours qu'il emprunte afin de récolter les aliments traditionnels. Cette situation a des incidences sur la sécurité alimentaire de la collectivité, elle nécessite que les ménages dépensent davantage afin d'obtenir des aliments locaux et elle menace la sécurité des chasseurs, car ceux-ci doivent emprunter des parcours différents, lesquels s'avèrent beaucoup plus risqués [...]. En outre, les risques que représente le paysage changeant et les situations météorologiques extrêmes ou imprévisibles empêchent les habitants du Nord de parcourir le territoire aussi souvent qu'ils en ont l'habitude et augmentent les périodes de transition entre les saisons. Les difficultés d'accès aux terres et à la mer durant ces périodes saisonnières transitoires sont telles que les personnes deviennent plus vulnérables au stress et à l'anxiété (phénomène qualifié de « fièvre du printemps » dans certaines collectivités inuits).

Nasivvik Centre for Inuit Health and Changing Environments at Université Laval and the Ajunnginiq Centre at the National Aboriginal Health Organization, *Unikkaaqatigiit. Perspectives from Inuit in Canada*, 2005.

Perdu dans la neige.
Photographie d'Aldo Sperber, 2008.

CHAPITRE 3

Le boomerang et l'avalanche

Le boomerang et l'avalanche

Les activités humaines ont de multiples impacts sur la santé des écosystèmes et, en retour, la dégradation de ceux-ci peut affecter notre propre santé. C'est l'effet « boomerang ». Une entité-élément de la biosphère – l'espèce humaine – perturbe les autres entités-éléments et le tout qui les englobe, et celui-ci affecte alors l'entité-élément perturbatrice. Les émissions croissantes de gaz à effet de serre contribuent au changement climatique et à l'acidification des océans, ce qui peut provoquer des canicules mortelles et réduire les populations de coraux et le plancton, base de la sécurité alimentaire des mers. Reste à savoir si de petites pollutions provoquent de petites perturbations des écosystèmes – on dit alors que la relation est linéaire, ou proportionnelle – ou si la réponse des écosystèmes suit une autre loi d'évolution, qui ne serait pas linéaire. Dans la région arctique, le début de réchauffement dû aux émissions de gaz à effet de serre fait fondre la neige et les glaces plus tôt au printemps et sur des surfaces plus étendues. Cela réduit la réflexion des rayons solaires vers l'atmosphère et augmente l'absorption de la chaleur par les eaux et les terres. Ce qui accentue le réchauffement lui-même. C'est l'effet « avalanche ». Une petite perturbation initiale va déclencher une boucle – dite de rétroaction positive – qui se renforcera elle-même au cours de son évolution, comme le jet d'une petite boule de neige peut engendrer un début d'avalanche qui grossit la boule, ce qui renforce l'avalanche qui rend la boule énorme… En Arctique encore, dans la toundra, le même début de réchauffement dégèle une partie du pergélisol, ce sol glacé en permanence. Celui-ci libère alors des quantités de méthane emprisonnées depuis onze mille ans, et contribue ainsi à renforcer l'effet de serre et à accélérer le réchauffement qui lui a donné naissance. Plus abstraitement, une boucle de rétroaction entre deux éléments d'un système a lieu lorsqu'une action du premier vers le second est suivie d'une action du second vers le premier, qui modifie la dynamique de celui-ci. La rétroaction est positive si une modification entraîne, dans la boucle, une intensification de cette modification, négative si elle entraîne son atténuation.

Automobile ou transports en commun ?

De telles boucles de rétroaction se rencontrent aussi dans des domaines autres que les écosystèmes. Que se passe-t-il, par exemple, lorsqu'un conseil municipal est confronté à une congestion croissante de la circulation automobile en ville ? Très souvent, la première solution, dite « solution symptomatique », est de créer une bretelle ou une rocade périurbaine pour éloigner une partie du trafic de l'intérieur de la cité. Les opposants écologistes et de nombreux experts doutent de la pertinence de cette solution, en estimant qu'elle ne réduira le trafic intérieur que de quelques pour-cent et pendant peu de temps. Malgré cette opposition, le conseil municipal décide : nous aurons notre rocade. Néanmoins, les opposants parviennent à convaincre le conseil qu'une étude systémique devra être effectuée avant le début des travaux. Afin de modéliser ce qui va se passer, sept variables essentielles sont choisies pour représenter le système et son évolution : le nombre de voitures en circulation dans la commune (qui augmente), la qualité de l'environnement et la sécurité des piétons et des cyclistes (qui diminuent), la congestion automobile en ville (qui oscille entre diminution et augmentation), la dépendance des habitants à l'automobile (qui augmente), le nombre de rues et de routes (qui augmente), l'industrie des travaux publics (qui augmente), l'offre de transports publics (qui diminue). La question cruciale que chacun se pose est : « Pourquoi la construction croissante de routes ne soulage-t-elle pas la congestion du trafic automobile ? » L'observation de la dynamique du système permet de repérer plusieurs boucles de rétroaction, les unes positives, d'autres négatives. Une première petite boucle négative se noue entre la congestion automobile, le nombre de routes et l'industrie des travaux publics : la congestion renforce l'incitation à augmenter le nombre de routes, ce qui développe les travaux publics, et l'augmentation des routes diminue la congestion. Mais une autre boucle positive, plus grande, produit un effet inverse sur la congestion automobile : l'augmentation des routes continue de dégrader l'environnement et de fragiliser la sécurité des piétons et des cyclistes, ce qui incite à prendre ou à acheter une voiture et augmente ainsi le nombre de véhicules et la dépendance à l'automobile, qui finit par réaugmenter la congestion, qui réclame plus de routes, qui dégradent l'environnement et la sécurité... Une autre petite rétroaction négative lie la dépendance à l'automobile et l'offre de transports publics : la dépendance à l'automobile s'oppose à l'offre de transports publics, et réciproquement. Face à l'afflux automobile croissant, le conseil municipal est devant un choix binaire : soit continuer à construire plus de routes (solution symptomatique) et, après une diminution passagère, la congestion reprendra de plus belle, soit réduire la dépendance à l'automobile en renforçant l'offre de transports publics (solution fondamentale). Après cette étude systémique, le conseil municipal reviendra-t-il sur sa première décision pour adopter plutôt la solution fondamentale ?

Emballement et changement

Lorsque, au sein d'un système, la boucle de rétroaction positive dure longtemps, elle finit par s'emballer. La perturbation du système est telle que celui-ci ne peut demeurer dans l'état où il est. Un seuil de viabilité est dépassé. Le système bascule alors vers un autre état de viabilité, par un changement qualitatif plus ou moins rapide et abrupt de son fonctionnement. Il y a plusieurs millénaires, le Sahara était couvert de végétation adaptée au régime des pluies de l'époque. Le climat est en effet influencé par la végétation qui agit sur la proportion de rayons solaires réfléchis, sur la quantité d'eau évaporée, sur le régime local des vents et sur l'érosion. Une décroissance de la végétation a entraîné une baisse de la pluviométrie, ce qui a dégarni plus encore le couvert végétal, jusqu'à ce qu'un seuil de viabilité des plantes soit dépassé : le Sahara est alors devenu un désert.

Aujourd'hui, certaines activités humaines excessivement prédatrices peuvent aller jusqu'à l'extinction de populations animales, du fait d'un dépassement par le bas du seuil minimal de reproduction de l'espèce. Ainsi, la pêche modérée de morues au large de Terre-Neuve a duré plusieurs siècles, ne dépassant jamais plus de 300 000 tonnes par an.

Dans les années cinquante, les prises ont progressivement augmenté jusqu'à 800 000 tonnes en 1970, et un seuil fut franchi au-delà duquel les poissons adultes furent trop peu nombreux pour produire suffisamment de jeunes poissons. Le remplacement des petites flottes saisonnières – les légendaires terre-neuvas de Saint-Malo ! – par de lourds chalutiers pélagiques a effondré les stocks de morues. En 1992, un moratoire a interdit toute pêche commerciale pendant six ans. Trop tard : la reprise d'une pêche artisanale locale en 1998 a été un échec, et toutes les pêcheries ont définitivement fermé en 2003.

Accélération mortelle

Tout tient à la vitesse. Lorsqu'un changement intervient lentement dans un écosystème, sur des milliers d'années, la perte de biodiversité sur une zone peut être compensée par la migration des espèces vers d'autres zones géographiques. Si le changement est plus rapide, des effets de seuil peuvent se produire et supprimer des populations ou, au contraire, accélérer une prolifération.

Le premier cas se réalise dans la baisse de la biodiversité dans de nombreux milieux, due à la perte ou a la dégradation des habitats, à la surexploitation des ressources et à la pollution. La biodiversité est la variété de la vie sur terre, la variété des gènes, des individus, des espèces, des écosystèmes et des habitats. Elle n'est pas qu'une variation d'apparence. Elle comprend la diversité d'abondance en un lieu, la distribution dans le temps et dans l'espace, la composition des éléments d'un écosystème et leurs interactions, telles que les relations proies/prédateurs ou plantes/pollinisateurs. Elle est étendue à la diversité culturelle humaine, affectée par les mêmes menaces d'extinction. Aujourd'hui, les taux moyens d'extinction des espèces sont cent fois supérieurs aux taux de base calculés à partir des données fossiles. Il est évident que nous sommes en présence d'une sixième extinction des espèces. Les cinq précédentes – dont la fameuse disparition des dinosaures il y a 65 millions d'années – furent causées par des catastrophes naturelles. La sixième, en cours, est une conséquence des activités humaines.

Le second cas – la prolifération – est illustré par l'histoire des lapins en Australie. En 1859, l'Anglais Thomas Austin importa douze couples de lapins dans l'État de Victoria : « L'introduction de quelques lapins ne peut pas faire de mal et apportera un petit air d'Angleterre ainsi que du gibier pour la chasse. » Fort reproducteurs, et en l'absence de prédateurs, les lapins proliférèrent jusqu'à 600 millions en 1910, dévorant tout sur leur passage. Les wallabies indigènes furent alors menacés par le manque de nourriture. Depuis un siècle et demi, les autorités australiennes ont essayé plusieurs méthodes pour lutter contre la prolifération des lapins. Dès 1887, le grand Louis Pasteur lui-même leur proposa d'infecter les lapins avec la bactérie du « choléra des poules », mais les autorités renoncèrent. Les Australiens imaginèrent et construisirent des barrières de plusieurs milliers de kilomètres de long pour empêcher les lapins de se répandre sur tout le continent, en vain : avant la fin de la construction du mur à lapins, ceux-ci étaient déjà de l'autre côté. Au milieu du siècle dernier, alors que la population de lapins atteignait 1 milliard d'individus, Jean MacNamara, un médecin de Melbourne, épandit le virus de la myxomatose dans l'État de Victoria, ce qui tua 90 % des lapins. Mais il fallut déchanter, car les lapins survivants étaient devenus génétiquement résistants au virus. Au sein de l'écosystème australien, le

Lors des répétitions de *B#03 Berlin*, de Claudia Castellucci, les sièges de la salle sont occupés par des lapins en peluche, festival d'Avignon, 2005.

sous-système lapins + virus aurait pu évoluer vers un nouvel état d'équilibre, une maladie endémique. Mais les autorités ont entretenu le déséquilibre en introduisant régulièrement des souches virales très virulentes. Aujourd'hui, la lutte continue, mais il y a encore plus de 200 millions de lapins en Australie.

L'étrange exponentielle

Au début de son introduction, la croissance de la population de lapins en Australie ne suivait pas une loi linéaire, c'est-à-dire telle que, chaque année, un nombre fixe de lapins s'ajoutait à la population de l'année précédente, mais plutôt une loi exponentielle, c'est-à-dire telle que, chaque année, un taux fixe de lapins s'ajoutait. Autrement dit, le nombre de lapins supplémentaires était proportionnel à la population de l'année précédente. Comment comprendre une croissance exponentielle[1] ? La notion importante est celle du temps de doublement : examinons une cuvette dans laquelle se trouvent 8 bactéries qui se dédoublent toutes les minutes. Elles seront 16 dans la cuvette au bout de la deuxième minute. Puis 32 à la fin de la troisième minute… 16 384 à la douzième minute… et plus de deux milliards en 28 minutes (28ᵉ doublement). Dans l'espace limité de la cuvette, il y aura bientôt tellement de bactéries qu'elles se mangeront entre elles ou se pollueront jusqu'à la mort. Après un démarrage apparemment raisonnable, les doublements engendrent des nombres énormes.

Supposons maintenant que vous habitiez au bord d'un lac où l'on vient d'introduire une espèce exotique de nénuphars[2] qui croissent avec un temps de doublement d'un jour. Le lac est immense, mais il sera entièrement recouvert par les nénuphars le trentième jour, ce qui constituera un sérieux problème pour vous. À quel pourcentage de recouvrement du lac percevrez-vous qu'il y a un problème avec ces maudits nénuphars ? a) quand vous verrez le lac recouvert à 50 % ? b) entre 25 % et 50 % ? c) entre 12 % et 25 % ? d) entre 6 % et 12 % ? Étant donné la dynamique de la croissance exponentielle, le temps qu'il vous restera pour trouver une solution à ce problème sera : a) le dernier jour, b) moins de deux jours, c) moins de trois jours, d) moins

1. <http://www.youtube.com/user/danchay> (janvier 2009).

2. Imaginez les nymphéas dans le jardin de Claude Monet à Giverny.

de quatre jours. Car il aura fallu vingt-six jours aux nénuphars pour recouvrir seulement 6 % de la surface. Or, avouez-le, vous, de même que moi, n'admettrez pas qu'il y ait un problème avant que le lac ne soit recouvert à 50 %. Ce qui vous laissera moins d'une journée pour trouver une solution à un problème qui dure depuis vingt-huit jours. Supposons que la magie de la technologie vous permette de doubler la surface du lac. Combien de jours supplémentaires cela vous donnera-t-il pour résoudre votre problème ? Un seul, le trente et unième jour. La technologie n'est pas la solution face à une croissance exponentielle. En outre, toute réponse à un problème implique d'inévitables délais : se mettre d'accord avec vos voisins et avec les autorités municipales sur le fait qu'il existe un problème, s'accorder avec les mêmes personnes sur la solution, mettre en œuvre cette éventuelle solution.

Dans la réalité écologique, la croissance d'une population – de lapins ou de nénuphars, par exemple – peut parfois être de type exponentiel au début, mais se ralentit ensuite pour atteindre une taille limite dépendante des propriétés des écosystèmes dans lesquels cette population est insérée. Nos bactéries précédentes, dans leur cuvette, ont constaté que leur modèle exponentiel de croissance initiale s'est heurté au volume limité de la cuvette pour se transformer en modèle de mortalité.

Des systèmes dynamiques

Partout, les indicateurs écologiques montrent un changement planétaire accéléré. La ruée humaine vers les mégalopoles, le changement climatique, la raréfaction des ressources du sous-sol, la diminution des volumes de céréales récoltés dans certaines régions, l'effondrement de populations de poissons, l'eutrophisation de rivières, de lacs et d'eaux côtières. Pour étudier l'un ou l'autre de ces phénomènes, on peut essayer d'en faire un modèle en repérant les indicateurs, les paramètres, les quantités qui le représentent le mieux, on peut estimer les variations de ces quantités au cours du temps, pour enfin évaluer l'évolution du phénomène, sa trajectoire et son éventuel point d'arrivée, son état final. Nous avons ainsi construit un modèle évolutif du phénomène, un système dynamique. Ce type de modélisation s'applique à de nombreux domaines de la connaissance, en écologie, en physique, en chimie, en économie, en sociologie, en politique… Prenons un pendule au bout d'une ficelle auquel nous donnons une impulsion initiale qui détermine son état de départ. Selon la force de cette impulsion, le pendule va osciller plus ou moins longtemps pour s'arrêter bientôt à la verticale de son axe en raison des inévitables frottements dans son fonctionnement. Cet arrêt à la verticale est son état final, son attracteur. D'ailleurs, cet attracteur est unique, il est le même quelle que soit l'impulsion initiale. L'attracteur du pendule est indépendant des conditions initiales et de l'histoire du système (le pendule et ses contraintes, frottements, gravitation...). Notons, pour plus tard, que l'énergie de l'impulsion que nous avions donnée au pendule s'est tout entière dissipée en chaleur dans les frottements lorsqu'il s'immobilise. Le pendule est un système dissipatif. Les modèles de phénomènes étudiés en écologie ou ailleurs sont, en général, beaucoup plus riches que celui du pendule. Il est aussi plus difficile d'en décrire la dynamique, vu le nombre de paramètres impliqués et leurs variations.

En écologie scientifique, l'un des plus connus de ces modèles est celui qui tente de représenter sur un territoire l'évolution dynamique de deux populations, celles des proies et des prédateurs, des lapins et des renards par exemple. Il s'agit de décrire la natalité et la croissance de chacune des populations, leurs mortalités respectives, les

Tête d'une peau de lion. Photographie de Laurent Caro.

interactions proies/prédateurs, et les compétitions entre elles pour une même ressource naturelle. Plusieurs paramètres interviennent pour décrire la dynamique de ce système : le nombre d'individus de chaque espèce au début de l'étude et les variations de ces nombres en fonction des interactions. Par exemple, la croissance de l'espèce proie peut être représentée par une fonction exponentielle (les lapins ! les bactéries ! les nénuphars !). Mais il faut lui ajouter, ou plutôt lui retrancher, une autre fonction d'autolimitation du nombre d'individus, et une troisième fonction décrivant l'influence des prédateurs. Au total, la variation démographique de l'espèce proie n'est plus du tout une fonction simple de son abondance. De même, on fabrique une fonction d'évolution du nombre de l'espèce prédatrice dans le temps. Et on essaie de calculer le devenir de cet écosystème, ou plutôt de son modèle simplifié. Bien sûr, les densités des deux populations vont osciller : l'accroissement du nombre de prédateurs sera maximal lorsque la population de proies est à son maximum, plus il y a de nourriture (les proies) et plus il y a de naissances chez les prédateurs. Parallèlement, la décroissance du nombre de proies sera maximale lorsque la population de prédateurs est à son maximum. Pour être complet, il conviendrait d'écrire les mêmes phrases que les deux précédentes en remplaçant « maximal(e) » par « minimal(e) » et « maximum » par « minimum ». Les oscillations peuvent être entretenues, les deux espèces passant alternativement par des nombres inférieurs et supérieurs ; ou bien les oscillations peuvent être amorties au cours du temps, les deux espèces aboutissant à des nombres fixes ; ou encore les oscillations peuvent être amplifiées, pour se terminer par la disparition de l'une ou l'autre des deux populations. Plus élaboré que le système du pendule, ce système dynamique non linéaire possède trois états terminaux possibles, trois attracteurs. La trajectoire et l'issue de ce système dépendent des conditions initiales. Le troisième attracteur est catastrophique en ce qu'il comprend la mort d'une population, donc un état entièrement nouveau pour l'écosystème (on peut d'ailleurs se demander ce que devient l'autre population).

Le changement climatique peut modifier les paramètres de vastes écosystèmes jusqu'à les faire basculer d'un attracteur dans un autre. Il en est ainsi des feux de forêt aux États-Unis. Les feux de forêt sont un phénomène naturel qui permet la dispersion de composés carbonés et autres nutriments du sol, contribuant de la sorte à la santé des écosystèmes.

Le pin ponderosa, très abondant dans l'Ouest américain, a même besoin d'incendies légers pour que s'ouvrent ses cônes à graines. Cependant, depuis quelques années, la taille et la sévérité des feux de forêt ont augmenté sous l'effet de nouvelles sécheresses et de nouveaux vents. Passé un certain seuil d'intensité, les feux de forêt dégradent les sols. La chaleur extrême peut épuiser les nutriments et tuer la matière organique, laissant un sol appauvri et sensible à l'érosion. Dans l'Ouest américain, les hivers deviennent plus pluvieux, tandis que les étés sont plus précoces, plus secs et plus chauds. Un printemps humide favorise la croissance des herbes et des fleurs sauvages qui se transforment rapidement en autant d'allumettes sous la chaleur de l'été. L'invasion récente de l'ouest américain par des chardons huileux renforce la vulnérabilité des forêts au feu. Et, par voie de conséquence, le possible basculement des écosystèmes forestiers en savane, voire en désert. Les incendies de surface supérieure à 100 000 hectares deviennent plus fréquents. Aux États-Unis, tous les feux de forêt sont enregistrés depuis 1960. Sur les dix saisons les plus ravageuses en incendies, sept le sont depuis 1999. Il n'y a pas qu'au nord. Pendant l'été 2007, plus de 2 millions de kilomètres carrés de forêt amazonienne ont brûlé entre la Bolivie et le Brésil.

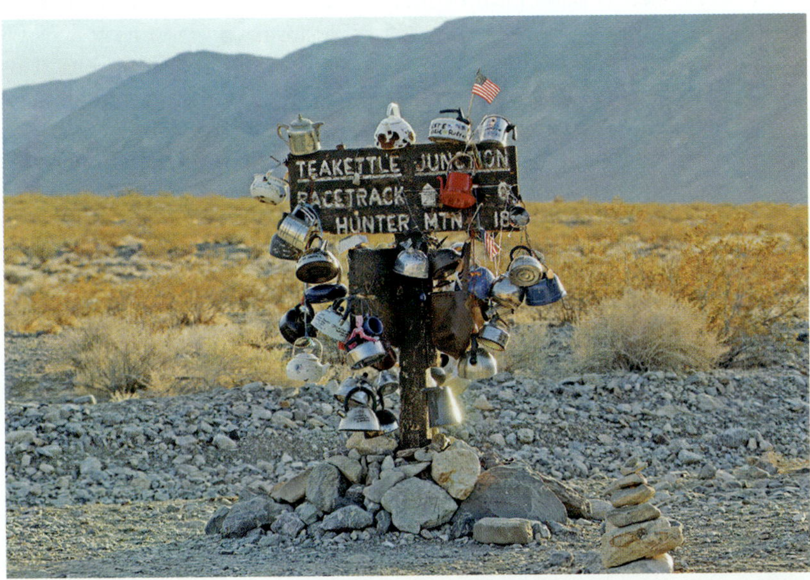

Christian Heeb, *Death Valley*, Californie, États-Unis, 2007.

TEXTES

James Hansen (spécialiste du climat, né en 1941)

Le point de bascule du climat

Qu'est-ce qui est en jeu ? Le réchauffement actuel, d'environ 2 degrés Fahrenheit sur les terres émergées, semble presque inoffensif, inférieur à la variabilité climatique quotidienne. Mais un réchauffement plus fort est déjà « dans les tuyaux », retardé seulement par la grande inertie de l'océan mondial. Et le climat a déjà presque atteint un point de basculement dangereux. Les ingrédients d'une « tempête parfaite », d'un cataclysme mondial, sont réunis. Le climat peut atteindre un point de bascule qui verrait des rétroactions positives déchaîner des changements rapides. Les glaces de l'Arctique en sont un exemple en cours. Le réchauffement global a déclenché la fonte des glaces, exposant des parties sombres de l'océan qui absorbent plus la lumière du soleil et accélèrent à leur tour la fonte des glaces. En conséquence, sans que des gaz à effet de serre supplémentaires soient émis dans l'atmosphère, l'Arctique sera bientôt libre de glace en été.

Des points de basculement plus inquiétants menacent. Les glaces de l'Ouest antarctique et du Groenland sont vulnérables, même à des petites doses de réchauffement supplémentaire. Ces mastodontes de 2 milles d'épaisseur réagissent lentement dans un premier temps, mais si la désintégration se poursuit, elle deviendra inéluctable. Le débat entre scientifiques ne porte plus désormais que sur la hausse du niveau des mers que cette fonte entraînera à une date donnée. Selon moi, si les émissions se poursuivent au rythme actuel, une élévation du niveau des mers d'au moins 2 mètres est probable pour ce siècle. Des centaines de millions de personnes deviendront des réfugiés.

Discours devant le National Press Club, 23 juin 2008.

François Ramade (écologue, né en 1934)

La loi du minimum

Découverte dès 1840 par Liebig, elle concernait initialement l'influence respective des différents éléments minéraux indispensables aux plantes cultivées. Elle stipule que la croissance d'un végétal n'est possible que dans la mesure où tous les éléments indispensables pour l'assurer sont présents en quantités suffisantes dans les sols. Ce sont les éléments déficitaires qui conditionnent la production des cultures.

Par voie de conséquence, « le rendement d'une récolte dépend uniquement de l'élément nutritif qui est présent dans le milieu en moindre quantité ».

La loi du minimum de Liebig peut être étendue à l'ensemble des facteurs écologiques sous forme d'une loi des facteurs limitants que l'on peut énoncer de la façon suivante : « La manifestation de tout processus écologique est conditionnée dans sa rapidité et son ampleur par celui des facteurs qui est le plus faiblement représenté dans le milieu. »

Il faut souligner que la loi du minimum varie dans son expression par suite de l'intégration des facteurs écologiques. Ainsi, chez les plantes, le zinc est nécessaire en moindre concentration dans les sols pour les sujets croissant à l'ombre que pour ceux exposés en plein soleil. De la même façon, une température mortelle pour un insecte placé dans des conditions de forte siccité atmosphérique sera parfaitement supportée par les individus élevés dans un air très humide.

Écologie fondamentale, Édiscience international, 1994.

Ivan Illich (penseur de l'écologie politique, 1926-2002)

L'usager, objet acheminé

L'usager ne voit pas l'absurdité d'une mobilité fondée sur le transport. Sa perception traditionnelle de l'espace, du temps et du rythme propre a été déformée par l'industrie. Il a perdu la liberté de s'imaginer dans un autre rôle que celui de l'usager du transport. Sa manie des déplacements lui enlève le contrôle de la force physique, sociale et psychique dont ses pieds sont dotés. L'usager se voit emporté à toute vitesse à travers l'espace inaccessible.

Automobiliste, il suit des itinéraires obligés sans pendre possession du sol, sans pouvoir y marquer son domaine. Abandonné à lui-même, il est immobile, isolé, sans lieu.

Devenu un objet qu'on achemine, l'homme parle un nouveau langage. Il va en voiture « retrouver » quelqu'un, il téléphone pour « entrer en contact ». Pour lui, la liberté de mouvement n'est que la liberté d'être transporté. Il a perdu confiance dans le pouvoir politique qui lui vient de la capacité de pouvoir marcher et parler. Il croit que l'activité politique consiste à réclamer une plus large consommation de ces services qui l'assimilent à une simple marchandise. Il ne demande pas plus de liberté pour des citoyens autonomes, mais de meilleurs services pour des clients soumis. Il ne se bat pas pour garantir sa liberté de se déplacer à son gré et de parler aux autres à sa manière, mais pour asseoir son droit d'être véhiculé et informé. Il désire de meilleurs produits et ne veut pas rompre l'enchaînement à ces produits. Il est urgent qu'il comprenne que l'accélération appelée de ses vœux augmentera son emprisonnement et qu'une fois réalisées, ses revendications marqueront le terme de sa liberté, de ses loisirs et de son indépendance.

Énergie et équité (1973), dans *Œuvres complètes*, Fayard, 2004.

Jean Robert (historien des techniques, né en 1934)

Les cinq types de vitesse dans les transports

Il convient de distinguer cinq types de vitesse : la vitesse technique, la vitesse de circulation, la vitesse porte à porte, la vitesse porte à porte à vol d'oiseau, la vitesse généralisée :

– par vitesse technique d'un véhicule, j'entends celle pour laquelle il a été dessiné à performance moyenne : pour l'automobile, elle est d'environ 80 kilomètres à l'heure ;

– la vitesse de circulation est la vitesse des flux de véhicules mesurée sur routes ou sur voies ; elle dépend de l'état du trafic, c'est-à-dire de la composition des comportements de tous les conducteurs ;

– la vitesse porte à porte d'un déplacement s'obtient en divisant la distance en ligne (ou mesurée sur route) entre l'origine et la destination par le temps écoulé entre le départ et l'arrivée ; elle tient compte des temps de non-transport (marche et attente) annexés par les transports ;

– la vitesse porte à porte à vol d'oiseau est le quotient de la distance à vol d'oiseau (ou en ligne droite) entre l'origine et la destination par le temps de déplacement d'une porte à l'autre ; elle ne fait pas apparaître comme un « gain de vitesse » le nécessaire rallongement des distances sur routes imposé par les véhicules rapides et permet donc de confronter – pour des vitesses apparemment dissemblables – la valeur de déplacement d'un mode de transport donné à celle de la marche ou de la bicyclette dans un espace non déformé par la géométrie des transports ; – la vitesse

Guy Sabran, *Future street scene*, 1934.

généralisée d'un mode de transport tient compte de la quantité de travail nécessaire à celui qui s'en sert pour acquérir le moyen d'être transporté ; pour l'obtenir, il faut diviser le kilométrage annuel effectué par ce mode par le temps passé en un an dans ce mode de transport et à l'extérieur, par exemple, à gagner de quoi le payer ; Jean-Pierre Dupuy a calculé que, pour toutes les classes de revenus « moyennes » – de salarié agricole à cadre supérieur, à l'exclusion des millionnaires –, la vitesse généralisée de la bicyclette est égale ou supérieure à celle de l'automobile ; seuls les très riches gagnent vraiment du temps en auto. Les autres ne font qu'effectuer des transferts entre temps de travail et temps de transport.

Les sociétés industrielles consacrent entre le quart et le tiers de leur budget-temps social à la production des conditions d'existence de la vitesse.

Rome, il y a deux mille ans, avait près d'un million d'habitants. La société romaine consacrait moins de 7 % de son budget-temps social au transport et à la production de ses outils. Transformant ce temps en voyages, les Romains se hâtaient lentement à 4 kilomètres à l'heure, ou cavalaient à 20, comme Gengis Khan.

En ces deux mille ans qui nous séparent d'eux, quel progrès technique, quantifiable, de la célérité des hommes a été rendu possible par l'augmentation du temps consacré aux transports ?

Le Temps qu'on nous vole, Le Seuil, 1980.

Peter Sloterdijk (philosophe, né en 1947)

Les temps modernes comme mobilisation

La société moderne a réalisé au moins l'un de ses projets utopiques, celui de l'automobilisation complète, la situation où chaque Soi majeur se meut lui-même au volant de sa machine qui se meut elle-même. Parce que dans la modernité le soi ne peut pas être pensé sans son mouvement, le moi et son automobile font métaphysiquement un, comme l'âme et le corps de la même unité de mouvement. L'automobile est le double technique du sujet transcendantal, actif par principe.

C'est la raison pour laquelle l'automobile est l'objet sacro-saint de la modernité, elle est le centre cultuel d'une religion universelle cinétique, elle est le sacrement sur roues qui nous fait participer à ce qui est plus rapide que nous-mêmes. Qui conduit une voiture s'approche du divin, il sent son petit moi s'élargir en un Soi supérieur qui lui donne en patrie le monde entier des voies rapides et qui lui fait prendre conscience du fait qu'il a vocation à une vie supérieure à l'existence semi-animale du piéton.

La Mobilisation infinie (1989), Christian Bourgois, 2000.

Robert Barbault (écologue, né en 1943)

Mythe ou réalité ?

J'ai montré comment, dans les forêts tropicales qui ne cessent ici de reculer, là d'être transformées en lambeaux épars, plantes et animaux disparaissent. Faut-il vraiment compter les morts, tous les morts, pour être entendu ? On le sait bien : tant que la guerre continue, les morts et les blessés s'accumulent ! D'ailleurs la nature aussi a, dans les livres, ses monuments aux morts, avec la liste nominale des espèces tombées au front. Tous les manuels d'écologie ou les rapports qui dressent la situation de la planète en matière de conservation de la nature reprennent le tableau des espèces connues pour s'être éteintes depuis 1600 : 484 espèces de vertébrés, 654 espèces végétales (et la liste s'est allongée ces dernières années).

Qu'est-ce qu'un taux d'extinction « normal » se demandera-t-on ? Si, hors catastrophe, la durée moyenne de vie des espèces est de l'ordre de cinq millions d'années, comme nous le disent les paléontologues, alors on doit s'attendre à un taux normal d'extinction d'une espèce sur 50 000 par siècle. Ainsi, pour une biodiversité actuelle estimée à 10 millions d'espèces, il serait normal que 200 en moyenne disparaissent au cours de ce siècle, or le nombre des seuls vertébrés éteints au XXe s'élève à 260 – et non à 1, comme le laissait attendre le nombre total d'espèces décrites (50 000).

Sur la base du diagnostic de l'état des populations naturelles de plantes et de vertébrés et de leurs habitats, l'UICN a établi la liste des espèces menacées d'extinction : y figurent plus de 3 600 espèces de plantes, plus de 3 500 espèces de vertébrés, dont 25 % des espèces de mammifères. Il faut insister sur le fait que les taux d'extinction ne sont qu'une mesure différée de l'extinction de la biodiversité : ils renseignent sur le déclin actuel. Or les espèces ne s'éteignent pas instantanément en réponse au bouleversement de leurs conditions de vie, mais après une longue période d'érosion qui s'étend sur plusieurs décennies ou plusieurs siècles. Réponse différée aux pressions de l'environnement, le surcroît d'extinctions observé au XXe siècle ne témoigne que très marginalement de l'érosion actuelle de biodiversité – qui touche aussi fortement la diversité des races et variétés domestiques, animales et végétales.

Un éléphant dans un jeu de quilles, Le Seuil, 2006.

Intacto, film de
Juan Carlos Fresnadillo, 2007.

CHAPITRE 4

Où va-t-on ?

Où va-t-on ?

L'aspiration prométhéenne à contrôler la nature persiste dans les esprits productivistes. La géo-ingénierie prétend réparer les dégâts, en agissant non sur les causes, mais sur les conséquences, par exemple en fertilisant l'océan pour l'élimination directe du CO_2 atmosphérique ou en bloquant la lumière solaire par l'introduction de substances dans les hautes couches de l'atmosphère. Tout cela relève de la spéculation, n'est étayé par aucune preuve et risque d'avoir des effets secondaires inconnus. D'autant plus inconnus, si l'on peut dire, que les évolutions de certains écosystèmes sont elles-mêmes soumises à des dynamiques imprévisibles dues à leur sensibilité aux conditions initiales. C'est l'« effet papillon », découvert par le mathématicien Edward Lorenz[1] du Massachusetts Institute of Technology (MIT) il y a une quarantaine d'années. Lors d'une conférence intitulée « Le battement des ailes d'un papillon au Brésil peut-il déclencher une tornade au Texas ? », Lorenz montra qu'une infime variation sur les conditions initiales de certains systèmes dynamiques non linéaires pouvait avoir des conséquences imprévisibles sur leurs comportements. L'effet papillon est un équivalent de l'effet avalanche évoqué au chapitre précédent : un petite perturbation peut provoquer une avalanche ou, selon le dicton populaire : « Petites causes, grands effets. » Le battement des ailes du papillon ne doit pas être interprété comme la cause directe de la tornade texane.

1. Les mathématiciens français Henri Poincaré et russe Andreï Kolmogorov avaient étudié les systèmes non linéaires et leur dynamique « chaotique » bien avant Edward Lorenz.

D'ailleurs, de nombreux papillons papillonnent et les effets de ces papillonnements se dissipent localement sans autre conséquence. De même que la majorité des lancers de boules de neige ne provoque aucune avalanche. Il y a simplement des différences mathématiques entre certains systèmes dynamiques du monde régulier d'Isaac Newton et de Pierre Laplace[2], dirigés par des lois d'évolution simples et déterministes, du type de notre pendule au chapitre précédent, et dont l'évolution est entièrement prévisible, et les systèmes dynamiques chaotiques, également régis par des lois simples et déterministes, mais dont l'évolution à long terme échappe à toute prévision en raison de leur sensibilité aux conditions initiales.

Prévoir l'imprévisible ?

Le cycle du carbone, encore mal compris, manifeste cette imprévisibilité. Parmi les puits d'absorption des émissions de CO_2 se trouvent certains écosystèmes terrestres tels que la toundra et la tourbe. Ces écosystèmes sont-ils encore capables d'absorber un surcroît de CO_2, ou bien sont-ils au bord de la saturation ? Quand le réchauffement climatique fera-t-il basculer ces puits de carbone en sources de gaz à effet de serre ? Ce qui provoquerait une accélération brutale du changement climatique.

Jusqu'à quel point le changement de l'acidité des eaux va-t-il réduire les populations de mollusques et de crustacés ? Si le niveau des mers s'élève, les mangroves et les habitats de reproduction halieutique disparaîtront-ils ? Comment des eaux plus chaudes perturbent-elles les périodes de frai et de migration des poissons ? Si les courants océaniques sont modifiés, y aura-t-il prolifération d'espèces invasives, de maladies et d'efflorescences d'algues ? Un événement El Niño plus fréquent fera-t-il blanchir, voire mourir les coraux ? Combien de marins périront de la sévérité accrue des tempêtes ? Dans le seul domaine de la pêche, les incertitudes augmentent avec l'imprévisibilité de l'évolution climatique. Paradoxalement, les écosystèmes sont à la fois stables et

2. Newton et Laplace pensaient que si l'on pouvait connaître avec une précision infinie la position et la vitesse de toutes les particules de l'univers, on pourrait du même coup prévoir entièrement son évolution. La relation d'incertitude de Werner Karl Heisenberg, en physique quantique, a ruiné définitivement cette illusion.

fragiles. L'accélération des changements qu'ils subissent sous l'effet des activités humaines les soumet à des dynamiques essentiellement imprévisibles. Les écosystèmes peuvent s'adapter aux perturbations jusqu'à un certain seuil. Les dégradations d'origine humaine réduisent cette résilience et augmentent le risque d'y voir apparaître des changements abrupts, au détriment du bien-être de l'humanité responsable de ces dégradations.

Le monde est à la fois prévisible et imprévisible. Prévisible parce qu'il obéit à des lois immuables et universelles, énoncées par la physique. Les mêmes causes produisent toujours les mêmes effets. Mais imprévisible parce que la connaissance que nous en avons est intrinsèquement limitée et que la moindre incertitude sur cette connaissance rend caduque toute prévision.

Revenir sur l'irréversible ?

Dans notre vie quotidienne, comme dans les sciences, nous observons de nombreux processus réversibles et de nombreux processus irréversibles ! Vous avez soif et saisissez une cruche d'eau pour remplir un verre, puis, avisant une bouteille de jus de raisin (bio !), vous renoncez à l'eau et vous pouvez la reverser dans la cruche. Vous vous amusez avec votre enfant à gonfler un ballon de baudruche, jusqu'à un certain point, puis à laisser l'air s'en échapper en pinçant l'embout, ce qui provoque un sifflement strident et le rire de l'enfant. Dégonflé, le ballon revient à sa forme initiale. Vous consultez votre boîte aux lettres sur Internet et effacez un message indésirable, puis, vous reprenant, activez la commande « Annuler » dans le menu « Édition ». Ces processus sont réversibles, à ceci près qu'une certaine quantité d'énergie a été irréversiblement consommée pour les mettre en œuvre. À l'inverse, si vous avez laissé fermenter votre jus de raisin, il se transformera en vin sans que vous puissiez jamais récupérer le jus initial. De même, si vous gonflez trop votre ballon, la baudruche éclatera bientôt, de façon irréversible (bien que cela fasse également rire l'enfant). Enfin, si vous videz la corbeille de votre boîte aux lettres électronique, cette opération est irréversible.

Ces exemples banals et la définition vague du mot « irréversible » ne doivent pas nous induire en erreur. Le deuxième principe de la thermodynamique implique que tout déplacement matériel est, du point de vue énergétique, irréversible. Or, tout bouge dans l'univers entier soumis à l'inexorable cours du temps ou, plutôt, flèche du temps[3]. Cependant, il arrive souvent que l'on dise d'un système naturel ou social qu'il est revenu à son état initial après une légère perturbation. Souvenons-nous du pendule du chapitre précédent : après une impulsion, il a oscillé un certain temps, puis s'est immobilisé, retrouvant ainsi son état initial, si l'on ne tient pas compte de l'énergie dépensée. De même ne dit-on pas que, après certaine grève à l'issue de laquelle les salariés n'ont rien obtenu, l'entreprise a recouvré son état antérieur à la grève, abstraction faite du dépit dans les esprits des grévistes. Ces approximations sont suffisantes pour distinguer ici l'irréversible du réversible ou, en tout cas, qualifier certains phénomènes de définitifs. Un incendie qui ravage votre maison, un baril de pétrole consommé et consumé dans votre véhicule, votre naissance et votre mort sont irréversibles.

La dissémination d'organismes génétiquement modifiés (OGM) en agriculture est un phénomène imprévisible, irréversible et incontrôlable. Aucun scientifique, aucun généticien ne peut prévoir les conséquences de l'introduction de nouveaux gènes dans l'environnement. Mais, une fois lâchés, ces gènes ne peuvent plus être rattrapés ! Les OGM sont des organismes vivants. Ils peuvent muter, se multiplier et se reproduire avec d'autres organismes vivants sans que quiconque puisse dire ce qui adviendra de ces combinaisons. Toute culture d'OGM en plein champ est

Emmanuel Pierrot, *Funny animal*, 2001.

3. La distinction entre le « cours du temps » et la « flèche du temps » est exposée par Étienne Klein dans son livre *Le facteur temps ne sonne jamais deux fois*, Flammarion, 2007. Ainsi écrit-il : « L'irréversibilité des phénomènes ne provient pas de l'irréversibilité du temps, et *vice versa* ».

Greenpeace contre les OGM, 2006. Photographie d'Éric de Mildt.

une expérience aux conséquences inconnues et imprévisibles. S'il advenait qu'une telle culture soit finalement la cause d'un désastre écologique ou sanitaire, l'irréversibilité du processus conduirait à un dommage irréparable. Les partisans des OGM plaident alors parfois pour des autorisations de cultures « au cas par cas », munies de « contraintes rigoureuses de contrôle ». Cela n'a aucun sens. Dès lors que des gènes sont lâchés dans l'environnement, ils sont instantanément hors de contrôle. Derrière ces controverses, ce que souhaitent les entreprises transnationales comme Monsanto, c'est le monopole sur les semences transgéniques qui sont toutes soumises à brevet. Le brevet donne le contrôle qui donne l'argent.

Nucléaire et OGM

Le nucléaire et les nanotechnologies sont également deux exemples de processus qui lâchent irréversiblement dans la nature d'innombrables atomes ou molécules. À forte dose, comme lors des essais atmosphériques de bombes nucléaires des années cinquante et soixante ou lors de la catastrophe de Tchernobyl en 1986, ou à faible dose au cours du fonctionnement ordinaire des réacteurs, le nucléaire civil ou militaire dissémine des corps radioactifs à vie plus ou moins longue. De même, les textiles, peintures, emballages, cosmétiques et autres matériaux qui incorporent des nanoparticules synthétiques peuvent relâcher celles-ci sous forme de poussière ultrafine. Comme dans le cas des OGM, les connaissances actuelles sur les effets écologiques et sanitaires de ces libérations de poussière sont très faibles. En revanche, ces effets sont mieux connus dans le domaine nucléaire où des études effectuées à la suite de l'explosion des bombes sur Hiroshima et Nagasaki en 1945, puis des essais atmosphériques et de la catastrophe deTchernobyl, permettent, selon l'intensité de l'exposition à la radioactivité, de lister : cancers de la thyroïde, leucémies, cataractes, maladies cardio-vasculaires, troubles mentaux, effets génétiques. Bien que souvent minimisées par les nucléocrates, ces affectations sont indéniables. Cette meilleure connaissance fait passer les risques liés au nucléaire du côté de la prévention, tandis que l'ignorance de ceux qui sont liés aux OGM et aux biotechnologies les cantonne dans la précaution.

En France, la prévention est fondée sur le rapport entre les bénéfices attendus d'une technologie et l'évaluation des coûts d'un accident dû à cette technologie. C'est ce calcul qui cadre la politique du risque industriel et les études de danger des installations classées « Seveso », du nom de la commune italienne touchée par un rejet de dioxine en 1976. Ainsi défini, le principe de prévention s'inscrit dans une vision économique et utilitaire du monde : si la probabilité d'un accident majeur est faible et si les bénéfices, financiers et sociaux, semblent forts, alors mettons en œuvre cette technologie pour le bonheur du plus grand nombre, même si quelques-uns meurent ou sont frappés lors d'un accident. Cela relève d'une logique sacrificielle : la mort d'une minorité est le prix à payer pour le bien-être d'une majorité. Le dernier exemple dramatique de cette logique s'est déroulé le 21 septembre 2001 dans l'usine AZF de Toulouse, lorsqu'un dépôt de nitrates d'ammonium a explosé, causant plus de trente morts et des milliers de blessés. Malgré l'émotion considérable soulevée par cette catastrophe industrielle, personne ou presque n'a remis en cause la fabrication et l'utilisation des nitrates d'ammonium en tant qu'engrais pour l'agriculture productiviste. Le nucléaire civil bénéficie aussi, si l'on peut dire, de cette même logique de prévention puisque l'on sait décrire à peu près les risques liés au fonctionnement des réacteurs et, en partie, les dommages sanitaires et environnementaux consécutifs à un éventuel accident. Cependant, malgré des contraintes de sûreté et de sécurité supérieures à celles des installations du type de Seveso, le calcul coûts-bénéfices est beaucoup plus hasardeux du fait de l'immensité des coûts humains et financiers lors d'une catastrophe. Celle de Tchernobyl a été évaluée à plusieurs centaines de milliers de morts[4] et à 360 milliards de dollars pour les seuls pays de Russie, Ukraine et Biélorussie. Sans compter les milliers de kilomètres carrés contaminés pour des siècles par la radioactivité et les populations abandonnées à la maladie et à la mort sur ces territoires[5].

Il y a de nombreuses raisons d'être antinucléaire. Celles qui sont couramment invoquées concernent les rejets fatals de matières radioactives, même en faibles quantités, au cours du fonctionnement normal des réacteurs. Ou les risques que des terroristes abattent un avion sur une installation nucléaire ou détournent des matières radioactives pour fabriquer des bombes sales, la prolifération aidant. Ou le fait qu'il y a de nombreuses autres façons de fabriquer de l'électricité, plus sûres, plus propres et moins chères. Ou encore, justement, les coûts faramineux de l'ensemble du cycle nucléaire, tels qu'aucun investisseur privé ne choisirait spontanément cette filière de production électrique, s'il n'y avait pas d'incitations politiques à le faire. Ou, enfin, la question, à ce jour irrésolue, de la gestion à très long terme des déchets nucléaires. Je veux ajouter ici une raison peu citée, mais déterminante, une raison d'ordre anthropologique : l'édification, la conduite et la surveillance de la filière nucléaire réclament un certain type de société à la fois très technologique, très sécurisée et très stable à long terme. On peut considérer comme une chance pour le monde qu'aucun conflit, aucun attentat

4. Les « autorités » nient cette évaluation. L'Agence internationale de l'énergie atomique avance le chiffre de 4 000 morts.

5. Jean-Pierre Dupuy, *Retour de Tchernobyl. Journal d'un homme en colère*, Le Seuil, 2006.

Chambre-forte renfermant des déchets nucléaires, aux États-Unis.
Photographie de Peter Essick.

n'ait, depuis cinquante ans et pour l'instant, affecté de zones munies d'installations nucléaires. Mais qu'en sera-t-il pendant le XXIe siècle qui commence ? Qui peut parier que la France ou les États-Unis, ou la Chine, ou l'Inde, ou le Japon, ou tout autre pays nucléarisé demeureront des sociétés technologiques, sécurisées et stables pendant un siècle encore ? C'est mal connaître l'âme humaine et l'histoire sanglante du XXe siècle, c'est s'aveugler devant les bouleversements qui s'annoncent face aux déséquilibres croissants entre les régions du globe, c'est rêver innocemment à un monde de paix et de fraternité comme il n'en a jamais existé, que de croire possibles la poursuite et le développement du nucléaire sans désastres majeurs, qu'ils soient civils ou militaires, fortuits ou volontaires.

La plupart des opposants aux cultures d'OGM en plein champ ou à la diffusion incontrôlée des nanotechnologies invoquent le principe de précaution pour arrêter, suspendre ou retarder la mise en œuvre de ces technologies. Le principe de précaution fut énoncé pour la première fois lors de la Convention sur la biodiversité au Sommet de la Terre à Rio de Janeiro en 1992 : « En cas de risque de dommages graves ou irréversibles, l'absence de certitude absolue ne doit pas servir de prétexte pour remettre à plus tard l'adoption de mesures effectives visant à prévenir la dégradation de l'environnement. » En février 2005, le Parlement français a inscrit ce principe dans la Constitution sous la formulation suivante : « Lorsque la réalisation d'un dommage, bien qu'incertaine en l'état des connaissances scientifiques, pourrait affecter de manière grave et irréversible l'environnement, les autorités publiques veilleront, par application du principe de précaution, et dans leurs domaines d'attribution, à la mise en œuvre de procédures d'évaluation des risques et à l'adoption de mesures provisoires et proportionnées afin de parer à la réalisation du dommage. » Le segment de phrase « graves ou irréversibles » de Rio a été supprimé au profit du segment « grave et irréversible », ce qui réduit considérablement le champ d'application du principe. D'ailleurs, son application n'est pas envisagée par le gouvernement français dans la loi sur les OGM adoptée au printemps 2008, alors que le risque écologique ou sanitaire des OGM est totalement inconnu, au point que les compagnies d'assurances refusent de signer une police donnant lieu à d'éventuelles indemnisations. En effet, comment évaluer la réparation d'un dommage dont on a aucune idée ? Les opposants aux OGM exigent un moratoire sur les cultures en plein champ, en attendant que des recherches scientifiques nouvelles apportent plus de lumières sur les risques des OGM. Si l'on peut comprendre cette attitude tactique, on peut aussi douter de sa rationalité pour deux raisons. D'abord parce que, même si nous possédions des connaissances un peu plus assurées sur les risques de tel ou tel OGM, il est impossible de démontrer l'innocuité à long terme de chacun de ces OGM. Le nouvel écosystème formé par la combinaison des plantes avec transgène et des plantes sans transgène pourrait dépasser certains seuils inconnus qui le ferait basculer dans un fonctionnement imprévisible produisant des catastrophes. Secondement, parce que des connaissances nouvelles sur les risques entraînent peu de nouvelles croyances et de nouvelles actions contre ces risques, comme le montre la question du changement climatique qui se traîne dans la pusillanimité des actes alors que les données scientifiques s'accumulent sur l'énormité des dangers et l'urgence à agir. « Nous ne croyons pas ce que nous savons », dit Jean-Pierre Dupuy.

TEXTES

Francis Bacon (philosophe, 1561-1626)

L'utopie du transgénisme

Nous avons encore des méthodes pour produire différentes espèces de plantes, sans être obligés de les semer, et par la seule combinaison de terres de différentes espèces. Nous en avons aussi pour produire des plantes nouvelles, et tout à fait différentes des espèces connues. Enfin, nous parvenons à transformer les arbres ou les plantes d'une espèce, en végétaux d'une autre espèce.

Nous avons aussi des parcs et des clos où nous faisons nourrir des animaux terrestres et des oiseaux de toute espèce. Or, si nous les nourrissons, ce n'est pas à titre de rareté, et simplement pour satisfaire une vaine curiosité ; mais afin de ne pas manquer de sujets pour l'anatomie comparée. Car nous ne hasardons aucune opération sur le corps humain, sans en avoir fait et réitéré fréquemment l'essai sur ceux des animaux ; expériences qui nous présentent quelquefois des résultats fort extraordinaires ; par exemple, nous voyons des animaux qui continuent de vivre, quoique même après la destruction ou l'amputation de telle de leurs parties que vous regardez comme essentielle à la vie ; et d'autres que nous rappelons à la vie, quoiqu'ils soient

Photomontage de Nick Vedros.

dans un état où vous les jugeriez tout à fait morts, etc. Nous faisons aussi sur les animaux, l'essai de différentes espèces de poisons, comme nous faisons sur eux l'essai des opérations chirurgicales, ou des remèdes propres à la médecine. Nous parvenons quelquefois, par le moyen de l'art, à leur donner une taille plus grande, et surtout plus forte que celle qu'ils ont ordinairement, et quelquefois aussi arrêtant l'accroissement des animaux, nous les réduisons à une taille extrêmement petite, et nous en faisons des espèces de nains. Nous rendons les uns plus féconds qu'ils ne le sont naturellement, et les autres moins féconds, ou même tout à fait stériles. Nous savons produire les variétés les plus singulières dans leur couleur, leur figure, leur tempérament, leur folie, leur activité, etc. en faisant accoupler des individus d'espèces différentes, et croisant ces espèces en mille manières. Nous en produisons de nouvelles dont les individus ne sont pas inféconds, comme on croit parmi vous qu'ils doivent l'être. Nous faisons naître de la seule putréfaction, des serpents, des vers, des mouches et des poissons d'une infinité d'espèces différentes, et parmi les individus ainsi engendrés, quelques-uns sont des animaux parfaits, ayant un sexe très distinct et la faculté de se multiplier par voie d'accouplement. Or, tous ces résultats, ce n'est point par hasard que nous les obtenons, mais nous savons d'avance quel sera le produit de nos opérations ; nous pouvons dire avec certitude, qu'en combinant ensemble telles espèces de matière et par tel procédé, nous produirons telle espèce d'animal.

Nouvelle Atlantide (1627), dans *Œuvres de Francis Bacon*, traduites et commentées par Antoine de La Salle, Frantin imprimeur, vol. 11, 1800-1803.

Conservatoire national des arts et métiers

Nanomatériaux et mégapropagande

La fabrication de « nano-ciments » résulte du constat – fait de longue date – que l'incorporation du dioxyde de titane (TiO_2) à l'échelle nanométrique apporte des propriétés photocatalytiques qui permettent de décomposer une large variété de matières organiques et inorganiques (NOx, CO, O_3, H_2S, dioxine, pesticides, formol, particules, micro-organismes comme les bactéries et virus…). Ainsi, le ciment acquiert des capacités autonettoyantes intéressantes pour la maintenance et la durabilité des bâtiments. De plus, on peut en attendre une capacité de dépollution de l'air au contact. Il est donc logique de comprendre pourquoi ces propriétés ont stimulé l'imagination de la recherche et du développement industriels pour aboutir à la fabrication de peintures, de vitres et de ciment, etc. En effet, tant du point de vue économique (par le gain relatif à l'autonettoiement) que du point de vue écologique (la dépollution de l'air est un souci croissant pour les pouvoirs publics et pour la société civile), un tel ciment apporte une perspective d'innovation radicale comparée aux propriétés des ciments traditionnels.

Fiche repère du Conservatoire national des arts et métiers, séance du 8 novembre 2007.

ETC Group

Vers un moratoire global sur la fertilisation des océans ?

Retenus à la onzième heure par trois pays isolés qui tentent d'empêcher le consensus, la plupart des ministres de l'Environnement de la planète et d'autres représentants sont sur le point de parvenir à un accord sur un moratoire mondial sur la fertilisation des océans, procédé controversé consistant à verser des nutriments dans les océans pour enrayer artificiellement le réchauffement climatique. Les trois pays qui bloquent, l'Australie, la Chine et le Brésil, s'emploient, depuis quelques jours, à faire piétiner les négociations, causant l'exaspération des délégués et des observateurs. Du coup, elles se sont poursuivies jusqu'à 6 heures du matin aujourd'hui.

À l'issue de plusieurs séances de débats nocturnes, à bout de nerfs après deux semaines de négociations intenses à la Convention des Nations unies sur la diversité biologique à Bonn, en Allemagne, tout indique que la plupart des 191 pays membres de la Convention veulent adopter un moratoire sur la fertilisation des océans à grande échelle, où seules pourraient être menées des expérimentations à petite échelle, sous l'égide d'équipes scientifiques autorisées. Ces nouvelles nous parviennent alors qu'une poignée d'entreprises de fertilisation se préparent à lancer des investissements commerciaux financés par des millions de dollars d'origine privée. Ces entreprises affirment que la fertilisation des océans est une technique valide pour séquestrer le carbone, et espèrent tirer profit de la vente de crédits carbone.

ETC Group, communiqué de presse du 30 mai 2008 diffusé lors de la Conférence des Nations unies sur la biodiversité à Bonn (Allemagne).

Alain Gras (socio-anthropologue, né en 1941)

Le monde invisible des ondes

Les différents éléments qui composent le système se trouvent relégués dans son arrière-scène, à la différence du télégraphe où ils sont mis en scène. Les câbles, les satellites, etc., et, évidemment, l'ordinateur réceptacle d'Internet ne tombent pas du ciel éthéré mais sont fabriqués dans nos usines bien terrestres. Un outillage sophistiqué est donc nécessaire pour que nos sens puissent avoir accès à ce monde invisible. Le processus est long et coûteux. Le courrier électronique, souvent cité dans ce cadre comme exemple d'efficacité accrue, est un cas extrêmement discutable. Le courriel a remplacé le courrier postal d'un certain point de vue. Il est pourtant simple de voir combien la comparaison est trompeuse : la lettre manuscrite a presque disparu, mais les « e-mails » se sont multipliés à un point tel que leur nombre empêche tout réel dialogue.

Le Choix du feu. Aux origines de la crise climatique, Fayard, 2007.

Lars Tunbjork, *Les Révoltés des ondes* : portrait de Sylvia Lindholm avec le masque qu'elle utilise pour conduire, Suède, 2008.

Peter Sloterdijk (philosophe, né en 1947)

Le progrès, tapis roulant sans fin

Depuis que le progrès est devenu automatique, l'optimisme quant à l'avenir s'est transformé en une mélancolie processuelle. Nous ne nous embarquons plus à Gênes pour les temps modernes, nous sommes sur un tapis roulant qui nous conduit vers l'imprévisible. Ici notre propre mouvement ne compte guère par rapport à la totalité de la masse en mouvement, et les pas que chacun peut faire sur la portion de l'escalier roulant qui lui est accordée disparaissent dans la totalité roulante presque sans laisser de traces. De plus, personne ne peut savoir où va l'escalier, seulement il est impossible de refouler l'idée que même le tapis roulant le plus long doit se terminer quelque part et qu'il déposera les utilisateurs.

La Mobilisation infinie (1989), Christian Bourgois, 2000.

Agnès Sinaï (journaliste, née en 1966)

Monsanto, un projet totalitaire

Si le seul et unique but de Monsanto est de faire passer son projet biopolitique mondial, le nouveau Monsanto a besoin d'afficher une éthique, forcément à géométrie variable puisque c'est la multinationale elle-même qui en fixe les règles. À cette fin, la société a confié à Wirthlin Worldwide, spécialiste mondial de la communication d'entreprise, le soin de « trouver les mécanismes et les outils qui aident Monsanto à persuader les consommateurs par la raison et les motiver par l'émotion ».

Ce sondage des esprits – baptisé « projet Vista » – est basé sur « la détection des systèmes de valeurs des consommateurs ». Il s'agit, à partir des données collectées, d'élaborer « une cartographie des modes de pensée, avec quatre niveaux [...] : les idées toutes faites, les faits, les sentiments et les valeurs. Aux États-Unis, les résultats de cette étude ont conduit à élaborer les messages qui percutent auprès du grand public, à savoir l'importance de l'argument en faveur des biotechnologies : moins de pesticides dans vos assiettes ». En France, les employés de Monsanto ont été soumis à cette enquête lors d'un entretien confidentiel censé leur permettre d'exprimer librement ce qu'ils pensent des biotechnologies, « en bien ou en mal », l'objectif étant de former « des porte-parole qui utiliseront les messages définis pour le grand public ».

L'accès au matériel génétique, aussi bien qu'aux marchés, en bénéficiant d'une totale liberté de manœuvre, est une double priorité définie par le concept « *free to operate* ». La mise au point d'un OGM coûte entre 200 et 400 millions de dollars, et prend entre sept et dix ans. En contrepartie de ce lourd investissement, la multinationale se doit d'obtenir une rente, assurée par la dépendance à l'égard du brevet déposé sur la plante. Pour pouvoir resemer d'une année sur l'autre, il faudra payer chaque fois des royalties à l'entreprise. Toute variété comportant un organisme génétiquement modifié sera protégée par ce brevet, ce qui, pour l'agriculteur, impliquera l'achat d'une licence. Le risque, à (court) terme, est bien de donner aux grandes firmes semencières la possibilité de bloquer tout le système, en monopolisant le patrimoine génétique mondial et en créant une situation irréversible : l'agriculteur ne pourra plus récupérer ce patrimoine pour redevenir sélectionneur lui-même.

« Comment Monsanto vend les OGM », *Le Monde diplomatique*, juillet 2001.

Gilbert Simondon (philosophe 1924-1989)

La machine dominatrice

La machine est seulement un moyen ; la fin est la conquête de la nature, la domestication des forces naturelles au moyen d'un premier asservissement : la machine est un esclave qui sert à faire d'autres esclaves. Une pareille inspiration dominatrice et esclavagiste peut se rencontrer avec une requête de liberté pour l'homme. Mais il est difficile de se libérer en transférant l'esclavage sur d'autres êtres, hommes, animaux ou machines ; régner sur un peuple de machines asservissant le monde entier, c'est encore régner, et tout règne suppose l'acceptation de schèmes d'asservissement.

La philosophie technocratique elle-même est affectée de violence asservissante, en tant qu'elle est technocratique. Le technicisme sortant d'une réflexion sur les ensembles techniques autocratiques est inspiré par une volonté de conquête sans frein. Il est démesuré, il manque de contrôle interne et d'empire sur lui-même. Il est une force qui va et qui ne peut se perpétuer dans l'être tant que dure pour elle la phase ascendante de succès, de conquête.

Du mode d'existence des objets techniques, Aubier, 1958.

Nature morte dans un fossé, mise en scène Collectif DRAO, Théâtre 71 de Malakoff, 2008.

CHAPITRE 5

La nature ne négocie pas

La nature ne négocie pas

En 2007, l'acteur-réalisateur Sean Penn a réalisé le film *Into the Wild*. Christopher McCandless, un brillant jeune homme de vingt-trois ans, rejette sa famille et la société contemporaine. Il part sur les routes dans une errance dont il ne connaît pas les étapes, puis il choisit sa destination finale : la nature vierge de l'Alaska. Déchiré entre la contemplation de la beauté naturelle et la solitude qui l'envahit, il mourra empoisonné en mangeant des pois toxiques, par méconnaissance des conditions de survie alimentaire en milieu sauvage. Loin du film écolo illustrant une harmonie mythique de l'être humain avec la nature, *Into the Wild* laisse plutôt penser que les nécessités vitales – manger, boire, dormir, s'abriter, se chauffer, se protéger, apprendre, interagir avec ses semblables – sont soumises à des règles dont il est mortel de vouloir s'affranchir par idéalisme ou par ignorance.

Le productivisme aveugle

Comme le héros du film, les sociétés à l'occidentale poursuivent un rêve contradictoire et suicidaire : jouir sans entraves des applications impressionnantes des technosciences, et être aveugles aux conséquences fâcheuses de ces applications, aux limites écologiques de la planète et aux lois de la physique. Cette contradiction suicidaire, nous la nommons le productivisme. Il s'agit plus précisément d'une représentation mentale du monde et de l'avenir, ainsi que d'un mode d'action, qui imprègne l'esprit et les décisions des acteurs des sociétés à l'occidentale. Ce productivisme est lui aussi un système (de pensée et d'action) dont les composantes principales sont au nombre de quatre.

La première est une vision des relations sociales principalement agencées autour de l'économie, de la production-consommation marchande de biens et de services. Cette composante n'est pas spécifiquement capitaliste ou socialiste, de droite ou de gauche, elle est partagée des deux côtés, et fut mise en œuvre depuis plus d'un siècle par des pays et des régimes tant libéraux que marxistes. Que l'on chante les vertus du marché et du profit ou qu'on dise poursuivre un objectif d'émancipation humaine ne change rien : le politique, le culturel, l'écologique demeurent des domaines secondaires, déterminés en dernière instance par l'économique. Cette hégémonie économique s'impose dans les projets, dans les décisions, dans les activités humaines, au détriment des autres dimensions de l'être humain et de ses rapports avec ses semblables et avec la biosphère.

La seconde composante du productivisme est justement son indifférence aux lois de la nature. Cette indifférence est une erreur substantielle des idéologies libérale et marxiste, fondée sur une représentation erronée de la biosphère. Celle-ci est implicitement considérée comme inépuisable et indestructible par la pensée et l'action libérales, il suffit donc de l'oublier. Dans la pensée et l'action marxistes, la nature est conçue comme un ensemble de ressources disponibles pour l'accroissement des forces productives, quel que soit le prix biophysique à payer. Ces deux logiques économiques, libérale et marxiste, ignorent les évolutions de la biosphère en amont de la production et en aval de la consommation. Ce sont deux schémas de pensée et d'action structurellement incomplets, aveugles à ce qu'il advient des sources primaires d'énergie et de matières premières extraites du sous-sol, et à ce que deviennent les terres, les eaux et l'atmosphère comme réceptacles des rejets. Aujourd'hui, il arrive parfois que certains économistes s'essaient à l'« internalisation des externalités » dans leurs calculs, c'est-à-dire à estimer le coût du service public de la nature et des dégradations qu'elle subit, dans une sorte d'économie de l'environnement. Hélas, ces estimations, déjà difficiles et sujettes à caution à l'échelon local d'un objet, d'une entreprise ou d'une ville, n'ont plus aucun sens à l'échelon global, même sur le seul problème du changement climatique, comme tenta de le faire, en 2006, le rapport de Nicholas Stern, ancien vice-président de la Banque mondiale.

Le troisième élément du système productiviste est la recherche de l'efficience à tout prix, de la productivité maximale exigée du travail des êtres humains et des richesses de la nature. Ce n'est donc pas simplement le « toujours plus » de production et de consommation marchandes, c'est surtout le « toujours plus » de la productivité, sans considération des impacts humains, sociaux ou écologiques de cette fuite en avant. C'est la démesure, c'est l'*ubris*[1], c'est l'illimitation. Le penseur Ivan Illich[2] a jadis montré comment toute structure sociale (les marchés financiers, l'entreprise de biotechnologie Monsanto, Internet, mais aussi l'école ou la médecine), qui recherche sans cesse la productivité maximale sans égard pour le contenu de sa propre activité, ni pour son impact social, culturel ou écologique, finit par dépasser certains seuils pour devenir « contre-productive », c'est-à-dire offrir des résultats contradictoires avec ses objectifs affichés. Les moyens excessifs mis en œuvre pour atteindre les fins ont transmuté ces fins en leur contraire.

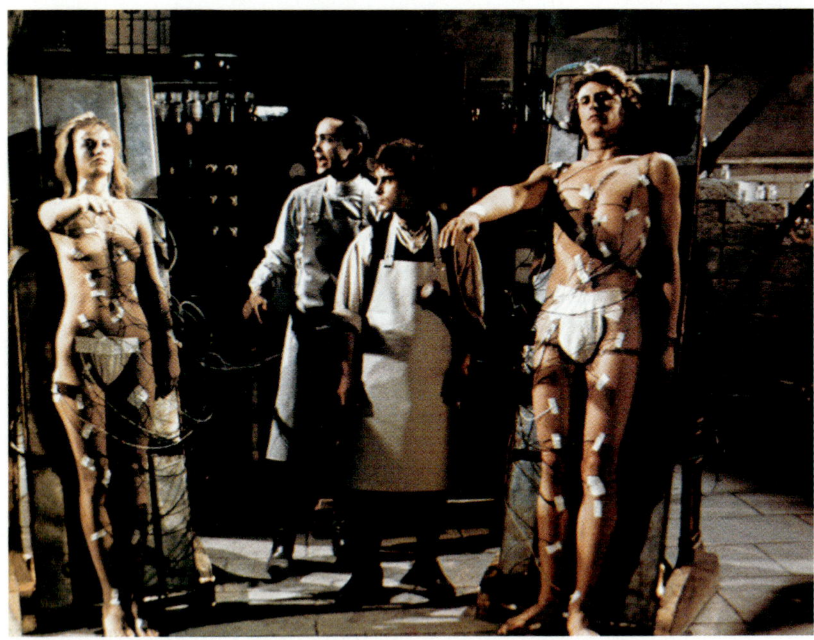

De la chair pour Frankenstein, film de Paul Morrissey, 1974.

1. Nom grec désignant l'excès, le dépassement des limites.

2. Ivan Illich, *Œuvres complètes*, Fayard, 2004. Sur la critique du productivisme, lire notamment *Énergie et équité* (1973) et *Némésis médicale* (1975).

Le dernier élément du productivisme convoque la science pour soutenir un projet démiurgique : la marche des sociétés humaines et l'évolution de la biosphère étant sources de désordre, d'aléas et d'imperfections, il importe de tout recréer, de tout fabriquer, de tout vendre selon des méthodes rigoureuses, rationnelles, scientifiques. L'évolution darwinienne étant lente et hasardeuse, le monde étant bricolé et défectueux, le projet est d'en confectionner rapidement un meilleur, à zéro défaut. Mieux, ce créationnisme sera d'autant plus révolutionnaire que ce que nous allons fabriquer nous échappera, pour créer lui-même du nouveau, de l'inattendu, du non-contrôlable. C'est Frankenstein. C'est la dimension métaphysique du productivisme.

L'inéluctable dispersion

Le fantasme productiviste ignore les lois de la thermodynamique. Alors que rien ni personne n'y échappe. Quoi que l'on fasse, elles s'appliquent inexorablement. Que disent-elles ? Que l'énergie ne peut être créée ou détruite, mais seulement transformée, et que, lors de ces transformations, quelque chose se dégrade irréversiblement. Ce quelque chose est l'« utilisabilité » de l'énergie, et la dégradation se nomme l'entropie. Prenons une automobile dont on a rempli le réservoir de carburant, très utilisable, peu entropique. Pour rouler, le moteur entraîne le vilebrequin qui actionne les roues, tout en consommant le carburant. Cette consommation (consumation) transforme l'énergie chimique des molécules du carburant en énergie mécanique sur les roues pour environ un tiers, et en chaleur rejetée par la soupape d'échappement pour les deux autres tiers. L'énergie initiale du carburant s'est dégradée en travail mécanique et en chaleur, elle est désormais inutilisable. Du point de vue thermodynamique, on pourrait caractériser la vie comme un processus de captation de l'énergie solaire en vue d'accroître ou de maintenir son organisation. Les organismes vivants – vous, moi, les plantes, les animaux – se développent et se maintiennent en captant dans l'environnement une énergie utilisable – le soleil, les aliments – pour la transformer en énergie chimique, thermique ou musculaire. Mais cette amélioration locale des organismes vivants s'est effectuée au prix d'une dégradation supérieure du système « biosphère + soleil » qui contient ces êtres vivants comme sous-systèmes. Il n'y a pas de repas gratuit dans la nature. Il y a toujours une facture thermodynamique.

Le productivisme ignore les lois de la thermodynamique jusque dans son langage. Ainsi parle-t-on couramment de la « production de pétrole », alors que l'activité réelle qui se cache derrière cette expression est l'extraction d'un liquide qui a été « produit » par la nature il y a 100 millions d'années. De même, entend-on souvent, l'agriculture européenne moderne serait très « productive ». On peut soutenir, au contraire, que c'est le système d'alimentation humaine le plus inefficace qui soit. Pour apporter 1 calorie ingérable dans notre assiette, il faut 13 calories énergétiques en amont, dont 7 de pétrole, quand on fait le bilan complet « de la fourche à la fourchette », en comptant notamment le machinisme agricole, les engrais, les phytosanitaires, le transport, le conditionnement et la distribution. Et nous ne comptabilisons pas, en aval de cette agriculture, la dégradation du sol, les pollutions et autres effets nuisibles. En fait, ce que « produit » ce type d'agriculture, c'est de l'entropie, massivement. Il en est de même du système économique productiviste dans lequel nous sommes actuellement : plus il « produit » de cette façon, plus la dette thermodynamique devient lourde. Cette dette ne pourra jamais être effacée par de quelconques quantités d'argent ou d'efforts technologiques, comme le montre la question du pétrole.

Le pic de Hubbert

Chaque jour qui passe nous rapproche d'un choc imminent que nous ignorons : la fin de l'ère séculaire du pétrole à bon marché. Comme vous, nous fûmes incrédules, voire sidérés, qu'une telle question, apparemment étroite, puisse à elle seule avoir bientôt des conséquences dévastatrices dans tous les domaines, sur tous les continents. Pourtant, notre analyse conduit à penser que la hausse tendancielle du cours des hydrocarbures n'est pas un simple choc pétrolier – comme ceux que nous avons affrontés en 1973 et 1979 –, c'est la fin du monde tel que nous le connaissons.

Cet événement, dont nous apercevons les prémices, provient de la coïncidence, en quelques années, de trois situations inédites : 1) le déclin définitif de la production de pétrole (géologie) ; 2) l'excès structurel de la demande mondiale sur l'offre de pétrole (économie) ;

3) l'intensification des guerres et du terrorisme pour l'accès aux ressources non renouvelables (géopolitique). Ces trois situations, se renforçant mutuellement, provoquent d'abord une hausse des prix des produits pétroliers, puis du gaz et de l'énergie, enfin de toutes les denrées et de tous les services qui en dépendent. Bref, nous entrons dans une période d'inflation, de récession[3], de tensions internationales, de guerres.

Géologie politique

En 1956, Marion King Hubbert était géophysicien à la société Shell. Il publia un article peu remarqué affirmant que la production pétrolière des quarante-huit premiers États américains – la plus importante du monde à cette époque – allait croître jusqu'en 1970, puis décliner inexorablement ensuite. Il fallut attendre un peu plus de quatorze années pour que les faits lui donnent raison : la production américaine ne cesse de décroître depuis 1970. La prédiction de Hubbert était fondée sur l'observation que, pour une région suffisamment vaste, le volume annuel de l'extraction pétrolière suit une courbe en cloche qui est maximale lorsque à peu près la moitié de la ressource est extraite[4]. En extrapolant ces méthodes à l'ensemble de la planète, on peut estimer que nous avons atteint aujourd'hui – en 2009 – le maximum de la production mondiale de pétrole. C'est un événement exceptionnel dans l'histoire humaine. Pour la première fois, les volumes de la matière première la plus indispensable à l'ensemble de l'économie mondiale auront cru pendant cent cinquante ans pour diminuer ensuite, année après année. L'image mentale de la « croissance » – du PIB, de la population, du nombre d'automobiles... – se heurte à la décroissance géologique, inéluctable, irréversible de son plus précieux fluide. La singularité de cet événement est telle qu'aucun modèle du monde économique, aucune information massive de sensibilisation, aucune politique d'évitement ou d'adaptation n'aura précédé son advenue. Cette ignorance est catastrophique.

3. Pendant quelques mois, cette récession peut s'accompagner d'une baisse des prix du pétrole, mais la tendance longue est à la hausse.

4. Colin Campbell et Jean Laherrère, « La fin du pétrole bon marché », *Pour la science*, n° 247, mai 1998, p. 30-36.

Offre en déclin, demande en hausse

Après le pic de Hubbert géologique, la seconde situation créatrice du choc est le croisement de deux courbes, celle de la demande mondiale de pétrole et celle de l'offre. Jusqu'à présent, la seconde fut toujours supérieure à la première. Aujourd'hui, la demande dépasse l'offre. Cette situation nouvelle provoque une tension sur les marchés des cours du pétrole et, finalement, une hausse forte et définitive de ses cours. L'inflation des prix des produits pétroliers se propage aux autres domaines, notamment l'agriculture et la pêche, les transports et le tourisme. Ceci fut observé jusqu'à la mi-2008. Puis la récession fut accompagnée d'une baisse des prix pétroliers, avant une nouvelle hausse due à l'addiction du monde au pétrole.

Les esprits cornucopiens – c'est-à-dire croyant en une corne d'abondance éternelle – estiment tranquillement que le croisement des courbes de l'offre et de la demande ne durera pas, que la technologie et l'ingéniosité humaines parviendront à prolonger les modes de

Géant, film de George Stevens, avec James Dean, 1956.

production et de consommation industriels, et même à les étendre au monde entier. Que la consommation d'énergie ne peut que croître. Que l'avenir est radieux, la mondialisation heureuse. Les économistes prétendent que le prix de l'énergie doit tendre vers le coût marginal. Nous estimons, au contraire, que le prix d'une énergie doit tendre vers le coût de celle de sa substitution éventuelle par une autre, coût qui est bien plus élevé que le prix actuel.

L'une des grandes différences entre le point de vue des « optimistes » et celui des « pessimistes » repose sur la compréhension du temps. Pour les « optimistes », le rapport simple entre les réserves de pétrole (un peu plus de 1 000 milliards de barils) et la consommation mondiale annuelle (un peu plus de 30 milliards de barils) nous promet encore plus de trente ans de consommation au rythme actuel. Pour les « pessimistes », ce rapport n'a aucun sens. Ce qui compte est la date du pic de production et la décrue, à partir de laquelle les prix s'envoleront. C'est aujourd'hui, ou demain. Nous ne sommes pas à une ou deux années près. Vu l'inertie du système énergétique mondial, le choc est de toute façon inévitable. Les mêmes optimistes émettent quelques suggestions pour s'en sortir, toutes erronées, hélas.

Première fausse bonne idée : investir plus dans l'exploration pour trouver de nouveaux gisements et produire plus. Après plus d'un siècle d'exploration géologique, les ressources pétrolières sont toutes à peu près connues. Depuis plus de trente-cinq ans le volume des découvertes diminue. Aucun investissement ne créera du pétrole qui n'existe pas.

Seconde fausse bonne idée : la technologie trouvera des énergies de substitution lorsque le pétrole déclinera. Vraie il y a trente ans, cette assertion est aujourd'hui fausse : il est en effet trop tard pour substituer au pétrole, en moins de cinq ans, une énergie à aussi bon marché, aussi transportable, aussi répandue, aussi facile et universelle d'usage. Les avions ne décollent pas avec de l'uranium ou de l'éolien. Lorsque le pétrole commencera à décliner pour toujours, il n'y aura aucun fluide aussi énergétique pour compenser le manque annuel de 1 ou 2 milliards de barils. La seule solution viable est la sobriété (décroissance de la demande globale), tandis que la population mondiale s'accroît annuellement de 70 millions de personnes. Inédit et sévère.

Troisième fausse bonne idée : le gaz naturel remplacera le pétrole. Mais le gaz ne représente que 22 % de la consommation mondiale d'énergie primaire. Ses modes d'extraction, de transport, de stockage et d'utilisation sont assez différents de ceux du pétrole. Le gaz naturel ne peut pas être la matière première de substitution des centaines de milliers de produits de la pétrochimie. En outre, il commence, lui aussi, à décliner dans certaines régions (Amérique du Nord). Le pic de Hubbert du gaz adviendra quelques années après celui du pétrole.

Quatrième fausse bonne idée : une autre source d'énergie remplacera le pétrole. Le charbon ? Le nucléaire ? L'hydrogène ? L'hydroélectricité ? Le solaire et l'éolien ? La biomasse ? Oui, un effort considérable en faveur des énergies renouvelables permettrait de se passer de pétrole dans cinquante ans, pas dans cinq ans. Bref, le temps est la variable indilatable qui rend désormais le choc inévitable.

Les guerres pour l'or noir

Hausse des cours du pétrole. Inflation. Augmentation des taux d'intérêt. Dette. Création de monnaie. Dévaluation. Baisse du pouvoir d'achat, baisse des achats. Récession. Tensions internationales... Le pétrole cher, c'est la guerre.

Les pays gros consommateurs de pétrole n'en possèdent pas, ou n'en possèdent plus, ou moins que jadis. La France et l'Allemagne n'en ont pas. Les États-Unis importent aujourd'hui plus de la moitié de leur consommation. La Grande-Bretagne est devenue importatrice en 2004, du fait de la déplétion des champs de la mer du Nord. Favorisées par la nature (?), les grandes régions exportatrices sont le Moyen-Orient, l'Oural-Volga et la Sibérie occidentale en Russie, le golfe de Guinée, le Venezuela et le Mexique.

Les pays du Moyen-Orient, qui détiennent les deux tiers des réserves de pétrole et assurent 31 % de la production, ne contribuent qu'à 6 % de la consommation mondiale. Une situation semblable, bien que moins contrastée, prévaut en Afrique (production : 11 % ; consommation : 3 %) et en Amérique latine (production : 10 % ; consommation : 6 %). À l'opposé, les régions grandes consommatrices sont importatrices : l'Amérique du Nord (production : 18 % ; consommation : 30 %), l'Europe (production : 9 % ; consommation : 22 %) et l'Asie-Océanie (production : 10 % ; consommation : 28 %).

Ce qui fut appelé « développement » au cours de la seconde moitié du XXe siècle se résume à une qualité : l'accès à l'abondance pétrolière à bon marché pour produire du travail mécanique. C'est pourquoi les

Quentin Bertoux, *D'après moi, le déluge (la crise de l'énergie)*, 2008.

États-Unis furent et demeurent le premier des « pays développés ». Pendant la majeure partie de ce dernier siècle, ils possédèrent, avant et plus que tout autre, cet accès au pétrole sur leur territoire et par l'intermédiaire de leurs compagnies transnationales. Mais les temps changent. Découvertes en chute, offre stagnante, demande croissante, guerres pour l'accès. Telle est la formule de la déplétion pétrolière qui s'annonce. Le choix des pays industrialisés est binaire : ou bien ils décident leur sevrage immédiat et rigoureux, ou bien ils continuent leur addiction par la force. La première alternative est la seule manière de sauvegarder la solidarité et la démocratie, mais nous avons choisi la seconde : la guerre.

En 2003, la guerre d'Irak devait permettre aux Américains de contrôler les vastes réserves pétrolières du pays, en écartant les compagnies chinoises, russes et européennes. De même, la forte présence militaire américaine en Asie centrale et dans le Caucase est destinée à protéger l'accès aux réserves d'hydrocarbures de la mer Caspienne et l'acheminement du pétrole et du gaz vers l'Occident. La mainmise des Américains sur les hydrocarbures de cette grande région est le premier volet de la stratégie Bush-Cheney, plus caché que les deux suivants :

développer les capacités militaires américaines et lutter contre le terrorisme. Ce premier volet, pétrolier, a été théorisé dans un rapport du National Energy Policy Development Group, publié le 17 mai 2001, rédigé par le vice-président Dick Cheney. Ce document établit une stratégie destinée à répondre à l'augmentation des besoins en pétrole des États-Unis au cours des vingt-cinq prochaines années : aller là où est le pétrole, et le prendre, par tous les moyens.

LE problème, LA solution

Le pic de Hubbert n'est pas « la fin du pétrole » ou « la fin des énergies fossiles », c'est la fin de l'énergie à bon marché et, conséquemment, la fin du monde tel que nous le connaissons, c'est-à-dire, avant quinze ans, la fin de la croissance économique, la fin du capitalisme, la fin de l'Union européenne, la fin de l'aviation commerciale de masse, la fin de la grande distribution… Les transitions énergétiques des siècles passés – du bois au charbon, du charbon au pétrole – étaient graduelles et adaptatives, le pic de Hubbert sera brusque et révolutionnaire. La fin du pétrole et du gaz à bon marché est la plus grande épreuve qu'ait jamais eu à affronter l'humanité : c'est LE problème. Afin d'en repousser un peu la date et d'en réduire un peu les effets, la seule conduite possible est l'apprentissage de la sobriété : c'est LA solution. C'est-à-dire, politiquement, une perspective d'autosuffisance décentralisée, par la décroissance de la consommation de matières et d'énergie, une mobilisation générale de la société autour d'une sorte d'économie de rationnement solidaire et démocratique.

Dans l'immensément complexe cycle du carbone, l'aval du cycle, désormais connu sous l'appellation de « changement climatique », est aujourd'hui l'objet d'une certaine attention, voire de quelques faibles décisions (protocole de Kyoto) destinées à réduire les épisodes climatiques extrêmes qui se profilent ou à s'y adapter. Mais le changement climatique, bien que rapide au regard des temps géologiques, est dix fois plus lent que l'amont du cycle du carbone, c'est-à-dire le pic de Hubbert, le « *peak oil* ». Si celui-là se mesure en décennies, celui-ci se mesure en années. Nous ne sommes plus dans la prévision, nous sommes dans le compte à rebours.

Exercice d'application de ce chapitre : méditer ce proverbe saoudien contemporain : « Mon père chevauchait un chameau. Je conduis une voiture. Mon fils vole en jet. Son fils chevauchera un chameau. »

TEXTES

Francis Adeola

(spécialiste des catastrophes naturelles, né en 1949)

L'ouragan Katrina

« Au début, nous pensions que ce serait l'affaire d'une heure ou deux », raconte-t-il à l'AFP, avant de décrire les cinq jours de cauchemar vécus avec sa femme et ses cinq enfants dans l'attente des secours. « Le cyclone est arrivé le lundi matin. À la fin de la journée, il y avait deux mètres d'eau dans la maison. Je suis sorti sur le balcon pour atteindre le toit et j'ai agité un drapeau blanc. Je pensais que des hélicoptères des secours ne tarderaient pas. Aucun n'est venu… Mardi, j'agitais toujours mon drapeau. Des traces d'essence et de produits chimiques affleuraient à la surface

Philippe Brault, un mois après le passage de l'ouragan Katrina, Nouvelle-Orléans (États-Unis), 2005.

de l'eau. Mes enfants étaient paralysés de terreur. Nous avions particulièrement peur pour notre bébé de sept mois. Je suis resté sur le toit. Mercredi, aucun hélicoptère. C'est seulement par la grâce de Dieu qu'un secouriste bénévole s'est approché en bateau. Il nous a recueillis, emmenés vers un endroit non inondé où un camion nous a conduits au Convention Center. Là, on nous a dit qu'un autobus allait venir pour nous emmener au Texas. Nous pensions que ce serait l'affaire d'une heure ou deux. Mais l'autobus n'est pas arrivé.

La nuit a été incroyable. Des fous, des gens livrés à eux-mêmes qui ne respectaient aucune règle. Des tirs… Jeudi, on nous a dit que des autobus étaient disponibles. Nous nous sommes mis en file indienne durant des heures au soleil, mais aucun autobus n'est venu. Pas de distribution d'eau ou de nourriture non plus. Des gens partageaient ce qu'ils avaient. Brigitte [le bébé] était dans un état épouvantable, couverte de boutons de chaleur. Nous avons essayé d'affréter des taxis et demandé à des amis de nous tirer de là, mais personne n'avait le droit d'entrer en ville… Vendredi, une rumeur enfle. Des autobus arrivent. Il y avait des vieillards, des gens malades, diabétiques. La réponse des autorités à tous les niveaux a été un désastre total. Quel chagrin. Dans un pays comme les États-Unis, nous espérions au moins une réaction aussi rapide que pour le tsunami ».

Témoignage de Francis Adeola, professeur à l'université de La Nouvelle-Orléans, sur l'ouragan Katrina, cité dans *L'Humanité*, 5 septembre 2005.

Hélène Crié (journaliste, née en 1955)

Des réfugiés climatiques à Houston (Texas)

Houston, Texas, à cinq cents kilomètres de La Nouvelle-Orléans. En moins d'une semaine, la population a crû de 200 000 résidents, selon les estimations. Parmi eux, ceux qui avaient évacué la Louisiane avant l'arrivée de l'ouragan Katrina, qui ont rempli les hôtels jusqu'à saturation ou sont hébergés chez des proches. Et puis un nombre vertigineux de gens échoués dans les abris permanents de l'Armée du salut et de la Croix-Rouge, ou sous les ponts, ou chez des Houstoniens charitables. Et ceux du Superdome et du Convention Center, dont la télévision a montré le calvaire, et d'autres encore venus de partout.

Sous l'Astrodome, cet immense stade couvert, désaffecté depuis deux ans, vivent à présent 16 000 réfugiés. Pardon : « évacués », ainsi que le maire de Houston a dit qu'il fallait les nommer, « pour ne pas accroître davantage la perception négative qu'ils ont de leur situation ». Ils sont 4 000 de plus dans la Reliant Arena, et encore 4 000 dans le Reliant Center, les salles de sport contiguës flambant neuves. Comme les bus ne cessent d'arriver de La Nouvelle-Orléans, bourrés de malheureux, hâves, couverts de vermine, hébétés de sommeil, le maire a également ouvert les portes du centre de conférence du centre-ville, d'une capacité d'accueil de 7 000 personnes. Toutes les manifestations économiques, sportives et religieuses prévues dans la ville sont annulées pour un temps indéterminé. Le gouverneur du Texas a désigné Houston comme centre de transit obligatoire pour l'État, chargé de porter les premiers secours aux arrivants, avant de les dispatcher vers d'autres centres ouverts à Dallas, San Antonio et trois autres villes.

« Bienvenue à Dome-City », écrit une journaliste locale qui a bénéficié samedi matin de l'une des rares visites organisées pour la presse à l'intérieur du refuge principal. « Population : 15 000 habitants, un nombre suffisant pour que la Poste vienne de lui attribuer un code postal – 77230. » Elle raconte ce qu'on ne devine pas en arpentant l'immense parking qui ceint la zone, où errent des centaines de Noirs désœuvrés, essentiellement des jeunes qui supportent mal l'atmosphère confinée (mais heureusement climatisée) de l'Astrodome bondé. À l'intérieur, il n'y a « que » 5 000 lits, serrés les uns contre les autres sur le sol. Les gens moins chanceux, arrivés trop tard, restent sur les sièges du stade. Les toilettes et les douches sont nettoyées en permanence par des milliers de bénévoles, qui se relaient depuis jeudi, mais elles ne suffisent pas. Il est difficile de trouver le sommeil sous la coupole, il n'y fait jamais noir pour des raisons de sécurité. La police patrouille, attentive à la moindre altercation, au moindre geste déplacé, hantée par les rumeurs de viols et d'agressions qui courent dans la foule traumatisée après ce qu'elle a vécu à La Nouvelle-Orléans.

Politis, 8 septembre 2005.

Colin Campbell (géologue, né en 1931)

L'inavouable pic de pétrole

Si la taille d'un gisement de pétrole en début de vie est relativement facile à mesurer, il est en revanche plus compliqué de connaître sa productivité, tant sont fortes les pressions financières, commerciales, fiscales et politiques. Les grandes compagnies pétrolières, assujetties à des réglementations boursières strictes afin d'empêcher les surévaluations frauduleuses, tendent à communiquer les chiffres les plus bas, pour obtenir des résultats financiers et fiscaux satisfaisants, avant de réviser leurs chiffres à la hausse. Quant aux pays exportateurs de pétrole (OPEP), ils se sont retrouvés en concurrence pour leurs quotas de production respectifs, estimés à partir de leurs réserves supposées. Certains ont déclaré des augmentations faramineuses dans les années quatre-vingts, probablement sur la base des réserves d'origine et non des réserves restantes, faisant l'impasse sur les taux de production antérieurs.

Ces ambiguïtés se reflètent dans les estimations de la production mondiale, qui se compte en milliards de barils, un chiffre à arrondir généreusement en regard des incertitudes. La production d'un pays, doté de nombreux gisements de tailles et d'âges différents, suit généralement une courbe en forme de cloche. Après le pic, la production recule, faute de réserves suffisantes, provoquant une augmentation des prix.

Dans *Atlas de l'environnement*, *Le Monde diplomatique*, octobre 2007.

Anita Conti (exploratrice et photographe, 1899-1997)

Le requin est-il courageux ?

Le poisson n'a ni bras, ni jambes, ni griffes, il ne peut saisir sa proie pour la déchiqueter ; et là où un fauve de terre ferme se précipiterait sur la quelconque proie pour la saisir et la mettre en pièces avant de la mâcher, et même rejetterait sa peau si elle est trop velue, un fauve de mer ne pourra que s'élancer et ouvrir la bouche pour engloutir. En vérité, il ne peut agir qu'avec sa tête, et dans sa tête il n'y a que la mâchoire qui, étant articulée, permet grâce aux dents une action de retenue : le poisson peut mordre, c'est tout. Donc c'est l'évaluation des mesures entre l'avaleur et l'avalé en puissance qui importe.

Sur la terre ferme, il n'y a que les serpents qui soient, en cela, comparables aux poissons, et pour la même cause, un serpent ne fait front qu'en cas exceptionnel. En cas ordinaire, l'étranger qui surprend des reptiles voit plus souvent leurs queues que leurs têtes […]

C'est seulement quand une présence animale est mesurable, et que la victime possible est jugée de taille acceptable, soit pour être mordue, soit pour être étouffée, que le reptile attaque. Dans les autres cas il fuit, et là encore il n'y a ni lâcheté ni courage, il y a révélation de dimension par rapport aux moyens des individus en présence ; l'un doit pouvoir engloutir l'autre […]

Si nous faisons parfois effort pour admettre ces attitudes, c'est que chez l'homme, l'action d'avaler représente, non le début, mais la fin du circuit de travail.

L'Océan, les bêtes et l'homme (1971), Payot, 2002.

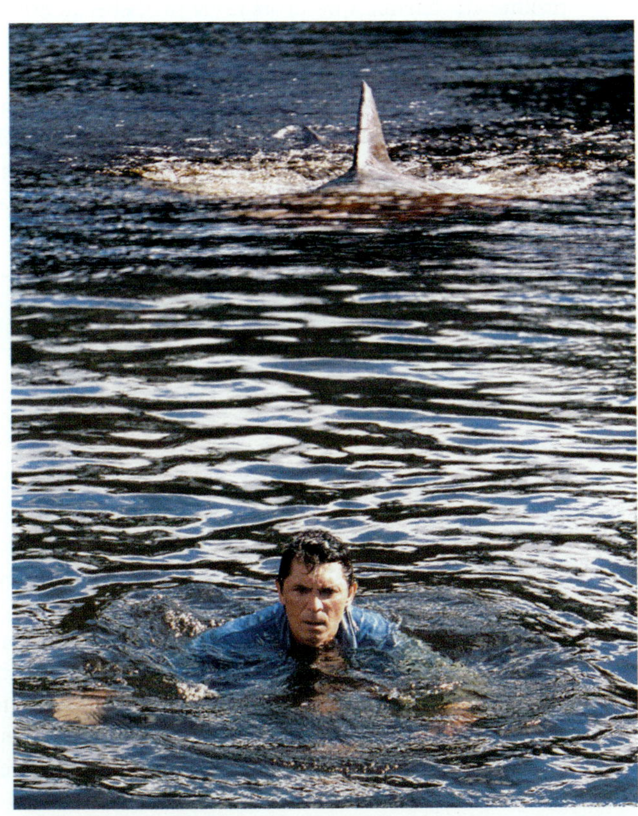

Red water, film de Charles Carner, avec Lou Diamond Phillips, 2003.

Alain Gras (socio-anthropologue, né en 1941)

La machine thermique dans la perspective anthropologique

La machine thermique n'est pas un objet isolé – aucun objet ne l'est – mais un ensemble sociotechnique, symbolique autant que matériel, que la société européenne a inventé peu à peu au cours du XIXe siècle. La structure en réseaux d'échanges, d'abord celui du marché des textiles, a transformé le milieu pour accueillir les petites machines, non l'inverse. C'est donc une totalité qui se met en marche au sens que Marcel Mauss donnait à ce terme : un phénomène social total se déroule et s'interprète à tous les niveaux, il traverse toutes les catégories que la pensée qui se dit rationnelle utilise pour décrire le monde : l'économique, le religieux, le politique, le juridique, etc. L'anthropologie se doit de reconstituer le puzzle pour comprendre et donner du sens à cette réalité décharnée que croit nous procurer la connaissance analytique, en expliquant la série des événements par une causalité chronologique. Cette forme de connaissance découpe en morceaux le monde, qui ne ressemble plus en rien à notre monde alentour. Pour comprendre, et non expliquer, un phénomène dans son développement historique, il est bon d'échapper à l'analyse implacable des causes et de rassembler ce qui, dans l'expérience que nous faisons chaque jour du monde, est uni.

Le Choix du feu. Aux origines de la crise climatique, Fayard, 2007.

Charles Clover (journaliste, né en 1957)

La frénésie alimentaire

En moins d'une décennie, l'engraissement du thon s'est répandu comme une traînée de poudre en Méditerranée, où ce poisson est apprécié depuis que les Grecs de l'Antiquité célébraient sa capture, et que sa chair nourrissait les légions romaines avant la bataille. La population de thon rouge de l'Atlantique Est est plus nombreuse que celle qui subsiste à l'Ouest. Elle migre dans une grande ellipse dans l'Atlantique, et parcourt les coins les plus reculés de la Méditerranée. Il fut un temps où les méthodes de pêche au thon étaient soit inefficaces, soit conçues pour prendre seulement les plus grands, comme la *mattanza* sicilienne, où le thon était poussé dans un ensemble complexe de filets, avant d'y être harponné dans un bain de sang. Aujourd'hui, les flottes française, italienne et espagnole, entre autres, munies de sennes, équipées d'un équipement dernier cri de repérage et de capture du poisson, ont l'habitude de prendre des thons rouges de toute taille. Une fois encerclés, et avant que le filet soit complètement refermé autour d'eux, les thons sont transférés dans des cages. Celles-ci sont remorquées du lieu de prise vers leur destination finale à une vitesse de moins de 2 nœuds, la lenteur étant essentielle pour que le thon ne soit pas pris dans les filets et se noie. Les fermes se développent dans les lieux les plus commodes du pourtour méditerranéen, Espagne, Malte, Sicile, Chypre, Libye, Turquie, afin que les thons rouges puissent rejoindre leurs prisons côtières avec un minimum de pertes. Cette pratique a généré un important négoce, pas seulement avec le Japon et les compagnies aériennes qui convoient la marchandise, mais aussi pour les fabricants de filets et de cages.

Surpêche. L'océan en voie d'épuisement, Démopolis, 2008.

Michel Forsé (sociologue, né en 1954)

Qu'est-ce que l'entropie ?

L'entropie est une notion abstraite, on peut même dire que la physique n'avait jamais, avant son introduction, produit de concept aussi abstrait. On peut se représenter intuitivement et sans trop de difficulté ce que désignent les grandeurs comme la force, le travail, la chaleur, etc. Ce n'est pas le cas ici et c'est sans doute ce qui explique l'aspect quelque peu déroutant que la notion a eu et continue d'avoir. Tout au long de ce chapitre nous avons essayé de lui trouver des significations « concrètes » en précisant, dans des domaines divers, ce qu'on mesurait effectivement en mesurant l'entropie d'un système.

Récapitulons les principales propositions auxquelles nous sommes parvenus :

1) Tout système fermé composé d'une population nombreuse tend spontanément et irrésistiblement à évoluer vers son état de plus grand désordre.

2) Il n'existe aucune dérogation définissable ou mesurable à ce principe. Il vaut donc pour un système social.

3) Si un système est ouvert, ce qui est le cas d'une société, il peut évoluer vers l'ordre en puisant dans l'environnement la néguentropie nécessaire et cela n'est pas contraire à la loi d'entropie.

L'Ordre improbable. Entropie et processus sociaux, PUF, 1989

René Dumont (agronome, candidat écologiste à l'élection présidentielle en 1974, 1904-2001)

Les limites de la croissance

Si nous maintenons le taux d'expansion actuelle de la population et de la production industrielle jusqu'au siècle prochain, ce dernier ne se terminera pas sans l'effondrement total de notre civilisation.

Par épuisement des réserves minérales et pétrolières (même si les chiffres du Club de Rome sont discutables, la tendance à long terme ne l'est pas) ; par la dégradation poussée des sols (érosions, lessivage, latérisation…) ; par la pollution devenue insoutenable de l'air et des eaux, des rivières aux littoraux marins ; enfin, par une altération des climats, due, notamment à l'accumulation du gaz carbonique ou à l'attaque par les avions supersoniques de la précieuse couche d'ozone…

Si nous ne pouvons déjà chiffrer avec précision l'ampleur de toutes ces menaces, ceux qui continuent à parler de croissance et d'expansion sans limites, les responsables des dégradations, sont tout aussi incapables de les préciser. Or la décision de construire des centrales nucléaires est prise sans que soit trouvée une solution satisfaisante pour empêcher de se former une masse toujours croissante de déchets radioactifs. Cela nous engage dans une voie si dangereuse que la Suède a décidé le moratoire de sa deuxième tranche. Nous pourrions en faire autant.

Je vais pouvoir souligner aux Français des menaces qu'on leur dissimule, esquisser des solutions que les autres ne leur donneront pas. Nous allons donc traiter nos compatriotes en citoyens majeurs.

L'expansion sauvage actuelle nous menant tout droit aux pires catastrophes, il nous faut réorienter tout l'appareil économique, toute la structure de production.

À vous de choisir. L'écologie ou la mort, Jean-Jacques Pauvert, 1974.

Johann Rousselot, *Mangroves polluées*, Bombay (Inde), 2008.

Extrait de la brochure de l'exposition « Tous parents, tous différents »,
du musée de l'Homme, Chabaud éd., 1992.

Les humains

P A R T I E 2

Bernard Faucon,
Les Grandes Vacances (le banquet), 1980.

CHAPITRE 6

Ne sentez-vous pas quelque chose ?

Ne sentez-vous pas quelque chose ?

Connaissons-nous la composition de l'eau que nous buvons ? de l'air que nous respirons ? des aliments que nous ingérons ? Avons-nous vu l'épaisseur de la couche d'ozone ? Qui peut mesurer de son nez la concentration de dioxyde de carbone dans l'atmosphère ? Ce poisson sur l'étal contient-il des métaux lourds ? Nos cinq sens sont de peu d'utilité pour évaluer la pollution de l'air, de l'eau et des sols, la dérive de l'effet de serre, la dégradation des forêts ou la diminution de la biodiversité. L'être humain nu peut classer les perceptions du monde extérieur, les interpréter dans son cerveau, et rétroagir sur ses propres actions afin de s'adapter à un environnement changeant. Mais nos sens n'ont pas la précision des instruments de mesure que nous avons façonnés pour évaluer les innombrables variables physiques de notre environnement. L'avis d'un père ou d'une mère qui embrasse le front de son enfant fiévreux sera moins fiable que le résultat du thermomètre.

L'atmosphère dérive

Il y a vingt ans, lorsque les décideurs comprirent enfin qu'il était temps de mesurer la dérive de l'effet de serre, l'ONU demanda à l'Organisation météorologique mondiale (OMM) et au Programme des Nations unies pour l'environnement (PNUE) de créer le Groupe d'experts intergouvernemental sur l'évolution du climat (GIEC). Celui-ci réunit près de deux mille scientifiques du monde entier et rédige régulièrement des rapports sur le changement climatique, le dernier datant de 2007. Que dit-il ? Que le réchauffement du système climatique est désormais sans équivoque, comme le montrent à l'évidence l'accroissement des températures moyennes globales de l'atmosphère et des océans, la fonte des neiges et des glaces et la hausse du niveau moyen des mers. Que les émissions planétaires de gaz à effet de serre dues aux activités humaines ne cessent d'augmenter depuis le début de l'ère industrielle il y a deux siècles et demi, avec un accroissement de 70 % depuis 1970. Que les concentrations atmosphériques de dioxyde de carbone (CO_2) et de méthane (CH_4) dépassent sensiblement les variations naturelles depuis 650 000 ans. Que les politiques actuelles de réduction du changement climatique et autres pratiques de développement durable n'empêcheront pas la croissance des émissions de gaz à effet de serre pendant les prochaines décennies. Que, si

Yann Arthus-Bertrand, Sommet du Kilimandjaro sans les neiges, 2006.

les émissions de gaz à effet de serre continuent à ce niveau ou plus encore, les changements dans le système climatique au XXIe siècle seront plus marqués que ceux que nous avons observés au XXe. Que les fréquences et les intensités d'événements météorologiques extrêmes, ainsi que la hausse du niveau des mers, auront des conséquences négatives sur les systèmes naturels et humains. Que le réchauffement anthropogénique[1] et la hausse du niveau des mers continueront pendant des siècles, à cause des échelles de temps associées aux processus climatiques et à leurs rétroactions, même si les émissions de gaz à effet de serre se stabilisent. Que le réchauffement anthropogénique peut conduire à des impacts abrupts ou irréversibles, selon la vitesse et l'ampleur du changement climatique. Qu'est disponible une vaste panoplie de politiques d'adaptation, mais qu'il faut en faire plus qu'aujourd'hui pour réduire notre vulnérabilité au changement climatique. Que ces capacités d'adaptation sont liées au développement économique et social, mais qu'elles sont inéquitablement réparties au sein des sociétés et entre celles-ci. Que nous avons le potentiel économique pour réduire les émissions de gaz à effet de serre au cours des prochaines décennies, mais que ce potentiel est très variable selon les secteurs d'activité. Que ce large éventail de politiques et de mesures permet aux gouvernements de motiver des actions d'atténuation du changement climatique. Que les propositions les plus intéressantes de la Convention climatique des Nations unies et de son protocole de Kyoto sont l'établissement d'une réponse planétaire au changement climatique, la stimulation de nombreuses politiques nationales, et la création d'un marché international du carbone. Que, dans plusieurs secteurs, les réponses au changement climatique peuvent réaliser des synergies et éviter des conflits avec d'autres dimensions du développement durable. Que déterminer ce qui constitue des interférences anthropogéniques dangereuses avec le système climatique implique des jugements de valeur, mais que la science peut aider à former les décisions, notamment en identifiant les vulnérabilités clés. Que ces vulnérabilités relèvent de nombreux systèmes sensibles au climat, dont l'approvisionnement en nourriture, les infrastructures, la santé, les ressources en eau, les systèmes côtiers,

1. C'est-à-dire dû aux activités humaines.

les écosystèmes, les cycles biogéochimiques planétaires, les calottes glaciaires, et les modes de circulation océanique et atmosphérique. Qu'enfin de nombreux impacts peuvent être réduits, retardés ou évités par l'atténuation des émissions de gaz à effet de serre au cours des deux ou trois prochaines décennies.

Quelles quantités ?

La liste impressionnante de ces résolutions du GIEC ne doit pas nous faire oublier que ces énoncés sont longuement discutés entre les scientifiques et représentants de tous les pays des Nations unies, et doivent faire l'objet d'un consensus qui a souvent pour effet de raboter les allégations les plus fortes. Il est donc vraisemblable que la réalité du changement climatique soit plus aiguë que ce qu'en écrit le GIEC, ce que confirment plusieurs études récentes. Néanmoins, une controverse existe sur les quantités de gaz à effet de serre qui pourraient être émises au cours de ce siècle selon les différents scénarios du GIEC. Il ne s'agit pas, pour moi, de nier l'origine humaine de la dérive du climat – comme s'y essaie Claude Allègre –, mais d'évaluer, dans les rapports du GIEC lui-même, quelles sont les quantités d'énergies fossiles impliquées dans les quarante scénarios jusqu'en 2100. Le rapport du total des émissions de gaz à effet de serre entre le scénario le plus catastrophique et le scénario le plus modéré est de quatre à un. Or, dans treize de ces scénarios, le GIEC considère qu'il n'y a aucun pic mondial de production de pétrole avant 2100, ce qui est impossible (➤ voir chapitre précédent). Le Conseil mondial de l'énergie estime que le volume total des réserves mondiales d'hydrocarbures, c'est-à-dire de ce que l'on pourra effectivement extraire ultimement en pétrole et en gaz naturel, est de l'ordre de 2 600 milliards de barils d'équivalent pétrole, tandis que les quarante scénarios du GIEC supposent les volumes de réserves disponibles entre 11 000 et 15 000 milliards de barils d'équivalent pétrole. La contradiction est encore plus forte pour le charbon : les projections de l'Energy Watch Group[2] sont de l'ordre de 1 600 milliards de barils d'équivalent pétrole, alors que le GIEC suppose que 18 000 milliards seraient

2. <www.energywatchgroup.org> (janvier 2009).

disponibles et brûlés. Si l'on réduit ainsi à la baisse les réserves d'énergies fossiles, les estimations d'émissions de gaz à effet de serre pour le XXIe siècle deviennent inférieures à celles de chacun des scénarios du GIEC. Bref, le changement climatique est un immense phénomène qui aura d'énormes conséquences, mais peut-être différentes de celles qui sont décrites par le GIEC.

Quel coût ?

Les coûts économiques de tout cela seront d'autant plus importants que les politiques de réduction des émissions de gaz à effet de serre tarderont à être mises en œuvre. Le rapport de Nicholas Stern évaluait sagement à 1 % du produit intérieur brut (PNB) mondial annuel les coûts d'évitement de la catastrophe climatique, et jusqu'à 20 % du PNB si nous ne faisons rien. « Les bénéfices d'une action forte et rapide sur le changement climatique dépassent considérablement les coûts », est-il écrit. Le GIEC procède aussi à une estimation des coûts macroéconomiques, mais en fonction des objectifs de stabilisation des émissions globales. Plus bas est le niveau de stabilisation désiré, plus importants sont les coûts pour y parvenir. Et plus rapide sera cette stabilisation, plus les coûts augmenteront encore. Néanmoins, ces estimations me paraissent très hasardeuses, au vu des multiples hypothèses d'évolution des multiples facteurs qui déterminent ces estimations : sensibilité du climat, décalages des réponses, gestion des risques, impacts économiques et non économiques, possibilités de pertes catastrophiques… Ces estimations globales masquent des différences significatives d'impacts selon les secteurs, les régions et les populations, écrit le GIEC lui-même, et elles sous-estiment les coûts des dommages faute de tenir compte de nombreux impacts non quantifiables. Bien que d'orientation libérale – foi dans la croissance, le marché et la technologie –, le rapport Stern relativise lui aussi ses propres estimations économiques en évoquant des déplacements massifs de populations et l'éventualité de troubles sociaux de grande ampleur, voire de conflits meurtriers pour la survie, tous événements qui excèdent la quantification financière.

Consentir à la catastrophe ?

On voit qu'il est difficile de faire des prévisions, surtout si elles concernent l'avenir, dit Woody Allen. D'autant plus qu'il émane de certaines données sur la catastrophe écologique et de certains scénarios sur l'avenir une telle impression d'effroi que l'être humain, au bord de défaillir, met en œuvre des stratégies d'aveuglement susceptibles de le rassurer et de lui épargner tout changement radical de comportement. On pourrait en effet s'étonner du fait que, devant les signes de plus en plus manifestes de la catastrophe écologique, si peu soit fait pour l'éviter à l'échelon individuel comme à l'échelon collectif. La réponse banale du « manque d'information » des citoyens et des décideurs est insuffisante, même s'il est toujours utile de continuer encore et encore à informer et à s'informer. D'ailleurs, beaucoup de nos concitoyens et décideurs connaissent déjà tout ou partie des problèmes écologiques, et ce ne sont pas les livres, les articles, les émissions, les sites Internet qui manquent, sans parler des exhortations

La fuite des habitants de New York devant le raz de marée dans *Le Jour d'après*, film de Roland Emmerich, 2004.

de Nicolas Hulot et d'Al Gore que nous avons tous entendues. Il s'agit plutôt d'une bizarrerie paradoxale de l'esprit humain que nous examinerons plus longuement ci-après. Est également insuffisante la réponse en forme de « défense des intérêts » des riches et autres capitalistes. Car, pour ne parler que du changement climatique, le rapport Stern démontre que l'inaction fera perdre sous peu beaucoup plus d'argent que quelques investissements immédiats, et il le fait dans les termes mêmes du point de vue capitaliste. Mais aussi parce que la majorité des capitalistes a des enfants et s'occupe de leur avenir jusqu'à intuiter les malheurs qui s'abattront sur eux lorsque la catastrophe écologique s'intensifiera. Bref, ils le savent, nous le savons, et nous n'y croyons pas, donc nous ne faisons rien ou presque. Pourquoi ce consentement à la catastrophe ?

Modèles du monde

Le philosophe Jean-Louis Vullierme[3] donne l'explication cognitive la plus convaincante de ce paradoxe du déni de la réalité. La psychologie sociale qui structure les sociétés est pour une part un phénomène émergent qui apparaît quand des individus se rencontrent, pour une autre part un processus générique de leur constitution, de la nature humaine elle-même. L'être humain est tout à la fois modelé par le monde qui lui préexiste et modélisateur du monde par les actions qu'il entreprend. Ainsi, l'enfant enrichit ses capacités de modéliser le monde en éprouvant des différences entre lui-même et le monde tel qu'il le modélise. J'agis sur le monde en produisant des traces, des signes de mon modèle du monde (par mes postures corporelles, par mes paroles, par mes actions...) et je réajuste ce modèle en fonction des réponses que je perçois. À vrai dire, ce n'est pas un modèle du monde que je possède, mais un schème de modélisation, une matrice de modèles alternatifs, une faculté d'engendrer des modèles relativement différents. Ma vie quotidienne, qui baigne dans le flux des purs vécus, se déroule dans une alternance incessante de modèles du monde qui réorganise chaque fois l'ensemble de mon être au monde. Pendant quelque temps

3. Jean-Louis Vullierme, *Le Concept de système politique*, PUF, 1989. Ce paragraphe reprend certaines formulations de Jean-Louis Vuillierme issues de son livre ou des ses articles dans des revues.

j'exerce ma profession de réparateur de pendules, puis je rencontre des amis pour déjeuner en commentant le projet d'extension du tramway parisien sur les boulevards des maréchaux, je retourne travailler sur mes ressorts et mes échappements tout en rêvant parfois au dîner du soir avec mon fils, je sors de mon échoppe pour enlacer délicieusement ma tendre amie, je vois bientôt mon fils au dîner, et je participe enfin à la réunion de mon groupe local des Verts pour préparer les prochaines élections. Dans tous ces investissements, et il y en a mille autres possibles, c'est la même personne qui peint sa vie en puisant dans sa palette de modèles du monde celui qui correspond à son vécu de l'instant. Ces modèles sont évolutifs, disparates, voire contradictoires. Un tel individu, fragmenté et qui accepte cette fragmentation, est l'être le plus ordinaire qui soit. L'être humain est multidimensionnel, bigarré, ambigu. Cette conception s'oppose à la vision unidimensionnelle de l'*Homo œconomicus*, réduit à un moi unitaire rationnel sans cesse à la recherche de sa cohérence et de la maximisation de son utilité (libéralisme). Elle s'oppose aussi à la conception d'un individu massifié dont la conscience serait entièrement déterminée par la position qu'il occupe dans les rapports de classes (marxisme).

S'il est une nature humaine, elle se réalise dans l'interaction avec autrui. S'il est une société, elle émerge des interactions entre les individus. Cette hypothèse s'appelle l'interaction spéculaire. Je me réalise en échangeant avec autrui des modèles du monde formés par ces échanges. La société est un système de représentations croisées entre individus : je me représente la manière dont les autres se représentent les choses et moi-même. Autrement dit, les modèles du monde que possède un individu, notamment son modèle de lui-même, sont issus des modèles du monde possédés par autrui, notamment du modèle qu'autrui a de lui. Ce qui détermine les comportements d'un individu est donc le système des modèles que possède cet individu. Ce système est un schème évolutif susceptible d'engendrer de multiples modèles correspondant à toutes les situations rencontrées. Deux schèmes individuels ne sont pas identiques, bien sûr, mais ils tendent à s'adapter mutuellement au fur et à mesure que se multiplient les rapports sociaux et les occasions de réagir au comportement d'autrui, ce qui permet de prévoir et d'anticiper les actions et les réactions d'autrui, capacité de coordination fondatrice de toute société un tant soit peu durable. La *mimésis* des modèles est ce qui garantit l'unification des sociétés. La distinction spéculaire est ce qui assure leur indispensable diversité. L'écologie sociale part de cela. L'hypothèse de l'interaction spéculaire nous permet d'enterrer le vieux débat épistémologique sur l'antériorité de l'individu et de la société. L'un et l'autre se forment mutuellement.

Le déni

Réexaminons le déni de la catastrophe écologique à la lumière de l'interaction spéculaire, à l'échelon des citoyens et à l'échelon des décideurs. Un citoyen moyen dont le modèle écologique du monde est assez informé pour qu'il puisse ressentir parfois la nécessité d'agir en changeant sa vie et celle de sa famille ne réfléchit pas à son seul comportement, mais aussi à l'image de lui-même aux yeux des autres. S'il était seul à juger, sa volonté serait sans doute de transformer ses habitudes pour diminuer son empreinte écologique. Il est probable qu'il en est de même de la majorité de nos concitoyens, plus ou moins bien avertis de la catastrophe écologique. S'il suffisait d'additionner ainsi les volontés individuelles pour changer les comportements, l'éden écologique règnerait depuis longtemps partout dans le monde, ce qui n'est pas le cas. Pourquoi ? Parce que, selon notre hypothèse, la volonté n'est pas une réalité première, mais une réalité dérivée de l'interaction spéculaire. L'individu averti de la catastrophe ne se demande pas s'il veut changer sa vie, mais seulement s'il le ferait au cas où un certain nombre d'autres le feraient aussi. Chacun étant placé dans la même situation que les autres, la catastrophe sera évitée, non pas en fonction de la volonté de tous, mais de leurs représentations croisées, c'est-à-dire en fonction des anticipations que chacun effectuera sur la capacité effective de ceux qui l'entourent à changer leurs vies. De nombreux exemples historiques montrent ainsi qu'une situation rejetée par (presque) tous – une dictature par exemple – s'impose et se maintient malgré l'aspiration d'une majorité à un autre mode de vie. Néanmoins, ce genre de situation peut aussi évoluer rapidement, tant sont parfois imprévisibles les dynamiques sociales dues à l'interaction spéculaire.

Nous retrouvons ici un système social dont l'évolution, comme celle de certains systèmes naturels examinés aux précédents chapitres, peut bifurquer brusquement vers d'autres attracteurs si certains seuils sont dépassés. Illustration inspirée des travaux du sociologue Mark

Ingram Publishing.

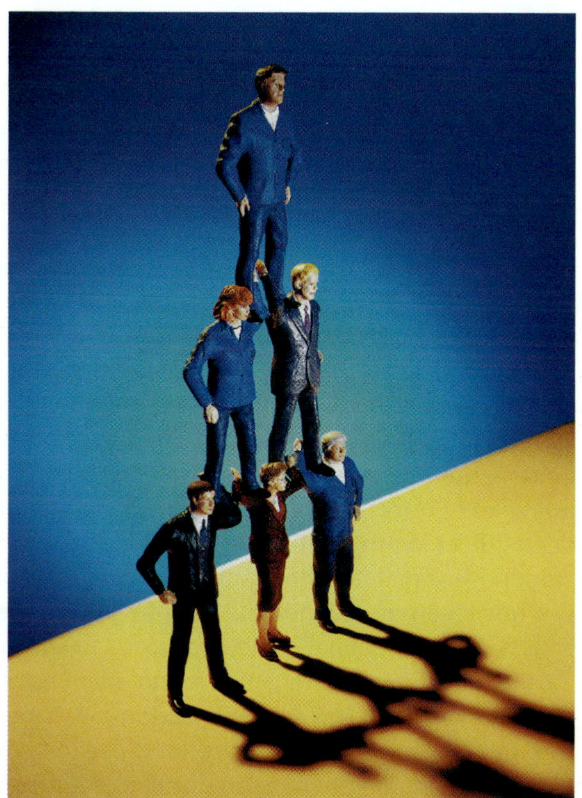

Granovetter[4] et de l'économiste André Orléan[5] : considérons un groupe de cent individus participant à une conférence-débat sur la catastrophe écologique et confrontés à un choix binaire : changer sa vie sur-le-champ en devenant un « décroissant » (un citoyen qui diminue son empreinte écologique) ou ne pas le faire. Plaçons-nous dans l'hypothèse spéculaire simple où, pour chaque individu, le choix de changer sa vie immédiatement dépend du nombre de décroissants dans la salle. Pour simplifier encore, supposons que, parmi les cent individus du groupe, la décision de devenir décroissant soit la

4. Mark Granovetter, « Threshold Models of Collective Behavior », *American Journal of Sociology*, vol. 83, n° 6, novembre 1978, p. 1420-1443.

5. Jacques Lesourne, André Orléan et Bernard Walliser (dir.), *Leçons de microéconomie évolutionniste*, Odile Jacob, 2002, chapitre 5.

suivante : un premier individu est déjà décroissant, un second individu le deviendrait s'il rencontrait un décroissant, un troisième s'il rencontrait deux décroissants..., jusqu'au dernier qui deviendrait décroissant si tous les autres l'étaient déjà (celui-ci est un productiviste sans doute). Que se passe-t-il quand le débat commence à la fin de la conférence ? L'individu déjà décroissant va aussitôt clamer qu'il a changé sa vie en réduisant drastiquement son empreinte écologique. Alors, le deuxième individu qui n'attendait que cela va devenir décroissant aussi. Puis, le comportement de ces deux décroissants initiaux va se propager à celui du troisième individu qui attendait de rencontrer deux décroissants... jusqu'à ce que les cent individus soient tous devenus décroissants (y compris le productiviste !). Nous aboutissons à une situation de nouvel équilibre, un nouvel attracteur du groupe, qui a totalement changé la donne politique, au point que les nouveaux convertis à la décroissance immédiate s'organisent pour l'entraide et la propagation de leur mode de vie à tout le quartier.

Supposons maintenant qu'au départ la propension à la décroissance soit très légèrement différente dans le groupe : le deuxième individu veut désormais connaître deux décroissants avant de le devenir lui-même, alors que tous les autres restent identiques. Vous m'accorderez que cette microsociété de cent individus a très peu changé, la propension moyenne à la décroissance est presque la même. Cependant, le comportement du groupe est radicalement différent : à part le décroissant permanent qui choisit toujours de changer sa vie, rien ne se passe puisque tous les autres membres du groupe doivent rencontrer au moins deux décroissants pour être convaincus. Un journaliste de la presse bourgeoise qui aurait observé les deux situations aurait titré, pour la première : « Une foule d'agitateurs provoque un changement social radical » ; pour la seconde situation : « Un agitateur fou remet en question notre société, sous les yeux d'un groupe de citoyens raisonnables ». Autrement dit, le journaliste analyserait les deux scènes en décrivant des différences fondamentales dans la propension à la décroissance des deux groupes, alors que la composition de ces deux groupes est identique, à un petit chiffre près chez le deuxième individu. Cet exemple montre que, même dans des situations apparemment simples d'interactions spéculaires, la dynamique globale importe. Selon les conditions initiales de la situation et les chocs exogènes que peut subir le groupe – même faibles, comme l'abaissement ou la hausse d'un chiffre chez un seul individu –, la trajectoire de la dynamique sociale et la situation finale peuvent être très différentes. La spécularité est productrice d'auto-organisation sociale. Elle peut donner naissance à des sociétés qualitativement nouvelles, impossibles à imaginer lorsqu'on réduit l'analyse de la société à celle de ses éléments pris séparément.

Psychologie des décideurs

Qu'en est-il enfin du déni de la catastrophe écologique à l'échelon des décideurs ? La dynamique spéculaire s'exerce encore, inexorablement. Celle-ci décrit les croyances et les actions des acteurs politiques, forgées notamment dans l'interaction avec leurs rivaux pour les places. Que l'un de ces acteurs politiques, par exemple Nicolas Sarkozy, soit soudainement converti à l'imminence de la catastrophe écologique par Nicolas Hulot, il devra lire dans les yeux des autres acteurs politiques la crédibilité que ceux-ci accordent à sa croyance nouvelle, sous peine de perdre son autorité. Son action politique sera alors moins déterminée par la force en lui de cette nouvelle croyance que par l'évaluation qu'il pourra faire de la force de cette même croyance chez ses rivaux ou amis. Ignorant de cette force et craintif de la critique de ses rivaux, il sera peu motivé pour la traduire en action politique aussi forte que sa croyance. Cela lui sera même impossible. La propagation des croyances en l'imminence de la catastrophe écologique ne peut être que lente au sein d'un monde politique obsédé par la rivalité. À tel point que même si tous les dirigeants du monde, comme sous l'effet d'une révélation, étaient soudain habités par la croyance en l'imminence de la catastrophe écologique, ils commenceraient par se demander si leurs amis et rivaux politiques partagent ou non cette croyance. Chacun saurait l'imminence de la catastrophe, mais il ne saurait pas que les autres le savent. Guettant chacun le faux pas des autres, c'est-à-dire la divulgation publique de la force de leur croyance, aucun ne dévoilerait finalement celle-ci. Connue de chacun, cette croyance ne serait cependant pas une connaissance commune. Et encore moins une action commune puisqu'il s'agirait alors de bouleverser les politiques publiques en modifiant radicalement les modes de production et de consommation des sociétés industrialisées. Ce qui supposerait que les citoyens eux-mêmes possèdent ce modèle du

© Honoré.

monde – cette croyance – d'une catastrophe écologique imminente et en acceptent les conséquences en termes de modification radicale de leur mode de vie. Le déni de la crise environnementale n'est donc pas dans la tête de chacun en tant qu'il serait un être déraisonnable ou insuffisamment informé, c'est un effet de système qui émerge de la combinatoire spéculaire.

Outre que leur mesure exacte échappe à nos sens, les questions écologiques sont en principe assez techniques et l'opinion qui se forme en chacun de nous à leur propos est nécessairement médiatisée par des experts, des scientifiques, des tiers auxquels nous devons nous fier pour construire cette opinion. Ces savants peuvent être tous d'accord sur des questions et des réponses élémentaires dans un domaine précis : quel est le taux de dioxyde de carbone dans l'atmosphère ? Quel est le nombre minimum d'anchois dans le golfe de Gascogne qui permet à cette population de se reproduire ? Quelle est la probabilité de développer un cancer dix ans après avoir reçu telle dose de rayonnements ionisants en un jour ? Bien vite, cependant, des divergences apparaissent entre scientifiques, car l'écologie est un domaine complexe et la reproductibilité des expérimentations y est faible, à supposer même que l'on puisse expérimenter. Il faut alors introduire des modèles de la réalité étudiée, fondés sur des choix qui ne sont pas toujours techniques. À l'intérieur de chaque modèle, les conclusions sont certaines, mais le choix entre les modèles ne l'est pas. Les conclusions d'un modèle peuvent contredire celles d'un autre, d'autant plus si l'un de ces modèles est annonciateur de bouleversements. C'est alors l'idéologie (le modèle politique du monde) qui va orienter certains décideurs vers le productivisme, d'autres vers le principe de précaution. Chacun aura ses propres experts. Mais les décideurs ne décident eux-mêmes que sous certaines contraintes, notamment électorales, budgétaires ou internationales. Ces contraintes, fortement spéculaires, vont orienter les choix des décideurs, plus que leurs convictions intimes sur la catastrophe écologique. Le rapport à la vérité n'est pas d'ordre rationnel, il est d'ordre social. On ne peut avoir raison tout seul, dans un domaine précis, dans une société donnée. Galilée en sait quelque chose.

TEXTES

Al Gore (ancien vice-président des États-Unis, né en 1948)

Une étrange indétermination

Nous, membres de l'espèce humaine, sommes confrontés à une urgence planétaire, qui, tandis que nous sommes rassemblés ici, menace la survie de notre civilisation en raison de son potentiel inquiétant et destructeur. Mais il y a aussi une bonne nouvelle : nous avons la capacité de résoudre cette crise et d'éviter le pire – en partie – de ses conséquences, si nous agissons avec audace, détermination et rapidité.

Pour autant, malgré un nombre croissant d'exceptions honorables, trop nombreux sont les leaders du monde qui pourraient être décrits dans les mêmes termes que ceux de Winston Churchill lorsque celui-ci évoquait tous ceux qui feignaient d'ignorer la menace hitlérienne : « Ils se laissent aller à un étrange paradoxe, déterminés à être indéterminés, résolus à être irrésolus, inflexibles dans la dérive, solides dans la fluidité, tout-puissants dans leur impuissance. »

Tamas Galambos, *Smog*, 1976.

C'est ainsi qu'aujourd'hui, nous avons à nouveau déversé 70 millions de tonnes de pollution, cause du réchauffement global, dans la fine coquille atmosphérique qui entoure notre planète, comme si celle-ci était un égout à ciel ouvert. Et demain, nous en rejetterons encore plus, ces émissions s'agrégeront aux concentrations accumulées, qui piègent de plus en plus de chaleur solaire.

Le résultat, c'est que la Terre a la fièvre. Et la fièvre monte. Les experts nous ont dit qu'il ne s'agissait pas d'une petite affection passagère qui passerait toute seule. Alors nous leur avons demandé un diagnostic une deuxième fois. Puis une troisième fois. Puis une quatrième. Et leur conclusion à chaque fois a été la même, toujours plus alarmante : quelque chose de fondamental ne tourne pas rond.

Discours de réception du prix Nobel de la paix, Stockholm, 10 décembre 2007

Maatia Toafa

(ancien Premier ministre de Tuvalu, né en 1954)

Monsieur le Président,

Nous, habitants de Tuvalu, vivons dans la crainte constante des impacts du changement climatique et de la montée des océans. Affleurant à quelque 3 mètres d'altitude au-dessus du niveau de la mer, nos modes de vie et les sources de notre sécurité alimentaire sont déjà très affectés, tant par l'infiltration de l'eau salée dans les nappes phréatiques, que par l'érosion côtière, le blanchissement des coraux, sur fond d'anxiété totale. La menace est réelle et sérieuse, elle ressemble à une forme de terrorisme insidieux contre notre territoire.

C'est pourquoi Tuvalu accorde une importance significative à la Convention des Nations unies sur le changement climatique et son protocole de Kyoto, car ces deux accords internationaux représentent le cadre global de réduction des gaz à effet de serre le plus approprié. Nous félicitons le secrétariat de la Convention des Nations unies sur le changement climatique, alors que celle-ci fête son vingtième anniversaire cette année. Cependant, nous devons vous dire que nous sommes profondément préoccupés par la défaillance et le manque de mobilisation des pays industrialisés dès lors qu'il s'agit de concrétiser leurs engagements, et par la ratification et la mise en œuvre du protocole de Kyoto.

Déclaration de Tuvalu prononcée par l'honorable Maatia Toafa, lors de la 59e Session de l'Assemblée générale des Nations unies, New York, 24 septembre 2004.

Laurent Carpentier (journaliste, né en 1973)

L'alerte des oiseaux

Les oiseaux sont des alarmes qui ne cessent de se déclencher. C'est l'hirondelle qui n'annonce plus le printemps parce qu'elle préfère passer l'hiver dans son étable, la cigogne qui s'est en partie sédentarisée, c'est l'échasse blanche qui s'implante au nord de la Loire et le héron garde-bœuf, pensionnaire de Camargue, qui batifole aujourd'hui en baie de Somme [...] C'est l'inséparable de Fischer, un petit perroquet d'Afrique tropicale, qui s'installe près de Nice, ou encore la grive que les chasseurs attendent désespérément lorsqu'elle hésite à quitter ses froides terres de Scandinavie. En 1989, la communauté scientifique française s'est dotée d'un outil de surveillance territoriale des volatiles, le programme STOC (suivi temporel des oiseaux communs). En 2006, dix-sept ans après sa mise en place, on constate que les communautés d'oiseaux se sont déplacées de 124 km vers le nord !

Le Monde 2, 28 juin 2008.

Svetlana Alexievitch (journaliste, né en 1947)

Tchernobyl, chronique du monde après l'apocalypse

« Ce n'était pas un accident, mais un tremblement de terre. Il s'est passé quelque chose dans l'écorce terrestre. Une explosion géologique provoquée par des forces géophysiques et cosmophysiques. Les militaires le savaient d'avance. Ils auraient pu donner l'alerte. Mais, chez eux, tout est couvert par le secret.

Dans les lacs et les rivières, on pêche des brochets sans tête ni nageoires. Des estomacs qui nagent [...] Quelque chose de semblable va bientôt arriver aux humains. Les Biélorusses vont se transformer en humanoïdes.

Les bêtes de la forêt souffrent du mal des rayons. Elles rôdent tristement. Leurs yeux sont affligés. Les chasseurs ont pitié d'elles et ne les tuent pas. Et les animaux ont cessé d'avoir peur de l'homme. Les renards et les loups entrent dans les villages et jouent avec les enfants.

Les habitants de Tchernobyl parviennent à avoir des enfants. Mais, en guise de sang, ces derniers ont dans les veines un liquide jaune inconnu. Des scientifiques affirment que le singe est devenu intelligent parce qu'il vivait dans un milieu irradié. Les enfants qui naîtront dans trois ou quatre générations seront tous des Einstein. C'est une expérience cosmique que nous subissons. »

Témoignage d'Anatoli Chimanski, journaliste, dans *La Supplication*, Jean-Claude Lattès, 1998.

Cyril Bitton, *Les Damnés de Tchernobyl*, 2005. Une enfant atteinte de troubles psychiatriques, dans une banlieue contaminée par l'explosion de la centrale nucléaire, Vishgorod (Ukraine).

Jean-Pierre Dupuy (philosophe, né en 1941)

La naturalisation du mal

Pourquoi cet aveuglement face à l'apocalypse ? Parce que, une fois dépassés certains seuils, notre pouvoir de faire excède infiniment notre capacité de sentir et d'imaginer. C'est cet écart irréductible qu'Anders nomme le « décalage prométhéen ».

Arendt a diagnostiqué l'infirmité psychologique d'Eichmann comme « manque d'imagination ». Anders montre que ce n'est pas l'infirmité d'un homme en particulier, c'est celle de tous les hommes lorsque leur capacité de faire, et de détruire, devient disproportionnée à la condition humaine. Lorsque Claude Eatherly, l'un des pilotes de la flotte de bombardiers qui détruisit

Hiroshima, trouvant insupportable d'être traité en héros par son pays alors qu'il était rongé par la culpabilité, se mit à commettre de menus larcins pour revendiquer son « droit à être châtié », les autorités américaines le firent passer pour fou irresponsable. Anders engagea une correspondance avec cet anti-Eichmann, tentant de lui prouver qu'en réagissant selon les normes de la morale ordinaire à une situation qui excédait toutes nos ressources morales, il se montrait sain d'esprit et responsable de ses actes. L'analogie de structure avec Auschwitz est évidente. Un grand crime est une atteinte mortelle à l'ordre des choses. L'analyse de ce qui y a conduit révèle pourtant un enchaînement d'actes dont chacun peut tout au plus être accusé de « courte vue » (*thoughtlessness*).

Petite Métaphysique des tsunamis, Le Seuil, 2005.

Photographie de
Philippe Lesprit, 2007.

CHAPITRE 7

Qui a fait cela ?

Qui a fait cela ?

La biologie et l'écologie traditionnelles ne se sont guère intéressées aux écosystèmes humains. La plupart des bioécologistes continuent de considérer les humains comme à part des écosystèmes naturels, et non comme une part de ceux-ci. Ces scientifiques cherchent des écosystèmes épargnés, virginaux, primaires, sur lesquels exercer leur attention. En se concentrant sur les « effets négatifs » des activités humaines sur les processus écologiques, ces savants renforcent l'idée d'une humanité extérieure à la nature, comme si les humains n'étaient pas aussi des entités naturelles, biologiques, écologiques, et non de simples facteurs externes de perturbations. En définissant un écosystème comme un système plus ses échanges avec son environnement, il devient possible d'utiliser ce concept à de multiples échelles d'observation. Il permet d'organiser une hiérarchie spatiale de telle sorte que les écosystèmes humains soient analysés à tous les niveaux, depuis l'individu, sa famille, sa communauté, son pays et jusqu'à l'échelon mondial. L'analyse des écosystèmes humains ainsi définie autorise alors la prise en compte des humains comme composants des systèmes, non comme facteurs externes. Cependant, l'intégration d'un cadre anthropologique et d'un cadre écologique en un seul modèle d'écologie humaine est toujours affaire de recherche. De grandes questions se posent encore : comment les systèmes de croyances humaines interagissent-ils avec les systèmes biophysiques ? Les dynamiques sociales et culturelles sont-elles comparables aux dynamiques décrites dans nos modèles d'écosystèmes biophysiques ? Quelles sont les différences et les ressemblances entre les modèles biophysiques des chapitres 2, 3 et 4 et le modèle productiviste analysé au chapitre 5 ou celui de l'interaction spéculaire énoncé au chapitre précédent ? Pour cheminer dans cette recherche, examinons deux autres relations entre l'humanité et son environnement naturel, d'un point de vue énergétique.

L'exubérance énergétique d'*Homo sapiens*

La matière, je sais ce que c'est. Je peux la voir, la toucher, la sentir, la goûter parfois, l'entendre même, quand elle vibre. La matière, c'est petit ou grand, léger ou pesant, parfumé ou puant, j'en ai une sensation directe. Mais l'énergie ? C'est plus abstrait si l'on considère ses différentes formes (chaleur, liaisons chimiques, mouvement...). Cela devient plus concret par l'examen de ses différentes sources primaires (bois, soleil, vent, charbon, pétrole, gaz...). Ces sources d'énergie, *Homo sapiens* les a utilisées depuis des millénaires pour subvenir à ses besoins, se répandre sur tous les continents, produire et consommer sans compter. Ces énergies ne sont pas issues de notre corps, elles lui sont extérieures, elles sont exosomatiques. Capter une énergie extérieure et l'utiliser à son profit *via* une technologie appropriée a permis à *Homo sapiens* une formidable augmentation de sa puissance et de son

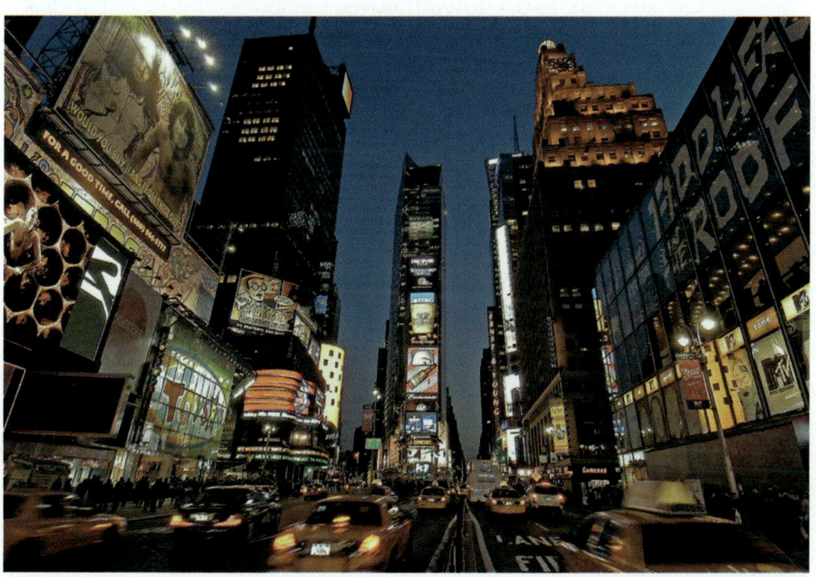

Izzet Keribar, quartier de Times Square, New York (États-Unis), 2005.

impact sur le monde, ainsi que de sa démographie. Deux méthodes ont été et sont toujours utilisées par l'humanité dans cette augmentation.

La plus ancienne est spatiale et horizontale : elle consiste à prendre dans la biosphère des éléments énergétiques – bois, agriculture, traction animale – au détriment des autres espèces vivantes. Repousser les limites de cette prédation consiste alors à explorer et à s'installer dans d'autres régions, d'autres continents de la Terre, pour exploiter plus de bois, cultiver plus de sols, soumettre plus d'animaux de trait. Il en fut exclusivement ainsi jusqu'au milieu du XVIIIe siècle, les énergies utilisées étant plus ou moins renouvelables (y compris l'esclavage !). Une seconde méthode, plus récente, est temporelle et verticale : c'est l'extraction des énergies fossiles, non renouvelables, qui permet à l'humanité de consommer en quelques décennies des fluides – charbon, pétrole, gaz – qui exigèrent des dizaines de millions d'années pour se constituer. Leur densité énergétique incomparable en fait les énergies reines d'aujourd'hui, contribuant pour plus de 80 % à la consommation énergétique mondiale.

Pour diminuer leurs coûts de production, les économies capitalistes n'ont cessé de substituer de l'énergie puissante et à bon marché – des fossiles – à du travail humain, plus cher et moins productif. En 2005, l'appareil industriel qui fournissait biens et services aux citoyens consommait environ 150 kilowattheures par personne et par jour en France ou en Allemagne, 300 kilowattheures aux États-Unis. L'énergie quotidienne absorbée par un travailleur étant estimée à environ 3 kilowattheures, chaque Français ou Allemand disposait quotidiennement de cinquante « esclaves énergétiques » pour son confort, tandis que l'Américain en avait cent. Ce mouvement de substitution de la puissance énergétique exosomatique – essentiellement d'origine fossile – à la puissance musculaire humaine n'est pas encore achevé dans les pays industrialisés, moins encore *a fortiori* dans les autres pays.

Les énergies fossiles sont puissantes

L'économiste Douglas B. Reynolds[1] a essayé de comprendre pourquoi certaines sources d'énergie sont meilleures que d'autres, en les comparant selon certains critères qu'il nomme leurs grades. Le grade pondéral

1. Douglas B. Reynolds, « Energy Grades and Economic Growth », *Journal of Energy and Development*, vol. 19, no 2, 1994, p. 245-264.

détermine la quantité d'énergie contenue dans 1 kilogramme d'une source. Ainsi, le pétrole a un grade pondéral de l'ordre de 20 000[2], le gaz naturel de 24 000, le charbon de 10 000, l'éthanol de 11 000, le bois sec de 8 000, et une batterie de voiture de 100. On comprend mieux pourquoi les voitures électriques se diffusent peu : plus le carburant d'une voiture sera léger mais puissant, moins il faudra d'énergie pour le transporter. Le pétrole étant deux cents fois plus léger qu'une batterie, à contenu énergétique égal, il n'est pas étonnant qu'il ait supplanté l'électricité pour mouvoir les voitures.

Le grade volumique détermine la quantité d'énergie contenue dans 1 mètre cube d'une source (à pression et température ordinaires). Le pétrole a un grade volumique de 1 000 000, tandis que le gaz naturel n'en a que 1 000, le charbon 700 000, l'éthanol 550 000, et le bois sec 250 000. Dans le domaine automobile encore, le gaz naturel doit être fortement compressé si l'on veut que son réservoir ne soit pas plus volumineux que celui de l'essence. En outre, pour le transporter jusqu'en Europe, il faut aussi le compresser et le refroidir, ce qui augmente son prix, comparé à celui du pétrole. Enfin, le grade surfacique détermine la quantité d'énergie par surface de la source d'énergie dans son état initial, disons par hectare. Le pétrole, le gaz naturel et le charbon possèdent des grades surfaciques variables selon les lieux d'extraction, autour de 100 milliards en moyenne. Le bois sec environ 2 milliards, l'éthanol – distillé à partir de céréales – environ 5 millions par année. L'énergie solaire entre 2 et 8 millions par heure diurne. On voit que, à quantité d'énergie égale, les sources d'énergie dispersées, notamment le solaire, exigent beaucoup plus de surface, donc des coûts de captation bien plus élevés, que les énergies concentrées telles que les fossiles. Enfin, le pétrole est liquide, ce qui rend sa manipulation plus facile que celle du gaz gazeux (*sic !*), du charbon et du bois solides, et du solaire comme flux (méditons cette sentence : un flux, on ne peut le toucher, le peser ou l'enfermer dans un réservoir). Le pétrole, ce merveilleux mélange d'atomes d'hydrogène et de carbone, cet infect fluide polluant et puant, est la première source d'énergie selon les trois grades. C'est par conséquent la plus consommée dans le monde (près de 40 % de la consommation) devant le charbon et le gaz (plus de 20 % chacun), puis

2. Nous indiquerons des chiffres sans unités pour ne pas compliquer l'exposé. Dans notre raisonnement, seule compte la comparaison entre sources d'énergie.

l'hydroélectricité, le nucléaire et le bois (quelques % chacun), et les énergies renouvelables (moins de 1 % pour l'ensemble du solaire, de l'éolien, du biogaz, du marémoteur, de la houle, de la géothermie...).

Les énergies fossiles sont bon marché

Matt Simmons est PDG d'une grande banque d'investissement pétrolier à Houston (Texas). Il raconte souvent l'histoire suivante : six personnes sont dans une voiture qui tombe en panne sèche à 3 kilomètres de l'hôtel. Il ne manquait qu'une tasse à thé supplémentaire d'essence dans le réservoir pour parvenir à l'hôtel, soit environ 30 centimes d'euro pour un litre d'essence à 1,50 euro. Arrive un vieux paysan sur son attelage tiré par un âne. Le chauffeur de la voiture lui demande s'il peut embarquer les six passagers pour effectuer les 3 kilomètres, pour 30 centimes. Le paysan lui rit au nez et lui propose 10 euros pour la course, ce qu'acceptent les six naufragés de la route. Matt Simmons conclut que le pétrole est une matière première si précieuse que nous aurions dû la payer 10 euros la tasse (50 euros le litre !) depuis longtemps.

Exposition César, mise en scène de Jean Nouvel, Fondation Cartier, 2008.
Photographie de Cécile Ossieux.

À plus de 150 dollars le baril, le pétrole – comme le gaz naturel et le charbon – est encore très peu cher. C'est pourquoi le transport des personnes et des marchandises, qui dépend du pétrole à plus de 95 %, est lui-même à très bon marché. Vous relativiserez votre réaction d'aujourd'hui lorsque le prix du litre de super sera à 5 euros, dans quelques années. Ce bas prix du pétrole – et de toutes les énergies – est le facteur principal de la mondialisation commerciale, c'est-à-dire des échanges de matières et de produits entre tous les continents de la planète. Avec le déclin imminent de la production mondiale de pétrole, et la hausse subséquente des prix de l'énergie, la mondialisation va se démondialiser, les échanges vont se réduire, l'économie se relocalisera. Immense changement dans nos modes de vie.

L'équipée du ketchup suédois offre, parmi tant d'autres, un dernier exemple symptomatique de l'exubérance énergétique favorisée par les bas prix de l'énergie : tout d'abord, une production d'intrants agricoles en provenance de divers pays européens pour la culture de la tomate et sa transformation en purée en Italie ; ensuite, la préparation et le conditionnement de la purée de tomates et autres ingrédients en Suède ; enfin, la distribution et le stockage final du ketchup dans les familles suédoises. Les sacs aseptiques utilisés pour contenir la purée de tomates furent manufacturés aux Pays-Bas puis transportés en Italie pour y être remplis, rangés dans des conteneurs d'acier, et envoyés en Suède. Les célèbres bouteilles rouges furent fabriquées en Grande-Bretagne ou en Suède à partir de matériaux en provenance du Japon, de l'Italie, de la Belgique, des États-Unis et du Danemark. Les bouchons en polypropylène de la bouteille furent élaborés au Danemark et transportés en Suède. Enfin, un film de polyéthylène et du carton ondulé furent utilisés pour distribuer le produit final. L'arrivée du ketchup sur la table suédoise est ainsi passée par plus de cinquante-deux étapes de transformations et de transports. Encore a-t-on négligé, dans l'analyse de son cycle, la réalisation de l'étiquette, de la colle et de l'encre.

Les énergies fossiles sont énergétiquement rentables

Pour qu'une forme de pétrole soit utilisable à un moment donné et en un point donné – par exemple à la station-service du quartier pour faire le plein de super sans plomb 95 avant de partir en week-end –, il faut dépenser de l'énergie en amont pour rechercher et extraire le pétrole brut initial, puis pour le transporter, le raffiner et le distribuer jusqu'à son point d'utilisation. Il est naturel d'estimer le rapport entre la quantité d'énergie récupérée et celle qui a été investie pour y parvenir. Si ce rapport devait être inférieur à 1, c'est-à-dire que, s'il fallait dépenser plus d'énergie en amont que celle qui est finalement disponible en aval pour un usage en un lieu donné, mieux vaudrait renoncer à cette filière énergétique. On nomme « énergie nette » le résultat de cette analyse du cycle de vie de l'énergie, qui n'est pas seulement lié au type d'énergie, mais aussi à l'efficacité des technologies mises en œuvre pour extraire, transporter et transformer une énergie primaire en une énergie disponible située en un autre lieu. L'énergie nette est bien ce qui compte finalement, tout comme le salaire « net » est celui que nous rapportons à la maison, c'est-à-dire le salaire brut moins les taxes et les cotisations. Il ne viendrait à personne l'idée de travailler à perte, c'est-à-dire pour un salaire net négatif ! Il en est de même dans le domaine de l'énergie : mieux vaut abandonner l'exploitation d'une énergie primaire dont la transformation en énergie finale utile en un lieu donné consommerait plus d'énergie que ce qu'elle délivrerait en bout de chaîne.

Avant l'invention de la machine à vapeur, qui démultiplia énormément la puissance mécanique disponible pour effectuer un travail, aucune énergie primaire autre qu'humaine ou animale n'était utilisée pour extraire encore plus d'énergie. Les bateaux à voile (énergie éolienne) étaient utilisés pour transporter le bois des arbres, non pour les abattre. Les machines à vapeur qui furent utilisées pour extraire plus efficacement le charbon étaient elles-mêmes activées au charbon. Dans le calcul de l'énergie nette du charbon livré à Londres pour chauffer les maisons, il faut donc inclure la perte de charbon brûlé pour actionner les machines dans les bassins miniers anglais. Cette perte est à peu près proportionnelle à la profondeur de la mine. Ce type de technologie utilisait aussi des rouages métal sur métal, qu'il fallait lubrifier. L'huile de baleine convenait à cet usage comme à celui de l'éclairage, jusqu'à ce que les baleines se raréfient par chasse excessive de l'animal. Alors vint le pétrole, qui sauva les dernières baleines de l'extinction, et surtout permit la lubrification permanente et intense des machines métalliques minières et industrielles, ainsi que l'éclairage par le pétrole « lampant ». Enfin, le pétrole devint aussi le carburant des moteurs de toutes sortes, notamment des différentes machineries destinées à extraire, transporter, raffiner et distribuer le pétrole. Il faut donc déduire de l'usage énergétique des produits pétroliers la quantité de pétrole et autres énergies nécessaire à la disponibilité de ce pétrole final à un moment donné, en un lieu donné. L'énergie nette ainsi calculée dépend donc aussi de l'histoire et de la géographie. Aujourd'hui, le déclin du pétrole en quantité et en qualité est un double péril : plus d'énergie devra être sacrifiée pour accéder à moins de contenu énergétique.

Pour que l'usage du pétrole ne se fasse pas à perte, l'énergie dépensée pour l'obtenir doit donc être inférieure à celle qu'il contient. La même loi peut être appliquée à toutes les énergies. Ainsi, pour des produits pétroliers utilisés aujourd'hui en Europe, l'énergie nette du pétrole est de l'ordre de 15 pour 1 (autrement dit, il faut 1 litre de pétrole en amont pour apporter 15 litres d'essence dans le réservoir de votre voiture). Même chiffre pour le charbon et le nucléaire, tandis que l'énergie nette du gaz naturel est environ de 10 pour 1, du bois de feu (d'origine locale) de 25 pour 1, de l'hydroélectricité de plus de 100 pour 1, de

Photographie de Stéphane Remaël, 2005.

l'énergie éolienne de 18 pour 1 et du solaire photovoltaïque de 7 pour 1. Quant aux agrocarburants – et non « biocarburants », car ils sont tout sauf bio ! – le diester arrive péniblement à 2 pour 1, et l'éthanol entre 1,5 et 0,8 pour 1. Il est probable que l'énergie nette des fossiles baisse avec le temps, vu la raréfaction de la ressource elle-même[3]. L'éolien, le photovoltaïque, le nucléaire ont de bons potentiels, mais leurs coûts financiers restent toujours élevés (le nucléaire est dangereux, nous n'en voulons pas). Les agrocarburants enfin, censés remplacer partiellement le pétrole, doivent être abandonnés au plus vite.

L'opulence des uns, l'indigence des autres

La profusion énergétique sus-décrite est-elle un attribut de l'espèce humaine ou bien une disposition récente de l'*Homo œconomicus* à l'occidentale ? Pour répondre à cette innocente question, inspirons-nous de l'écologiste suédois Alf Hornborg[4] en distinguant différents types de problèmes environnementaux. En considérant les questions jumelles de l'importation d'énergie disponible en un lieu donné – la France, si vous voulez – et de l'exportation d'entropie (➤ voir chapitre 5), chaque type de crise environnementale requiert un type d'outil d'analyse. 1. Il y a le type « maya » ou « île de Pâques », dans lequel l'empreinte écologique excessive n'est pas une conséquence d'une extraction de ressources à grande distance, mais une surexploitation locale, notamment par la déforestation et l'érosion. 2. Il y a aussi un grand nombre de cas, tels que la Rome nord-africaine, l'Amérique du Nord britannique, ou la région du Sahel africain, dans lesquels la dégradation environnementale fut ou est le résultat de l'appropriation systématique des ressources locales par des centres éloignés. 3. Un troisième type est représenté par le Londres du XIXe siècle ou le Moscou du XXe, où l'accumulation de ressources distantes n'était pas suffisamment équilibrée par l'exportation d'entropie (pollution, déchets…) générée dans le processus. 4. Enfin, les récentes délocalisations du nord vers le sud des industries les plus polluantes, ainsi que les déchets du nord eux-mêmes, suggèrent un quatrième type de crise écologique, où les périphéries du système-monde sont converties en décharges pour l'entropie engendrée par les

3. Les chiffres précédents sont des ordres de grandeur, susceptibles de fortes variations locales.

4. Alf Hornborg, *The Power of the Machine*, Altamira Press, 2001.

régions centrales. Si l'on considère ces deux derniers types, les problèmes de la « justice environnementale » et du « déplacement de la charge environnementale » présentent deux aspects, dans la mesure où les régions périphériques peuvent être exploitées à la fois comme sources d'énergie et comme décharges d'entropie. On en importe le meilleur, on y déverse le pire. Les exemples cités indiquent que ce n'est pas le capitalisme qui est la cause première de cette surexploitation de la nature et de la domination des forts sur les faibles – on ne peut qualifier de capitalistes les modes économiques de la Rome antique, des Mayas, ou des Pascuans –, mais certaines modalités du productivisme décrit au chapitre 5. Le pouvoir productiviste est un système totalisant. Il est pouvoir d'actionner une puissance physique par l'exubérance énergétique, mais aussi pouvoir sur autrui et pouvoir sur nos esprits. On ne peut donc pas différencier l'efficacité technique du productivisme, notamment dans le secteur de l'énergie, de son efficacité politique qui mobilise les masses et de celle, symbolique, qui colonise les esprits.

La notion d'échange inégal entre le nord et le sud ainsi mise au jour ne doit pas, dans un premier temps, être interprétée en son sens moral d'une quantité insuffisante d'argent pour ce que le sud exporte, mais en son sens naturaliste d'un transfert objectivement asymétrique d'une certaine quantité d'énergie primaire et de matières premières grâce à laquelle la capacité productive du nord est augmentée aux dépens du sud. Le productiviste contemporain – appelez-le capitalisme ou mondialisation libérale, si vous le souhaitez – est fondé sur de tels transferts nets de potentiel productif et dépend de ces transferts. Au niveau de cette analyse, il ne s'agit donc pas d'un

Arman, *La Poubelle de Bernard Venet*, 1970.

argument moral, bien que, évidemment, il puisse l'inspirer puisque le transfert asymétrique (l'importation nette) d'énergie et de matière par une région ou un groupe social est la base d'une accumulation autorenforçante de supériorité technologique et de puissance par rapport à d'autres régions ou d'autres groupes sociaux. L'exubérance des uns se réalise au prix de l'indigence des autres. Dans les écosystèmes « naturels » aussi, les organismes vivants s'approprient également plus d'énergie de leur environnement qu'ils ne lui en retournent, aux fins de maintenance, croissance, stockage, reproduction, protection et alimentation. Mais la différence avec la prédation par les centres du système-monde de l'énergie et des matériaux en provenance des périphéries appauvries est que cet échange inégal est socialement construit, donc arbitraire et non nécessaire. L'inégalité matérielle de l'échange est masquée par l'égalité financière formelle connue sous le nom de « prix du marché ». C'est le mythe persistant de la « neutralité de la marchandise », sous l'apparence d'un échange apparemment égalitaire entre les vendeurs et les acheteurs *via* l'argent. Les idéologues du marché sont parvenus à convaincre une majorité d'humains qu'il n'y a pas d'écart entre le matériel et le symbolique, entre les produits vendus et leur prix, entre le potentiel productif d'une énergie ou d'une matière et sa valeur monétaire. Cette magie est due au désencastrement de l'économie par rapport à l'écologie : les prix sont des relations d'échange entre les humains, ils n'ont aucun équivalent dans le monde matériel. Ainsi, aucune écologie naturaliste, aucune analyse purement matérielle ne peut expliquer pourquoi un brin de muguet vaut 2 euros le premier mai, et 10 centimes une semaine plus tard.

TEXTES

Brice Pedroletti (journaliste, né en 1976)

Un site olympique un peu trop vert

Avec son centre de voile olympique flambant neuf, construit sur l'emplacement d'anciens chantiers navals, ses nouveaux parcs et ses avenues ripolinées, la station balnéaire chinoise de Qingdao s'est longuement préparée à accueillir les épreuves nautiques des JO de Pékin cet été – et la formidable attention médiatique afférente. Mais la prolifération d'algues sur son littoral depuis début juin – au point de recouvrir près du tiers de la surface allouée aux épreuves nautiques et de gêner certaines des équipes venues s'y entraîner – menace de transformer sa prestation en farce, comme un avertissement aux organisateurs des premiers « Jeux verts », c'est-à-dire écologiques.

La marée verte qui a eu l'impolitesse de s'inviter à Qingdao rappelle la catastrophe du lac Tai en mai 2007, l'une des plus marquantes pour le public chinois de ces dernières années car elle a privé d'eau près de 2 millions de personnes pendant près de quinze jours. L'invasion des lacs et cours d'eau par des algues malodorantes dopées aux substances polluantes est ainsi devenue, en Chine, le symbole d'un écosystème menacé par le développement industriel. Depuis juin, le Chao Hu, cinquième lac de Chine, est à son tour infesté de cyanobactéries.

L'apparition d'*Enteromorpha prolifera* à Qingdao n'aurait pas « de lien substantiel » avec les conditions environnementales ou la qualité de l'eau, a déclaré Wang Shulian, le vice-directeur du bureau de la pêche de Qingdao. Il argue d'une conjonction de facteurs tels que la température, la salinité et les effets des typhons récents. Certes, la ville a fait de gros efforts pour améliorer ses infrastructures et a veillé à davantage contrôler les usines en perspective des Jeux. Mais avec ses 8 millions d'habitants, son port (le troisième du pays) et ses innombrables usines – en particulier chimiques et textiles –, la préfecture de Qingdao est en surrégime environnemental.

Le Monde, 4 juillet 2008.

Christophe Magdelaine (journaliste, né en 1972)

Un continent gigantesque de déchets dans le Pacifique nord

Selon des observations et un suivi effectués depuis plus de 10 ans par l'Algalita Marine Research Foundation, sous l'effet des courants marins, les déchets provenant des littoraux et des navires flottent pendant des années avant de s'accumuler dans deux larges zones connues sous les noms de « plaques de déchets du Pacifique est » (Eastern Pacific Garbage Patches) et « plaques de déchets du Pacifique ouest » (Western Pacific Garbage Patches). Ces deux plaques forment la « grande plaques de déchets du Pacifique » (Great Pacific Garbage Patch), un monstre dont la taille aurait déjà triplé depuis les années quatre-vingt-dix et qui s'étendrait maintenant sur 3,43 millions de km^2, soit un tiers de la superficie de l'Europe ! […] Ainsi, selon Chris Parry, chef de programme d'éducation du public, de la California Coastal Commission de San Francisco, depuis plus de 50 ans, les déchets tourbillonnent sous l'effet du grand vortex nord-Pacifique (North Pacific Gyre) et s'accumulent dans cette zone peu connue. En effet, peu de routes commerciales et peu de bateaux de pêche l'empruntent. À l'image d'un puissant trou noir marin, le vortex attirerait vers lui tous les résidus de notre gabegie insensée. Toutefois, contrairement au trou noir, les déchets ne sont pas « aspirés » mais accumulés et bien visibles. […]

Jusqu'alors les débris flottants étaient détruits par les micro-organismes mais cela n'est plus le cas avec l'arrivée du fameux plastique. En effet, les plastiques constituent 90 % des déchets flottant sur les océans. […]

Ce qui pose problème c'est le temps nécessaire à la dégradation de ces plastiques (estimé entre 500 et 1 000 ans) et la toxicité des éléments qui les composent. Petit à petit, ils se morcellent et peuvent être ingérés par les animaux marins, l'exemple le plus classique étant la tortue qui s'étouffe avec des sacs plastiques assimilés à des méduses. Avec de telles concentrations de plastique, toute la chaîne alimentaire est affectée puisque les plus petits morceaux sont ingérés par de petits poissons qui seront à leur tour mangés par de plus gros… Greenpeace estime qu'à l'échelle de la Terre environ un million d'oiseaux et 100 000 mammifères marins meurent chaque année de l'ingestion de plastiques.

Notre planète info, 14 décembre 2007.

Programme des Nations unies pour l'environnement

Le nuage brun d'Asie, continent de pollution atmosphérique

Une récente étude internationale, l'Indian Ocean Experiment, a mis en évidence la présence d'une couche saisonnière de 3 kilomètres d'épaisseur de polluants et de particules issus des incendies de forêt et des émissions industrielles dans une grande partie de l'Asie. Ce brouillard est transporté bien au-delà de la région source, montrant que le problème de la pollution atmosphérique n'est pas limité à l'environnement local.

Le PNUE a publié en 2002 une évaluation initiale des incidences potentielles de cette brume de pollution – notamment les changements climatiques aux niveaux régionaux et mondial et les incidences sur les écosystèmes, le cycle de l'eau, l'agriculture et la santé de l'homme. Suite à ce rapport, il a réuni une équipe de scientifiques internationaux pour étudier les incidences de la pollution par les aérosols. Le projet relatif au « nuage brun » établit un réseau de stations de contrôle terrestres pour étudier ce

Pollution de l'air en Inde.

phénomène. D'après les résultats initiaux, l'intensité des rayonnements solaires à la surface de la terre pourrait être réduite d'au moins 15 %, ce qui aurait des effets sur le cycle des moussons et entraîneraient des sécheresses et des inondations exceptionnelles en Asie. Les études montrent aussi que le nuage brun d'Asie n'est qu'un aspect d'un problème mondial et que la pollution par les aérosols existe dans toutes les régions habitées de la planète.

Programme des Nations unies pour l'environnement, rapport annuel, 2003.

Svetlana Alexievitch (journaliste, né en 1947)

Monologue sur ce regret du rôle et du sujet

« Et les soldats qui ont travaillé sur le toit du réacteur ? Au total, deux cent neuf unités militaires ont été envoyées pour liquider les conséquences de la catastrophe. Cela fait près de trois cent quarante mille hommes. Un véritable enfer, pour ceux qui ont nettoyé le toit… On leur donnait des tabliers en plomb, mais la radiation venait d'en bas et, là, ils n'étaient pas protégés. Ils portaient des bottes ordinaires en similicuir […] Ils passaient là-haut entre une minute trente et deux minutes par jour […] Puis on les versait dans la réserve avec un diplôme d'honneur et une prime de 100 roubles. Et ils disparaissent dans les étendues infinies de notre grande patrie. Sur le toit, il fallait ratisser le combustible nucléaire et le graphite du réacteur mélangés à des morceaux de béton et de charpente […] 20 à 30 secondes pour charger un bard et autant pour balancer les décombres du toit. À lui seul, le bard pesait une quarantaine de kilos. Alors, vous pouvez vous imaginer la chose : le tablier de plomb, le masque, le bard et l'allure vertigineuse […] Au Musée de Kiev, on peut voir le morceau de graphite, il est grand comme une casquette de base-ball, mais, s'il était vrai, il pèserait 16 kilos. Les robots téléguidés refusaient souvent d'exécuter les ordres, ou faisaient autre chose que ce qui leur était demandé : leurs circuits électriques étaient détruits par les radiations. Les soldats étaient plus sûrs. On les a surnommés les "robots verts" (à cause de la couleur de leur uniforme). Trois mille six cents soldats sont passés par le toit du réacteur. Ils dormaient par terre. Tous racontent qu'au début ils utilisaient du foin pour se faire des paillasses, dans les tentes. Or, ce foin, ils le prenaient dans des meules, près du réacteur.

De jeunes gars. Ils sont en train de mourir actuellement, mais ils comprennent que, s'ils n'avaient pas fait tout cela [...] »

Témoignage de Sergueï Vassilievitch Sobolev, vice-président de l'association biélorusse Le Bouclier de Tchernobyl, dans *La Supplication*, Jean-Claude Lattès, 1998.

Henry Augier (écologue, né en 1946)

Une brève histoire des déchets

Au cours de leur évolution, les humains ont rapidement formé des hordes, des tribus, des clans, des peuplades. Ces groupements s'installèrent dans des zones leur assurant leur alimentation en eau et en nourriture et une protection relative vis-à-vis des éléments naturels hostiles et des animaux dangereux. Les rives des cours d'eau et les îlots faisaient partie des territoires les plus recherchés pour établir les campements. Les rejets, devenus collectifs, étaient éparpillés dans les trois éléments fondamentaux que sont l'air, la terre et l'eau. Ils consistaient essentiellement en gaz (CO_2, CO, dérivés sulfureux, etc.), en déjections (urines, matières fécales, crachats, etc.), en rebuts (carcasses, matières non consommées, etc.) et en cadavres animaux et humains.

Le milieu naturel s'était parfaitement adapté à l'élimination de ces déchets de nature essentiellement organique. Le terre et l'eau contiennent, en effet, une grande variété de micro-organismes (bactéries, algues, champignons, animalcules, etc.) aptes à éliminer progressivement ces matières organiques, soit en les transformant en éléments simples recyclables (eau, CO_2, sels divers, etc.), soit en les assimilant pour leur construction cellulaire, soit en opérant selon ces deux processus. Ce sont de tels micro-organismes spécialisés qui opèrent dans les fosses septiques pour épurer les eaux usées et ce sont eux aussi qui éliminent les nappes de pétrole en mer. Ces phénomènes d'autoépuration sont parfaitement régulés : une augmentation ou une diminution des déchets induisent automatiquement une multiplication ou une décroissance de ces micro-organismes. On comprend, dès lors, que les cours d'eau et les mers et océans aient pu jouer longtemps le rôle d'épuration des déjections humaines.

Moreno di Trapano, *La Maison de la mauvaise consommation*, installation artistique commandée par le maire de la ville pour sensibiliser les habitants au problème des ordures ménagères, Tradate (Italie), 2008.

Mais l'explosion démographique des temps modernes et l'avènement de l'ère industrielle allaient détraquer et bouleverser cette subtile mécanique.

Les tribus éparses de quelques dizaines de milliers d'individus allaient laisser la place à des populations de plus en plus nombreuses au sein de villages, de villes, de métropoles et de mégapoles de plus en plus denses. Dans les zones les plus peuplées, les micro-organismes furent rapidement débordés et intoxiqués par la masse énorme des déchets, stoppant ainsi l'épuration naturelle des milieux aquatiques, réceptacles préférentiels des déjections humaines. Ailleurs, cette autoépuration se maintenait dans la limite extrême de saturation des processus d'oxydation.

Mais avec la révolution industrielle, le problème allait encore se compliquer. De nombreux produits qui n'existaient pas à l'état naturel furent commercialisés et se retrouvèrent tout ou partie rejetés dans le milieu naturel. Les micro-organismes épurateurs ne les connaissaient pas et furent en grande partie inopérants. La situation devenait d'autant plus grave que certains de ces produits indégradables étaient aussi toxiques, voire mortels pour les organismes épurateurs en particulier et pour la flore et la faune en général. Cette situation permet de comprendre pourquoi on trouve du DDT, insecticide toxique et indestructible, entièrement créé par l'homme, dans les glaces du pôle Nord et dans la graisse des ours blancs.

Notre planète ne cesse ainsi de servir de réceptacle et de dépotoir à une multitude de produits et de déchets biodégradables ou non. Il a été estimé que plus de 4 millions de substances polluantes inventées par l'homme circulent et empoisonnent la terre et qu'un composé nouveau sort chaque jour, dans le monde, des laboratoires de recherche.

Le Livre noir de l'environnement, Alphée et Jean-Paul Bertrand, 2008.

Tom Beanal

(leader du Conseil indigène amungme de Nouvelle-Guinée, né en 1947)

Étrangers sur notre propre terre

Cela a commencé par les missionnaires catholiques. Ils ont déporté les Amungme et les ont installés près de ce lieu sacré où sont les pieds de notre Mère. Beaucoup de gens périrent dans cet endroit aujourd'hui appelé Akimuga. Les lieux que nous avons dû abandonner, comme Waa, Arwa et Tsinga ont été occupés par de grandes compagnies comme Freeport[1]. Elles commencèrent par construire un camp de base et se sont très vite établies dans toute la région sans nous demander notre avis. Tous les endroits qui n'étaient que des campements sont devenus de grosses bourgades. Et les peuples indigènes ?

Ces compagnies se sont approprié nos terres et les ont occupées. Même nos montagnes sacrées que nous considérons comme notre Mère nous ont été arbitrairement arrachées sans le moindre sentiment de culpabilité.

Nous ne sommes pas restés silencieux. Nous avons protesté et manifesté notre indignation. Nous avons été arrêtés, battus et jetés dans des containers. Nous avons été torturés et même assassinés par des soldats de notre propre pays agissant comme les hommes de main des compagnies. Beaucoup d'entre nous ont été accusés d'être des séparatistes de l'OPM[2]. Notre environnement

1. Compagnie minière multinationale.

2. Organisation pour l'indépendance de la Papouasie.

a été dévasté et nos rivières ont été polluées par les déjections minières. Les sagoutiers qui constituent notre aliment de base ont disparu et il nous est de plus en plus difficile de nous procurer de la nourriture.

« Discours prononcé le 23 mai 1996 à l'université Loyola, La Nouvelle-Orléans (États-Unis) », *Ethnies*, « Nature sauvage, nature sauvée ? Écologie et peuples autochtones », n°s 24-25, 1999.

Publicité de Bouygues Telecom

Quand le Tour de France se met au vert

La marque française profite de sa présence sur la caravane publicitaire du Tour de France pour réaffirmer son engagement pour l'environnement.

Cette année, la caravane publicitaire Bouygues Telecom se veut écocitoyenne.

Présent sur le Tour depuis 2005, Bouygues Telecom dispose cette année encore de deux chars événementiels sur lesquels des hôtesses distribueront 350 000 bobs bio-équitables.

Accompagné dans sa démarche par la société Invesport Conseil, Bouygues Telecom a fait fabriquer des bobs en Inde à partir de coton biologique (sans engrais, ni pesticide).

Ce coton est produit dans le cadre d'un projet monté par l'ONG Himshikka garantissant aux producteurs que leur coton bio leur serait acheté 10 % plus cher que le coton classique. D'autre part, ils touchent une prime devant être réinvestie dans les projets d'éducation et de santé.

D'autres actions sont aussi menées.

Les chars sont équipés de filtre à particules.

Sur la caravane, les hôtesses portent des vêtements fabriqués à partir de matériaux bio.

Aucun produit distribué n'est emballé et les déchets, notamment les cartons, seront recyclés.

Toujours par souci écologique, l'herbe décorant les chars est véritable.

Pour les marquages, des encres naturelles (sans acrylique, ni solvant) sont utilisées et le *covering* a été fait sans PVC, pour une incinération sans émission de gaz à effet de serre.

Bouygues Telecom a aussi décidé de compenser l'ensemble des émissions de son dispositif et de soutenir un projet de fermes biogaz au Brésil.

Enfin, 60 000 tee-shirts Replica du maillot de l'équipe cycliste seront distribués cet été par le fan club de l'équipe cycliste.

« Bouygues Telecom se met au vert », publi-reportage, *Sport dimanche*, 6 juin 2008.

Barry Commoner (biologiste, né en 1917)

Incompatibilité des systèmes productifs avec les écosystèmes

La crise de l'environnement montre que l'écosystème a pâti de façon désastreuse du système productif moderne, qui s'est développé presque sans tenir compte de l'environnement ou d'une utilisation efficace de l'énergie. L'automobile, dévoreuse d'essence, pollue l'environnement en contribuant à la production du *smog* ; les usines pétrochimiques transforment les réserves non renouvelables de pétrole en produits non dégradables ou toxiques. La

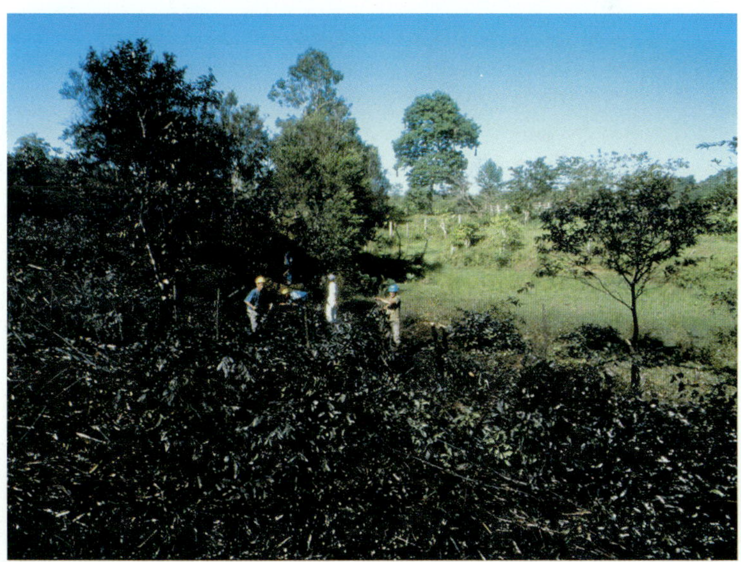

Explosion d'un pipeline de pétrole en Amazonie (Équateur), 1995.

structure néfaste du système productif lui a été imposée par le système économique qui finance plus volontiers la construction d'usines offrant une promesse de profits élevés qu'une compatibilité avec l'environnement ou un emploi efficace des ressources. Les relations entre les grands systèmes dont dépend la société sont à rebours de ce qu'elles devraient être.

Ainsi sommes-nous en présence non de plusieurs crises séparées, mais d'un défaut foncier unique, profondément dissimulé dans la structure de la société moderne.

La Pauvreté du pouvoir, PUF, 1980.

Présentation de la statue de cire
de Nicolas Sarkozy au musée Grévin.
Photographie de Ludovic, 2006.

CHAPITRE 8

De quoi parle-t-on entre chefs ?

De quoi parle-t-on entre chefs ?

En 1968, l'écologue Garrett Hardin écrivit une fable destinée à illustrer la difficulté à gérer un bien commun. Entendons par là un bien qui est partagé par (presque) tous les membres d'une communauté humaine, au bénéfice de chacun. Imaginons un pâturage commun partagé par des bergers qui viennent y faire paître leur propre troupeau de moutons. En l'absence de toute régulation, chaque berger tendra à augmenter la taille de son troupeau pour élever puis vendre le plus de moutons possible. Chaque berger réfléchissant de la même façon, le pâturage devient rapidement un champ nu où plus rien ne pousse. Cette « tragédie des biens communs » illustre le conflit entre intérêt individuel et gestion d'une ressource commune limitée. La plupart des services produits par les écosystèmes (› voir chapitre 2) sont menacés d'une telle tragédie. L'atmosphère, la biodiversité, les poissons des océans, sont des biens communs surexploités. Même s'il existe un coût explicite de sauvegarde de la ressource commune, le comportement de chaque utilisateur dépendra de la règle de répartition de ce coût entre tous et de la hauteur de la contribution qu'il aura à payer. Ainsi, dans certains immeubles à un seul compteur, le coût de la consommation globale d'eau est réparti en divisant simplement ce coût par le nombre de familles présentes dans l'immeuble, ce qui donne lieu à quelques passes d'armes entre les gaspilleurs et les sobres au sein des assemblées générales de copropriétaires. Dans ce cas précis, l'installation de compteurs individuels peut résoudre partiellement le problème : chacun paye en proportion de sa consommation. Mais peut-on individualiser et mercantiliser ainsi les usages de tous les biens communs ? Non. Si, par exemple, c'est l'eau de toute une région qu'il convient d'économiser en raison d'une baisse excessive des nappes de captage, il faut envisager une solution politico-juridique plus contraignante que le simple paiement proportionnel à la consommation de chacun. Le mécanisme du marché est insuffisant. D'une manière générale, quel que soit le bien commun, toute règle qui peut inciter à la surconsommation doit être proscrite. Le principe de la solution est donc d'imposer aux utilisateurs d'adapter leur comportement au regard des contraintes globales sur la ressource commune. Simple à énoncer, ce principe nous force à imaginer les manières de préserver à la fois les libertés des individus et la disponibilité de la ressource commune qu'ils utilisent. Dans la métaphore des bergers et du pâturage, une solution pourrait être la mise en place d'un système de prix d'usage du pâturage dans lequel chaque berger paierait au prorata du nombre de ses moutons et du temps passé par son troupeau dans le pré. Cependant, si le capital ainsi obtenu est partagé à égalité entre tous les bergers, la procédure peut avoir des effets pervers dans la mesure où un berger pourrait être incité à avoir moins de moutons que d'autres, donc recevoir plus de compensations financières, tandis qu'un berger plus travailleur estimerait injuste de verser une partie de son labeur à ce collègue dilettante. Peut-être faut-il alors prévoir une fourchette de nombres de moutons au-dessous et au-delà desquels un berger n'aurait pas le droit d'accès au pâturage.

Les biens publics mondiaux

Autant de questions pour un seul pâturage et quelques bergers. Qu'en est-il alors de la gestion des biens publics mondiaux ? Publics ou communs ? Un bien commun est ce qui appartient à tout le monde aujourd'hui et demain (bien intergénérationnel), tandis qu'un bien public est ce à quoi tout le monde doit avoir droit. Enfin, un service public est la manière dont doivent être gérés ces biens communs et publics. Jadis, le puits communal, la fontaine publique, la voirie du village, la qualité de l'air, étaient des biens communs et publics au sens où tout le monde pouvait les utiliser (principe de non-exclusivité) et où s'en servir n'en privait pas les autres (principe de non-rivalité). Les biens communs et publics étaient purs. Mais aujourd'hui, à l'échelle locale comme à l'échelle mondiale, nombre de biens communs et publics sont menacés par la saturation, en raison du nombre d'accédants et de leur impact sur le bien en question. Les deux principes de pureté du bien sont intenables face à la dégradation de celui-ci, notamment à l'échelle mondiale où les bénéfices du bien sont dispersés dans l'espace et dans le temps (par exemple l'atmosphère et le changement climatique). Même la définition généreuse des altermondialistes[1] n'est plus pertinente.

Du droit et des institutions

L'environnement au sens large est un bien public mondial. Comment le protéger et qui peut le faire ? Contrairement à d'autres affaires humaines, la biosphère en crise ne bénéficie d'aucune instance de régulation mondiale à la hauteur de l'enjeu. Certes existe le Programme des Nations unies pour l'environnement (PNUE), créé en 1972 à la suite de la première Conférence des Nations unies sur l'environnement à Stockholm (Suède), mais il ne bénéficie pas des prérogatives, des moyens et de la reconnaissance qui lui permettraient de remplir ses objectifs, au premier rang desquels figure la prévention de la catastrophe environnementale globale telle que nous l'analysons ici. Il existe aussi des centaines d'accords multilatéraux sur l'environnement (AME), dont les plus connus sont la Convention-cadre des Nations unies sur les changements climatiques (CCNUCC), qui a donné lieu au protocole de Kyoto en 1997, et la Convention sur la diversité biologique (CDB). Mais ces accords sont encore moins puissants que le PNUE : ils ne disposent que de secrétariats squelettiques et sont peu coordonnés entre eux. Depuis une trentaine d'années, chaque pays s'est aussi doté d'un ministère de l'Environnement – voire de l'Écologie et du Développement durable ! – mais ceux-ci demeurent des nains politiques et financiers face aux ministères aménageurs (Agriculture, Transports, Industrie, Équipement...).

---

1. « Les biens publics mondiaux sont des choses auxquelles les gens et les peuples ont droit, produites et réparties dans les conditions d'équité et de liberté qui sont la définition même du service public, quels que soient les statuts des entreprises qui assurent cette mission. Les droits universels humains et écologiques en sont la règle, les institutions internationales légitimes le garant, la démocratie l'exigence permanente, et le mouvement social la source », <bpem.survie-france.org>.

Depuis plus de dix ans, les ministres français chargés de l'environnement – et même les présidents de la République ! – tentent de persuader leurs collègues européens de l'urgence de la création d'une Organisation mondiale de l'environnement (OME) que l'Union européenne pourrait proposer à l'ONU. C'est la question de ce qu'on appelle la « gouvernance » environnementale globale. Bien sûr, cette OME devrait être munie de moyens humains, financiers et juridiques à la hauteur de l'ampleur de la catastrophe, et notamment être capable d'affronter politiquement la contradiction avec l'Organisation mondiale du commerce. Rien n'y fait. La quasi-totalité des autres ministres européens de l'Environnement, pourtant plus avertis, en principe, que leurs autres collègues des gouvernements de l'Union, ignore poliment la proposition française. Le président Jacques Chirac défendit la même idée, dans un discours écologiste enflammé, en séance plénière du Sommet mondial sur le développement durable (SMDD), à Johannesburg, en août et septembre 2002. Sans effet. Le déni, encore et toujours, comme modalité de l'interaction spéculaire (› voir chapitre 6).

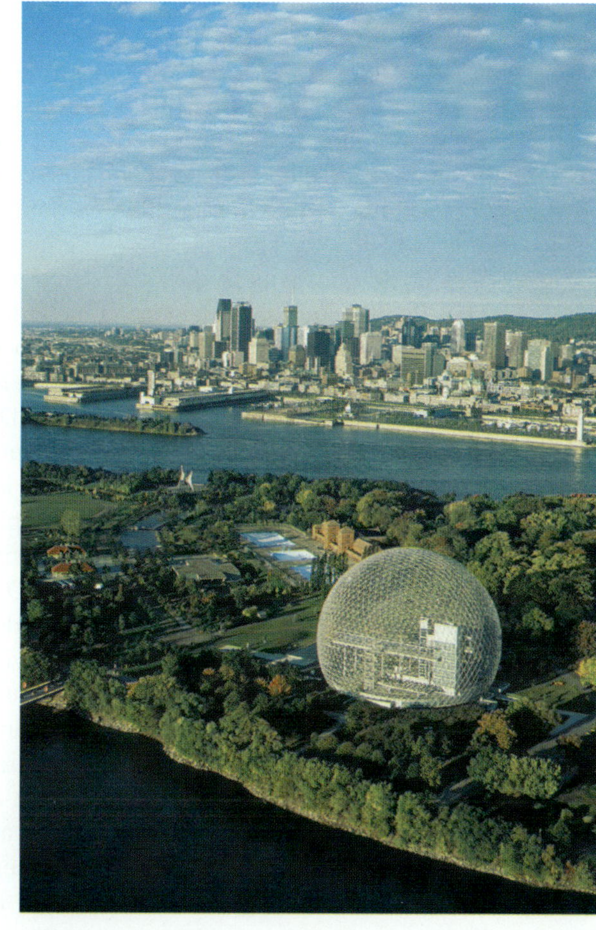

Yann Arthus-Bertrand, Biosphère de l'île Sainte-Hélène (musée de l'Environnement), Montréal (Canada), 1996.

Une Organisation mondiale de l'environnement

Que pourrait être une OME ? Faut-il transformer le PNUE ou, au contraire, créer *ex nihilo* une autre organisation ? Est-ce qu'elle doit être onusienne ou pas ? centralisée ou partagée ? Comment articuler ce projet avec les dizaines d'accords multilatéraux sur l'environnement qui existent déjà ? Comment mettre en œuvre des règles communes de responsabilité environnementale ? Comment établir des mécanismes d'observance communs aux différents accords multilatéraux sur l'environnement ? Faut-il créer un juge unique du droit de l'environnement ou, au contraire, renforcer les mécanismes de règlement des différends qui soient propres à chaque AME ? Quels instruments économiques faut-il développer et avec quels moyens ? Comment prévoir des mécanismes adaptés pour les pays du Sud ? Quelles pourraient être les relations entre l'OMC déjà existante et une éventuelle future OME ?... À la suite d'un colloque organisé en décembre 2003, à Sciences-Po Paris, une quarantaine d'organisations non gouvernementales (ONG) du Nord et du Sud ont adopté une position commune en faveur de la création d'une OME.

Ces ONG constataient que le système actuel pour la gouvernance mondiale de l'environnement est faible et fragmenté, qu'il manque de vision d'ensemble, d'autorité et de légitimité. Cette déficience des institutions internationales a une grande part de responsabilité dans l'aggravation de la crise écologique planétaire. D'autant que l'architecture institutionnelle actuelle est polarisée sur les préceptes du libre-échange : OMC et institutions financières internationales toutes puissantes relèguent l'environnement à un supplément d'âme éventuel. En témoignent les résultats piteux du troisième Sommet de la Terre de Johannesburg en 2002, qui adouba l'Organisation mondiale du commerce comme le vecteur principal du développement durable. De fait, l'OMC tend à pénétrer la sphère environnementale par le biais d'une assimilation des biens environnementaux à de simples marchandises (eau, ressources énergétiques, patrimoine génétique et biologique). L'idéologie qu'elle véhicule prospère du fait de l'absence d'un interlocuteur institutionnel crédible. Face au pôle marchand, il faut donc créer un contrepoids qui permette à l'ONU, orpheline d'une agence spécialisée dédiée à l'environnement, d'afficher aux yeux du monde sa nouvelle priorité que devrait être l'endiguement de la catastrophe écologique globale. La création d'une Organisation mondiale de l'environnement, si possible en s'appuyant sur une réforme du PNUE existant, est la traduction institutionnelle nécessaire de cette priorité. Outre la forte symbolique et la dynamique portées par cette innovation institutionnelle importante, l'OME permettrait de conférer la cohérence et l'autorité nécessaires à la mise en œuvre de politiques ambitieuses et efficaces pour la protection de l'environnement global, le tout dans un cadre plus démocratique.

Les ONG plaidaient pour que l'OME soit l'institution de référence en mettant fin à l'éparpillement des compétences environnementales. L'OME fonderait ses compétences sur la mise en œuvre et le respect des accords environnementaux à portée globale. Il en existe une quinzaine, dont les secrétariats seraient intégrés à l'OME et regroupés par familles : atmosphère, eau, sols et biodiversité, déchets et produits polluants, ainsi qu'une section dédiée à la responsabilité environnementale des entreprises. Les institutions et les programmes directement concernés par la gestion et la protection des biens publics mondiaux dans le domaine de l'environnement seraient également renforcés au sein de l'OME. La consolidation des compétences irait de pair avec l'intégration des préoccupations environnementales au sein des autres institutions internationales. Cela impliquerait une coordination étroite avec celles-ci : Commission du développement durable de l'ONU, secrétariats des AME à portée régionale, Programme des Nations unies pour le développement, Organisation pour l'alimentation et l'agriculture, Organisation mondiale de la santé (OMS), Organisation internationale du travail (OIT), Organisation météorologique internationale (OMI), Organisation mondiale du commerce (OMC), Banque mondiale, Fonds monétaire international (FMI), etc. Avec l'OMC, l'accent devrait être porté sur la cohérence entre les règles environnementales et les règles commerciales. En amont, les accords devraient éviter les contradictions ; en aval, un protocole devrait trancher les conflits à venir, dans un sens qui ne saurait nuire à l'environnement.

Les ONG concluaient enfin qu'un principe de subsidiarité active inviterait les acteurs globaux et locaux à coopérer, chacun selon ses moyens et selon les circonstances particulières. Que, l'autorité manquant cruellement au système actuel, l'ONU devrait inclure la protection de l'environnement dans sa charte fondatrice, puis se doter d'une Organisation mondiale de l'environnement, agence spécialisée des Nations unies, au financement propre. Que serait créé un Tribunal international pour l'environnement, doté d'un collège de procureurs chargés d'instruire des plaintes pour violation d'un AME à portée globale. Que l'OME bénéficierait d'un budget important (au moins 1 milliard de dollars par an), les États versant une contribution annuelle obligatoire, et de nouvelles ressources pouvant être constituées par une écofiscalité globale. Que, bien sûr, cette OME serait démocratique, la gouvernance mondiale ne devant plus être l'affaire exclusive des seuls États, les voix des citoyens, des collectivités territoriales, des ONG et des acteurs économiques du Sud devant trouver un écho dans le choix des politiques environnementales. Qu'il serait nécessaire, enfin, de reconnaître l'existence d'une dette écologique dont le Sud est créancier envers le Nord, l'exploitation à grande échelle des ressources naturelles du Sud, la biopiraterie et l'exportation de déchets n'étant pas prises en compte dans la dette économique du Sud qu'il conviendrait d'annuler.

Les avatars du principe de précaution

Vingt ans après le tout premier Sommet de la Terre à Stockholm, un second s'est tenu à Rio de Janeiro sous l'égide de l'ONU, en juin 1992. Parmi les textes signés à cette occasion, la Déclaration de Rio fut l'un des plus ambitieux pour ce qui est des principes affichés et des orientations proposées, d'autant plus ambitieux que ce texte n'était pas juridiquement contraignant pour les États qui conservaient leur souveraineté sur les ressources et les milieux naturels de leurs territoires. Néanmoins, dans ce texte, figuraient vingt-sept principes dont la force symbolique et la reprise qu'en firent les mouvements écologistes incitèrent de nombreux pays à leur transcription juridique en droit interne au cours des années quatre-vingt-dix. Ainsi le principe 15, dit « principe de précaution », qui énonce : « Pour protéger l'environnement, des mesures de précaution doivent être largement appliquées par les États selon leurs capacités. En cas de risque de dommages graves ou irréversibles, l'absence de certitude scientifique absolue ne doit pas servir de prétexte pour remettre à plus tard l'adoption de mesures effectives visant à prévenir la dégradation de l'environnement. » La loi Barnier du 2 février 1995, relative au renforcement de la

Photomontage de Cristian Baitg.

protection de l'environnement, opère une subtile traduction de ce principe 15 : « Le principe de précaution, selon lequel l'absence de certitudes, compte tenu des connaissances scientifiques et techniques du moment, ne doit pas retarder l'adoption de mesures effectives et proportionnées visant à prévenir un risque de dommages graves et irréversibles à l'environnement à un coût économiquement acceptable. » Les « mesures effectives » de l'original deviennent « mesures effectives et proportionnées ». Comment évaluer cette « proportion » alors qu'il y a incertitude scientifique ? Nul ne le sait.

Plus tordu, l'original « dommages graves ou irréversibles » est remplacé par « dommages graves et irréversibles ». Le changement de conjonction rétrécit considérablement le champ d'application du principe de précaution. La Charte de l'environnement, adoptée par les parlementaires réunis en Congrès à Versailles, le 28 février 2005, reprend, en son article 5, la même formulation restrictive du principe de précaution : « Lorsque la réalisation d'un dommage, bien qu'incertaine en l'état des connaissances scientifiques, pourrait affecter de manière grave et irréversible l'environnement, les autorités publiques veillent, par application du principe de précaution et dans leurs domaines d'attributions, à la mise en œuvre de procédures d'évaluation des risques et à l'adoption de mesures provisoires et proportionnées afin de parer à la réalisation du dommage. » On se demande même si ce principe, désormais de valeur constitutionnelle en France, aura jamais la moindre application, comme le montre l'exemple de la loi relative aux organismes génétiquement modifiés (OGM), malheureusement adoptée en seconde lecture par l'Assemblée nationale le 20 mai 2008. Or, il n'existe pas de meilleur exemple d'application du principe de précaution que la question de la culture d'OGM en plein champ. Tout y est. L'incertitude scientifique est maximale : personne au monde, aucun scientifique, *a fortiori* aucun politique, ne peut démontrer l'innocuité des OGM en plein champ, ni, à l'inverse, leur dangerosité avérée pour l'environnement ou pour la santé humaine. Les risques existent cependant, mais leur connaissance est si faible que même les sociétés d'assurances, d'ordinaire si promptes à proposer des contrats sur tout et n'importe quoi, refusent de garantir un agriculteur qui cultiverait des OGM, parce qu'elles n'ont aucune évaluation des dommages éventuels. Le risque existe, mais il est indéfinissable, indescriptible, non quantifiable. Enfin, par la loi en discussion, le gouvernement aurait eu les moyens d'agir en renforçant la recherche scientifique sur les OGM en milieu confiné, tout en préservant les labels de qualité, les appellations contrôlées et les productions biologiques, toutes formes d'agriculture dont les cahiers des charges excluent la présence d'OGM. La pression des *lobbies* semenciers et biotechnologiques fut plus forte que notre lutte et que la raison. La loi adoptée stipule, dès son article premier : « La liberté de consommer et de produire avec ou sans organisme génétiquement modifié est garantie. » Ce qui est en premier lieu une belle hypocrisie quant on connaît la dispersion du pollen transgénique, par le vent, les abeilles et les oiseaux, à des distances de plusieurs kilomètres, donc la contamination irréversible des champs, conventionnels ou biologiques, de la même espèce végétale. C'est aussi une trahison des conclusions du Grenelle de l'environnement du 25 octobre 2007 qui, sur ce point, indiquaient : « Libre choix de produire (règles de coexistence) et de consommer sans OGM. » Aujourd'hui, après quelques années de cultures de colza transgénique au Canada, tout le colza canadien est contaminé par les OGM. Il n'existe plus de colza conventionnel ou biologique.

OGM, non merci

La question des OGM peut sembler nouvelle, mais elle s'inscrit en réalité dans un mouvement plus ancien : celui de l'entrée du vivant dans la modernité. Avec sa théorie du biopouvoir, Michel Foucault, a été l'un des premiers à lier l'émergence de l'État-Nation au contrôle du vivant. Par la suite, les idéologies qui bouleverseront le continent européen au XXe siècle répondront à cette même logique d'optimalisation et de contrôle. Les OGM sont à ce titre des tentatives prométhéennes de normalisation du vivant, faites au nom de l'avancée de la science, du bien-être et de la prospérité économique. Les passions soulevées par cette question en particulier, et les biotechnologies en général, rappellent les enjeux éthiques des découvertes scientifiques qui amènent parfois les chercheurs à jouer aux apprentis sorciers. D'une part, les découvertes du savant fascinent et intriguent et, d'autre part, la foi dans le progrès répond à un désir de perfection. Plutôt que d'améliorer l'existant souillé et imparfait, les OGM sont censés remplacer ce réel décevant par une réalité propre et rationnellement créée, alors que les incertitudes sanitaires et environnementales sont immenses. L'évaluation des risques induits demeure opaque car les rares études qui existent ont été conduites par les firmes biotechnologiques elles-mêmes. Les associations écologistes soulignent plusieurs risques d'impact sur l'environnement : l'augmentation de la présence des pesticides, la perte de la biodiversité et l'apparition de résistance chez les insectes et les mauvaises herbes. En dépit des dangers évoqués, la loi sur les OGM vient satisfaire l'aspiration centrale des productivistes : recréer la nature.

Là réside la dimension démiurgique du productivisme : l'être humain aspire à devenir l'architecte de l'univers, à maîtriser la nature pour mieux la plier à ses désirs. La volonté de puissance – l'*ubris* – était, dans la mythologie grecque, la transgression des limites assignées à l'être humain. Icare se brûlant les ailes en se rapprochant du Soleil pour égaler les oiseaux caractérise l'orgueil de l'être humain qui refuse que la nature résiste à ses ambitions. Contrariée dans ses aspirations, l'*ubris* fait naître une colère aveuglante qui conduit l'être humain à combattre le vivant en personne. Les biotechnologies permettent la réalisation de cette volonté de puissance de l'être humain, entrant en compétition avec les lois de la nature. Cet affrontement constitue une épopée totalitaire de la modernité qui surplombe le temps humain pour mieux court-circuiter la décision politique. Car les OGM agricoles constituent un point de non-retour : la pollution transgénique est incontrôlable et irréversible. Autoriser la culture en plein champ, c'est laisser la voie libre à la contamination des espèces avoisinantes. Généraliser le brevetage du vivant revient à permettre la monopolisation de l'alimentation, au profit des entreprises transnationales des biotechnologies. Le politique n'a alors plus aucun recours pour contrer la progression de la contamination. La nature est irrémédiablement bouleversée. En voulant soumettre le vivant à ses volontés, l'être humain en réduit les richesses et se prive lui-même de la variété de ses ressources. La nature se standardise telle une marchandise manufacturée. La tomate parfaite peut être multipliée à l'infini, comme une boîte de conserve. Elle n'est plus un bien commun, elle devient désormais une licence légale. Ceux qui encouragent la culture des OGM n'ont pas pris conscience des conséquences du franchissement de la barrière des espèces. Un champ n'est pas la simple extension d'un laboratoire. Faire entrer les OGM en plein champ revient à permettre le dépassement de la frontière entre l'espace clos du laboratoire et l'espace social du champ. Par ce franchissement s'opère un saut épistémologique par lequel l'humanité devient cobaye. En manipulant la nature, l'être humain fait de lui-même son propre terrain d'expérimentation.

Une foi totale dans l'avancée de la science fait du progrès une sorte de dieu moderne accordant un sens immuable à l'histoire. Cette croyance ouvre la voie à un monde aseptisé et mécaniste où la machine et le microscope sont les réponses aux maux contemporains. Dans son livre *Propos sur le progrès*, Paul Valéry déclarait déjà en 1929 : « En somme, à l'idée du Progrès répondit l'idée de la malédiction du Progrès ; ce qui fit deux lieux communs. » Les OGM contribuent à la réalisation du mythe positiviste : les scientifiques détiennent le contrôle des réalités du monde et dictent les lois qui en découlent. Pour échapper à l'écocide organisé, il faut par tous les moyens restaurer l'art de vivre et les meilleures pratiques de l'agriculture française. Il convient pour cela de diffuser les méthodes de l'agrobiologie : cultiver son jardin et son champ, sans chimie et avec recyclage. La lutte anti-OGM ne répond pas à une logique fantasmée de retour à la nature, elle est au contraire le signe d'un engagement à la résistance contre les dérives d'un scientisme irresponsable.

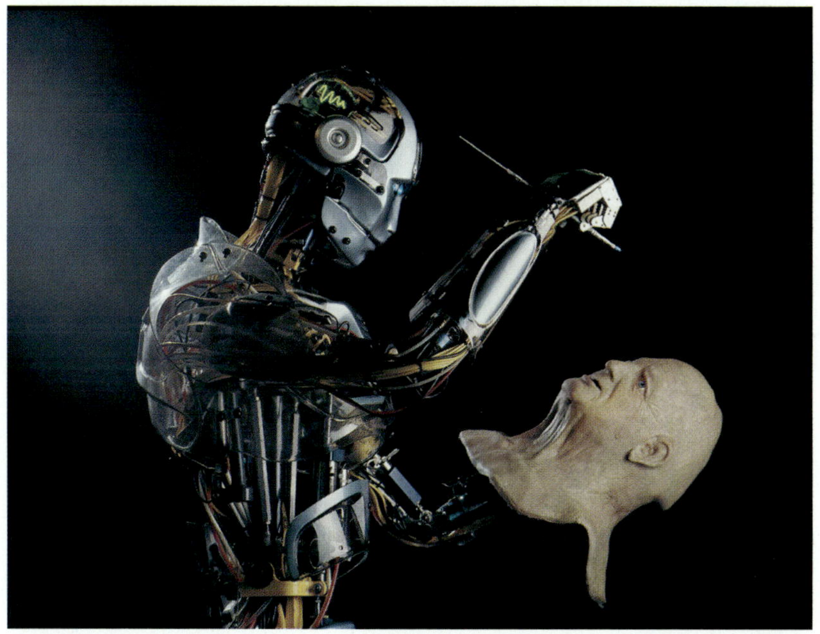

Un robot et son modèle humain. Photographie de Peter Menzel, 2008.

Trois Grenelle en un seul

Une première lecture des conclusions du Grenelle de l'environnement pourrait nous convenir en partie, tant les attentes des ONG et des écologistes semblent avoir été satisfaites. Qui aurait parié, au moment de son lancement en juillet 2007, que les mesures issues des tables rondes finales, cadrées par le discours du président de la République le jeudi 25 octobre 2007, paraissent aussi acceptables ? Comment ne pas se réjouir de formules méthodologiques telles que « c'est bien à une révolution que nous invite ce Grenelle de l'environnement », ou « c'est un changement complet dans la logique de décision gouvernementale », ou encore « toutes les données, sans exception, seront désormais communicables, y compris sur le nucléaire et les OGM » ? N'est-il pas aussi louable que le président énonce des orientations substantielles : « nous voulons la réduction de la consommation d'énergie dans les bâtiments », « nous allons réhabiliter le transport fluvial et maritime », « de grands progrès sont possibles pour développer une agriculture et une pêche de haute qualité environnementale » ? Oui, nous avons été surpris par l'audace de certaines annonces. Néanmoins, cette même lecture directe du propos sarkozyste nous révèle un art rhétorique de la nuance propre à satisfaire tout le monde. Le président commence une phrase par un énoncé ronflant et la termine par une modulation qui laisse l'ensemble dans le flou. Ainsi « je souhaite que la culture commerciale des OGM pesticides soit suspendue. Ceci en attendant les conclusions d'une expertise à conduire par une nouvelle instance créée avant la fin de l'année en concertation étroite avec vous », déclaration que les agriculteurs ont bien comprise comme la possibilité de semer à nouveau du Monsanto 810 au printemps 2008 (voir ci-dessus) ; ou bien « je m'engage à ce que la révision générale des prélèvements obligatoires se penche sur la création d'une taxe "climat-énergie" en contrepartie d'un allégement de la taxation du travail, pour préserver la compétitivité, Mme la ministre des Finances, et pour préserver le pouvoir d'achat, M. le responsable syndical », ce qui satisfait les entreprises et les syndicats, et reporte à plus tard toute décision opératoire ; enfin, « je demande à Michel Barnier de me proposer avant un an un plan pour réduire de 50 % l'usage des pesticides, dont la dangerosité est connue, si possible dans les dix ans qui viennent ». Admirons le « si possible ».

Une deuxième lecture du Grenelle de l'environnement repère les difficultés à venir, les choix contestables et les oublis inquiétants. Un exemple, dans chacun de ces trois domaines, nous éclairera. Difficultés ? Je connais suffisamment la puissance de rabotage de la forteresse Bercy pour savoir que le ministère des Finances trouvera bientôt de solides arguments pour réduire le coût de la plupart des mesures annoncées. De même, la masse du groupe UMP à l'Assemblée nationale a déjà, par quelques amendements décisifs et majoritaires, raboté à son tour les articles les plus écolos et les plus « révolutionnaires » de la loi fondatrice du Grenelle. Choix contestables ? Celui de la continuation et de la relance du nucléaire, bien sûr. Le réacteur à eau pressurisée européen (EPR) sera construit à Flamanville et un second ailleurs. Oublis inquiétants ? Les prix croissants du pétrole et de toutes les énergies, phénomène le plus urgent à affronter, selon moi. Hors aspects conjoncturels comme les menaces sur l'Iran, les cyclones dans le golfe du Mexique ou des conflits au Nigeria, la tendance lourde à la décroissance de la production mondiale de pétrole, déjà présente aujourd'hui, devrait mobiliser tous les gouvernements, dont celui de la

France, pour la mise en œuvre d'une politique radicale et rapide de sobriété énergétique. Les quelques mesures du Grenelle qui évoquent les « économies d'énergie » ne sont pas suffisamment puissantes pour contrecarrer l'advenue de la dépression économique et sociale. Ainsi, dans le secteur des transports, rien n'est prévu en termes de bridage des moteurs de voitures, de diminution des cylindrées, ou de réduction des vitesses maximales autorisées.

Il est une dernière lecture du Grenelle de l'environnement, plus idéologique et plus spéculative. Le coup de tonnerre sarkozyste, à la suite de ceux d'Al Gore et de Nicholas Stern, n'est-il pas le dernier avatar du productivisme libéral (du capitalisme, si vous voulez) pour tenter de concilier la mondialisation, le marché et la technologie avec l'impératif écologique décrit par exemple dans le récent rapport *GEO4* du Programme des Nations unies pour l'environnement ? Selon ce point de vue (« économie verte », « plan Marshall planétaire pour l'environnement »...), il serait possible de continuer la croissance et le business tout en améliorant fondamentalement l'état de santé de la Terre et de ses habitants. À mes yeux, ce modèle du monde est une impasse, et la dernière illusion du productivisme. Si « révolution écologique » il doit y avoir, elle devra inclure un bouleversement complet de la pensée et de la pratique économique, par exemple en réfléchissant sur le terme de « décroissance » (› voir chapitre 12).

À quoi bon Bali et Poznan ?

Le changement climatique et les décisions sérieuses qui devraient être prises à toutes les échelles de responsabilité sont un dernier exemple de l'écart entre une situation alarmante de la réalité biophysique et l'impuissance des décideurs à prendre des mesures exactement proportionnées à cette réalité. À Bali, en décembre 2007, la XIIIe Conférence de l'ONU sur les changements climatiques est venue confirmer l'inconséquence des responsables et des parties prenantes. Il est sidérant de constater que les acteurs politiques et les représentants du monde associatif présents à Bali ont la même vision réductrice de l'état d'urgence engendré par les gaz à effet de serre. Cette lecture minimaliste se traduit dans les propositions du dispositif technique à mettre en œuvre : elles sont de manière criante en deçà des mesures nécessaires. Les objectifs fixés avant Bali étaient déjà insuffisants : pas plus de 2 degrés de hausse des températures d'ici à la fin du siècle, diviser par deux les émissions mondiales de gaz à effet de serre, le pic d'émissions devra être atteint avant 2020. Ces propositions se fondent sur un diagnostic erroné et il suffit de tenir compte de ce que disent les scientifiques pour constater qu'il faut mettre la barre beaucoup plus haut.

Dans le dernier rapport du GIEC, de novembre 2007, il est préconisé que les pays industrialisés divisent par vingt leurs émissions de gaz à effet de serre. Or, cela fait plus de cinq ans que les stratèges du climat recommandent une modeste réduction par quatre pour ces pays-là. Là encore, négationnisme de l'urgence, déni, aveuglement, lâcheté. Aux sommets de La Haye en 1998, de Marrakech en 2001, de Johannesburg en 2002, les mêmes mots sont ressassés : « nous sommes sur les bons rails ». La langue de bois environnementale existe : elle s'exerce à merveille dans ces grandes rencontres de la diplomatie verte où les hauts dirigeants du monde entier simulent collectivement la prise de conscience des risques climatiques. Une fois encore, à Bali, les participants se sont empressés de se vanter auprès des médias du « pas décisif », de la « grande avancée », ou encore d'un hypothétique « processus volontariste » que constitue la

Photographie d'Aldo Sperber, 2006.

nouvelle feuille de route adoptée. Mais les émissions continuent à augmenter, les ravages des dérèglements climatiques créent de nouveaux écoréfugiés ou écosinistrés, la fonte des glaces progresse. Face au manque d'efficience de ces grands sommets, une question sous-jacente apparaît : ce genre de conférence va-t-il nous sauver ? Combien de fois encore devrons-nous contempler le spectacle de ce grand cirque consensuel dont ne résultent jamais des mesures courageuses ? En l'occurrence, cette dernière feuille de route de Bali ne propose aucune référence chiffrée de réduction des gaz à effet de serre. Les Européens et certains pays du Sud – y compris la Chine – souhaitaient pourtant des références quantifiées. Nous ne disposons actuellement que d'un calendrier fixant les échéances de nouvelles négociations supposées donner forme au successeur du protocole de Kyoto qui fêtait tristement en 2007 ses dix ans d'existence. Les objectifs – déjà minimes – qu'il préconisait pour 2008-2012 ne seront pas atteints. Au fond, c'est toute la logique du dispositif de ce protocole qui serait à revoir. Ce changement de logique aurait dû être au centre de la XIVe Conférence de l'ONU sur les changements climatiques, à Poznan, en décembre 2008. Hélas, comme à Bali, ce fut le rendez-vous des occasions manquées.

Une meilleure façon de concevoir un « plan climat » serait de s'intéresser aux extracteurs d'énergies fossiles – les pays de l'Organisation des pays exportateurs de pétrole (OPEP) en somme –, et aux sources de l'offre énergétique, plutôt qu'aux émetteurs de gaz à effet de serre et à la demande d'énergie. Kyoto avait cette ambition folle de contenir les émissions de milliards de personnes, de tous les conducteurs individuels d'automobiles, de toutes les industries mondiales. Au lieu qu'en ciblant les pays producteurs, où le pétrole est généralement nationalisé, la négociation ne se ferait qu'avec les gouvernements. Nous réduirions ainsi le nombre d'interlocuteurs à convaincre de plusieurs milliards à une douzaine. En cela, le protocole de déplétion proposé par le regroupement international d'experts « Association for the Study of Peak Oil » (ASPO), visant à réduire progressivement les importations de pétrole, permet une économie véritablement durable. Ce protocole offre également aux nations les moyens de réduire coopérativement leur dépendance au pétrole[2]. Pour réduire les émissions de gaz à effet

2. Le détail de ce texte peut être trouvé sur le site qui lui est consacré : <www.oildepletionprotocol.org>.

de serre, mieux vaut en effet que le carbone reste sous terre. Les conférences de Bali et de Poznan ont échoué en ce sens : elles n'ont pas su questionner la grille de lecture déjà en place. En se maintenant dans le même paradigme de réduction des émissions de gaz à effet de serre par la limitation de la demande, elles sont passées à côté du paradigme décisif de la décroissance de l'extraction des ressources fossiles. Prenons l'exemple d'une personne en partance pour un long voyage, en plein dilemme, face à sa conscience d'écocitoyen. Cet individu doit partir en Amérique latine : prend-il ou ne prend-il pas l'avion ? Du côté de la demande, il y a deux manières de croire que l'on est vertueux : on peut ne pas prendre l'avion, mais on sait qu'il décollera quand même. On peut aussi s'acheter une indulgence : compenser son émission excessive de gaz à effet de serre en payant quelques arbres, en contribuant à la reforestation de pays dévastés. Ce genre de « compensation carbone » est un luxe que seuls les très riches peuvent se permettre et n'a pas d'impact immédiat ni réellement efficace sur l'absorption de CO_2. Une mesure réellement effective, en revanche, serait envisageable du côté de l'offre. En réussissant à convaincre un pays producteur comme l'Arabie Saoudite de modérer sa vente. Si ce pays consentait à ne plus produire que 9 millions de barils par jour au lieu des 10 millions habituels, cela constituerait une réduction équivalente d'émissions de gaz à effet de serre. L'offre de pétrole diminuant, les prix augmenteraient en conséquence, ce qui garantirait un revenu en pétrodollars à peu près équivalent pour l'Arabie Saoudite. Cette mesure « alternative » aurait prise sur le réel, sur le moléculaire, et c'est ce qui a cruellement manqué à Bali et à Poznan.

TEXTES

Barry Commoner (biologiste, né en 1917)

Des centres de décisions caducs

La crise de l'énergie a remis en lumière la violence de la concurrence internationale pour l'accès aux ressources, la gravité des injustices économiques et sociales et l'absurdité tragique de la guerre moderne. Elle nous oblige à faire des choix auxquels nous nous sommes longtemps dérobés. Mais si, comme cela paraît évident, les faits nous contraignent à renoncer aux sources d'énergie actuelles pour en trouver d'autres renouvelables, à restreindre le gaspillage de l'énergie et le remplacement aveugle de la main-d'œuvre par des machines, où et comment seront prises les décisions nécessaires ? Peuvent-elles être prises, ou même discutées, sans une révision des principes mêmes de notre système économique ?

La Pauvreté du pouvoir (1976), PUF, 1980.

Wangari Maathai
(vétérinaire, prix Nobel de la Paix 2004, née en 1940)

Hommage aux femmes-arbres africaines

Partout en Afrique, les femmes sont celles qui prennent soin des autres, elles assument des responsabilités importantes dans la mise en culture des terres et l'alimentation de leur famille. Il en résulte qu'elles sont souvent les premières à prendre conscience des dégâts environnementaux dès lors que les ressources se raréfient et qu'elles ne parviennent plus à alimenter leurs familles.

Les femmes avec lesquelles nous avons travaillé nous ont rapporté, que contrairement au passé, elles ne parvenaient plus à répondre à leurs besoins fondamentaux. Ceci était dû à la dégradation de leur environnement immédiat et à l'introduction de l'agriculture d'exportation qui, peu à peu, s'est mise à remplacer les cultures vivrières familiales. Le commerce international contrôlait les prix des exportations issues de ces petites exploitations familiales, si bien qu'un revenu juste et raisonnable ne pouvait pas être garanti. J'en suis venu à comprendre que lorsque l'environnement est détruit, saccagé ou mal géré, la qualité de notre vie et celle des générations futures s'en trouvent affectée.

Planter des arbres est devenu un choix naturel pour répondre aux besoins fondamentaux identifiés par les femmes. En plus, planter des arbres est un geste simple, accessible, qui garantit des résultats rapides et positifs, dans un laps de temps raisonnable.

C'est ainsi qu'ensemble, nous avons planté plus de 30 millions d'arbres, qui apportent du combustible, de la nourriture, un abri et des revenus à ces femmes, qui peuvent ainsi subvenir à l'éducation de leurs enfants et aux besoins du foyer. Cette activité crée également des emplois, améliore la qualité des sols et des nappes phréatiques. À travers leur engagement, les femmes retrouvent une certaine maîtrise de leur existence, y compris d'un point de vue social et économique, et se voient reconnues au sein de leur famille. Ce travail continue.

Discours de réception du prix Nobel de la paix, Stockholm, 10 décembre 2004.

Marie-Angèle Hermitte (juriste, née en 1948)

La diversité biologique comme sujet de droit

Faire de la diversité biologique et, plus largement, de la nature un sujet de droit est le point clé de l'ensemble de mon raisonnement. En effet, tout l'effort occidental jusqu'à ce jour a consisté à séparer l'homme de la nature, contrairement aux vieilles conceptions païennes, pour mieux la maîtriser. L'homme et ses projections, l'État et peut-être même l'humanité, sont des personnes, physiques ou morales, seuls sujets de droit concevables. Par rapport à eux, la nature et ses différents éléments occupent une position de choses, quoi qu'il arrive. S'il s'agit d'un élément concret, maîtrisable, ce sera une chose appropriable (la terre, les arbres…) ; s'il s'agit d'un élément abstrait – comme la faculté de reproduction – on en a fait récemment l'objet d'un droit de propriété intellectuelle ; s'il s'agit d'un élément non maîtrisable comme la mer ou l'air, on en fera une chose non appropriable, sur laquelle peut toutefois s'exercer la souveraineté étatique qui est encore un lien entre un sujet de droit et son objet. À l'extrême limite de son abstraction, on notera les zones auxquelles on a donné la qualification de patrimoine commun de l'humanité. Elles sont dans une situation un peu intermédiaire entre le traditionnel lien de propriété ou de souveraineté sujet-objet, qui donne à son titulaire un droit total sur son objet, et le statut auquel je suggère de réfléchir, dans lequel certaines zones seraient directement titulaires de droits, limités bien sûr pour ne pas créer une tyrannie de la nature après avoir créé une tyrannie du développement.

On se séparerait donc totalement de tous les systèmes ayant fait de la nature un objet de droit : en général la doctrine pense protéger l'environnement en transformant la qualité du lien sujet-objet, c'est-à-dire en supprimant le droit de propriété au profit de la qualification de bien public ou bien commun, en évitant la souveraineté au profit de la qualification de patrimoine commun de l'humanité.

Dans notre système, la rupture serait plus radicale. Il s'agirait de cesser de penser que, au mieux, la diversité biologique est un attribut de l'humanité, et d'apprendre à penser que l'humanité

René Magritte,
La Voix des airs,
1924-1930.

n'est que l'une des manifestations de la diversité biologique. Comme René Passet rétablit la hiérarchie des systèmes en rappelant que la sphère des activités humaines n'est qu'un sous-système soumis à la biosphère, le juriste doit cesser de faire de la biosphère et de ses divers composants de simples objets de droit, même s'il s'agit de droit de l'humanité.

Dans le cas de la diversité biologique, quel sera le sujet de droit ? Sous toute réserve des redressements scientifiques, j'ai l'impression que les sujets de droit seraient des zones des milieux terrestres, aquatiques, aériens, et non pas des oiseaux, des plantes… Ce serait peut-être ce que l'on appelle l'écosystème, défini comme système fermé, n'échangeant avec son environnement que de l'énergie, composé de deux systèmes ouverts, le biotope et la biocénose. Les droits de ces zones seraient exercés par des gérants qui réaliseraient une veille biologique. Ils devraient avoir deux qualités : l'indépendance à l'égard des pouvoirs politiques, économiques, technologiques, ce qui ne sera pas toujours le cas des experts, et la compétence scientifique, ce qui n'est pas toujours le cas des associations. Peut-être pourrait-on penser à la création de « bureaux biologiques », un peu comme le Bureau Veritas, un corps d'ingénieurs écologues auquel les associations pourraient s'adresser.

Bernard Edelman et Marie-Angèle Hermitte (dir.),
L'Homme, la nature et le droit, Christian Bourgois, 1988.

Ban Ki-moon
(secrétaire général des Nations unies, né en 1944)

« La bataille menée pour remettre en état la couche d'ozone est un formidable exemple de réussite de la coopération internationale. La présence dans notre atmosphère de substances qui attaquent la couche d'ozone est en baisse, et nous voyons déjà apparaître les premiers signes permettant d'espérer que ce bouclier vital, qui nous protège contre les rayons ultraviolets du soleil, est en train de se régénérer.

Lorsque le protocole de Montréal relatif à des substances qui appauvrissent la couche d'ozone a été signé, il y a 20 ans, il était pour le moins incertain qu'un tel revirement soit possible. À l'époque, les habitants de la planète envoyaient dans l'atmosphère presque 2 millions de tonnes de substances qui appauvrissent la couche d'ozone. Ces produits chimiques étaient utilisés dans l'agriculture, dans les appareils de réfrigération, dans les produits pharmaceutiques et même dans la fabrication de meubles. Il y en avait tellement partout que certains pensaient qu'il serait à la fois très gênant de les éliminer et impossible d'y parvenir.

Mais 20 ans ont passé, et le monde développé a presque ramené à zéro l'utilisation de ces substances. Dans le monde en développement, leur utilisation s'est effondrée de plus de 80 %.

Je félicite toutes les parties au protocole de Montréal pour cet accomplissement remarquable. Leur clairvoyance et leur volonté nous ont réellement fait avancer. »

Message publié à l'occasion de la Journée internationale de la protection de la couche d'ozone, New York, 16 septembre 2007.

Mireille Delmas-Marty (juriste, né en 1941)

Internormativité

À première vue, le problème est d'abord institutionnel et tient à la dissymétrie entre le puissant droit du commerce international (ordonné autour de l'OMC et de l'ORD et intégrant les droits de propriété intellectuelle à travers les Adpic) et le fragile droit de l'environnement (défini comme un simple programme, Programme des Nations unies pour l'environnement, sans disposer d'une organisation spécifique ni d'un mécanisme de règlement des différends). La proposition de compléter « les ilôts manquants de l'archipel international » par la création d'une Organisation mondiale de l'environnement, qui avait été formulée dès 2002 par le Conseil économique et social dans son rapport sur la gouvernance mondiale, a été récemment relancée par la France et soutenue par l'Allemagne.

On réduirait ainsi la marginalisation de l'environnement et sa subordination de fait au droit du commerce, mais sans résoudre les conflits entre des ensembles normatifs de même niveau hiérarchique (environnement, développement, propriété intellectuelle, commerce).

Le Relatif et l'universel, Le Seuil, 2004.

Arundhati Roy (écrivain, née en 1961)

Des effets de l'eau informatisée dans le Maharashtra

Tiens donc !

Voilà que tout s'éclaire. À qui donc appartiendra l'eau ?

À cet unique organisme de tutelle.

Et qui la vendra ? L'organisme de tutelle.

Et qui empochera les bénéfices ? Toujours l'unique organisme de tutelle.

Cet organisme a pour projet de vendre l'eau au litre, non pas à des individus mais à des coopératives de fermiers (lesquelles n'existent pas encore, mais on n'aura aucun mal à les créer quitte à forcer les fermiers à coopérer).

L'eau gérée par ordinateur, contrairement à l'eau ordinaire, est très chère. Seuls en auront ceux qui pourront se l'offrir. Peu à peu, les petits fermiers se feront évincer par les gros, et le cycle du déracinement reprendra du début.

Le Coût de la vie, Gallimard, 1999.

Sampatrao Pawar, fermier indien, tente de mettre en place des solutions pour résoudre le problème de la sécheresse dans sa région, Maharashtra (Inde). Photographie de Johann Rousselot, 2004.

Hans Jonas (philosophe, 1903-1993)

Pouvoir et responsabilité

En ce siècle fut atteint le point depuis longtemps préparé, où le danger devient manifeste et critique. Le pouvoir, associé à la raison, entraîne de soi la responsabilité. Cela allait de soi depuis toujours concernant le domaine intersubjectif. Le fait que depuis peu la responsabilité s'étende au-delà jusqu'à l'état de la biosphère et la survie future de l'espèce humaine est simplement donné avec l'extension du pouvoir sur ces choses qui est en premier lieu un pouvoir de destruction. Le pouvoir et le danger dévoilent une obligation qui, par la solidarité avec le reste, une solidarité soustraite au choix, s'étend de l'être propre à l'être général sans même un consentement particulier.

Le Principe responsabilité (1979), Le Cerf, 1997.

Gilbert Rist (politologue, né en 1947)

L'obscure clarté du développement durable

C'est à son ambiguïté que l'expression « développement durable » doit son succès. Dans l'esprit des écologistes, l'interprétation est claire : préconiser un *sustainable development* signifie prévoir un volume de production qui soit supportable pour l'écosystème et qui, de ce fait, puisse être envisagé dans la longue durée. C'est donc la capacité de reproduction qui détermine la production, et la « durabilité » implique que le processus ne peut être maintenu qu'à certaines conditions, données de l'extérieur. Pour utiliser – avec précautions ! – une analogie avec le domaine du vivant, si la croissance cellulaire est nécessaire au développement de l'enfant, la prolifération excessive des cellules rend impossible le prolongement de la vie. Ou encore, pour emprunter à la sagesse populaire, « qui veut voyager loin ménage sa monture » : ce qui importe, c'est le voyage plutôt que la vitesse, c'est le maintien de la vie sur la planète plutôt que le rythme du « développement ».

Tout autre est *l'interprétation dominante, qui voit dans le « développement durable » une invitation à faire durer le « développement », c'est-à-dire la croissance. Après avoir rendu le « développement » universel (puisque personne n'y échappe désormais), il faut encore le rendre éternel.* Autrement dit, puisque le « développement » est considéré comme

« naturellement » positif, il s'agit d'éviter qu'il ne faiblisse et que la croissance ne souffre d'asthénie. *Sustainable development* signifie alors que le « développement » doit « avancer » à un rythme plus soutenu, jusqu'à devenir irréversible car, ce dont souffrent les pays du Sud, c'est d'un « développement non durable », d'un « développement à éclipses », constamment remis en question par des mesures politiques éphémères. Ainsi, pour la pensée ordinaire, la « durabilité » s'entend au sens trivial de « pérennité » : ce n'est pas la survie de l'écosystème qui définit les limites du « développement », mais le « développement » qui conditionne la survie des sociétés. Puisqu'il constitue à la fois une nécessité et une chance, la conclusion s'impose : pourvu que ça dure !

Ces deux interprétations sont à la fois légitimes et contradictoires, puisque au même signifiant correspondent deux signifiés antinomiques. Entre les deux, la commission Brundtland comme la conférence de Rio ont évité de choisir, oscillant entre le rappel des limites que l'environnement impose au « développement » et l'exhortation à entrer résolument dans une « nouvelle ère de croissance économique ». D'où le recours à l'oxymore, à cette forme rhétorique qui concilie les contraires, selon la recette utilisée pour l'« ajustement structurel à visage humain » et l'« ingérence humanitaire ».

Le Développement. Histoire d'une croyance occidentale (1996),
Presses de Sciences-Po, 2001.

La Folie aux trousses, film de Sidney Poitier,
avec Gilda Radner et Gene Wilder, 1982.

CHAPITRE 9

Du jamais vu

Du jamais vu

Nous avons déjà exposé une grande partie du constat accablant des impasses écologiques et sociales du productivisme, depuis les dégradations terrestres et marines, le changement climatique et la déplétion énergétique, la destruction de la biodiversité, jusqu'aux mécanismes sociaux générateurs de cette désolation. Au-delà des phénomènes eux-mêmes, nous avons qualifié leurs caractéristiques communes de globales, systémiques, accélérées, imprévisibles, objectives, anthropiques et non régulées. Jamais l'humanité n'a rencontré autant de problèmes planétaires. Afin de les résoudre, le productivisme, ignorant de toute pensée des limites, n'offre d'autre solution que la fuite en avant dans plus de technologie, plus de marché, plus de croissance. Un élan vers le pire.

L'effondrement selon Tainter

L'archéologue Joseph A. Tainter a examiné longuement la croissance et le déclin de nombreuses civilisations afin de découvrir ce qu'il y a de commun dans leurs trajectoires fatales[1]. Sa thèse principale est que, confrontées à de nouveaux problèmes, ces civilisations accroissaient la complexité de leur fonctionnement économique, social et politique, en investissant plus encore dans les mêmes moyens qui avaient permis leur éclosion. Par « accroissement de la complexité », il faut entendre la diversification des rôles sociaux, économiques et politiques, le développement

1. Joseph A. Tainter, *The Collapse of Complex Societies*, Cambridge University Press, 1988.

des moyens de communication, et la croissance de l'économie des services, le tout soutenu par une forte consommation d'énergie. L'Empire romain, par exemple, fut confronté à l'augmentation de sa population, à la baisse de sa production agricole et au déclin de l'énergie par habitant. Il tenta de résoudre ces problèmes en élargissant encore son territoire par de nouvelles conquêtes afin de s'approprier les surplus énergétiques de ses voisins (métaux, céréales, esclaves...). Cependant, cette extension territoriale engendra une multiplication des coûts de maintenance des communications, des garnisons, des gouvernements locaux, au point que les invasions barbares ici ou les mauvaises récoltes là ne purent plus être résolues par une nouvelle expansion territoriale. La solution non intentionnelle de l'Empire fut alors de se fragmenter en de plus petites unités sociales. Le système romain, parvenu à la limite de son organisation initiale, se simplifia en catastrophe par explosion. En général, nous dit Tainter, la productivité croissante de la période initiale d'une société atteint bientôt une situation où des investissements supplémentaires (course aux armements, systèmes agricoles, infrastructures, production d'énergie...) ne peuvent que maintenir le *statu quo* quelque temps, puis produire des bénéfices négatifs. Le gain marginal d'une complexité croissante décline jusqu'à devenir négatif.

À quoi est dû ce phénomène de gain marginal décroissant ? Autrement dit, pourquoi une société gagne-t-elle de moins en moins alors que ses investissements sont de plus en plus grands ? Parce que toute société résout d'abord les problèmes les plus faciles. Au début, elle extrait le pétrole le plus accessible, le plus volumineux et de la meilleure qualité ; passé le *peak oil*, le pétrole qui lui reste est lourd, ou soufré, ou dans des lieux plus hostiles que les sables d'Arabie ; en 1950, il fallait un baril de pétrole pour acheminer cent barils de carburant dans les réservoirs des automobilistes européens ; aujourd'hui, le même baril en amont ne nous procure que quinze barils en aval. De même, on cultive d'abord les meilleures terres arables qui procurent de bons rendements céréaliers ; étendre l'agriculture plus loin, sur des terres ingrates, coûte plus cher pour de moindres récoltes. En politique aussi, une complexité croissante signifie plus de bureaucratie, accompagnée de dépenses à la hausse. Au début – souvenons-nous, par exemple, des nationalisations d'après-guerre en France, et de la période de reconstruction des années cinquante –, les bénéfices sont évidents (routes, écoles, hôpitaux, sécurité sociale, services publics de l'énergie,

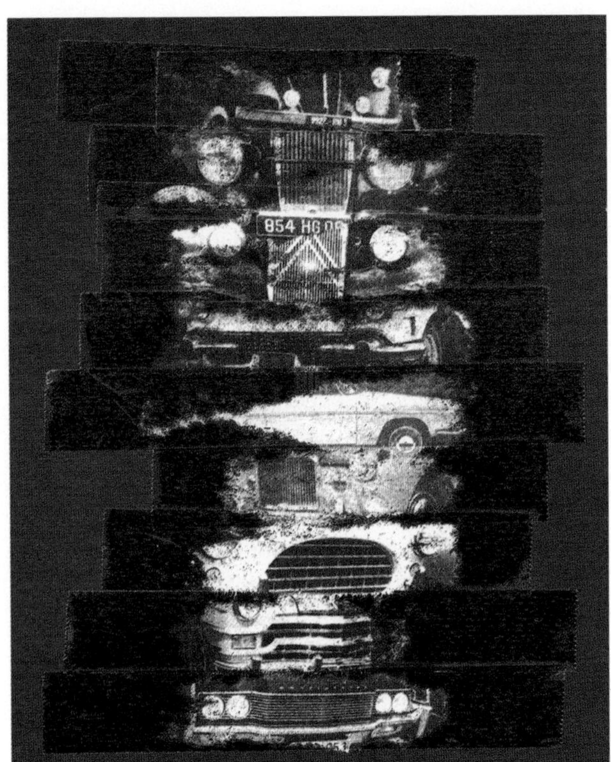

Franck Duval, *Voitures*, 2001.

défense…) et la population accepte les prélèvements obligatoires qui financent ce développement. Mais, au fur et à mesure de la complexification, les prélèvements augmentent, tandis que les bénéfices ressentis deviennent faibles, voire négatifs.

Un effondrement est donc d'abord un processus politique. Il se produit lorsqu'une société présente une diminution rapide et significative de son niveau de complexité. Ce processus dure quelques années ou quelques décennies et comprend une réduction franche des structures sociopolitiques : moindres stratification et différenciation sociales ; moindre spécialisation économique des personnes, des groupes et des territoires ; moindre contrôle centralisé par une élite dirigeante ; moindre création culturelle, scientifique, artistique ; moindre communication entre les individus, les groupes, le centre et ses périphéries ; moins de partage, d'échange et de redistribution ; fragmentation politique en territoires moins vastes.

Investir plus pour décliner plus

Bien sûr, plus de recherche, plus d'organisation et de technologies peuvent améliorer pendant un temps le fonctionnement de la société. Mais les investissements nécessaires seront coûteux et demanderaient une part croissante du PIB au détriment des dépenses familiales pour l'alimentation, le logement, l'habillement, la santé, les transports et les loisirs. Ainsi qu'une part croissante de ressources naturelles, notamment d'énergie, au détriment de la qualité de l'environnement. L'économie de production, l'économie des services, l'économie des marchandises sont toutes fondées sur l'économie de l'énergie. Si l'on ignore les coûts énergétiques et écologiques, qui croissent avec l'élargissement des applications technologiques, on ne peut sérieusement distinguer ce qui est efficace de ce qui ne l'est pas. Ainsi, je puis affirmer que l'agriculture productiviste – telle qu'elle est organisée par la Politique agricole commune, par exemple – est la plus inefficace de toutes les agricultures pratiquées par l'humanité depuis le Néolithique. De même, il est facile de montrer que le système de transport en automobile est également le plus inefficace que nous ayons jamais connu. On pourrait multiplier les exemples des secteurs de notre mode de vie « moderne » où l'abondance et la quasi-gratuité des énergies fossiles ont constitué la base de tout leur développement.

Depuis plus de dix mille ans, les sociétés humaines semblent se complexifier. Pour une bonne part, cette complexification a été fructueuse, elle a conduit à une vie meilleure pour une partie de l'humanité. Aujourd'hui, cette même complexification nous mène à la catastrophe écologique. Qu'est-ce qu'une société complexe ? Ou qui se complexifie ? Retenons quatre facteurs de la complexité d'une société : la taille, le nombre de ses parties distinctes, la diversité des rôles sociaux spécialisés, et la variété des mécanismes pour organiser ceci en un tout fonctionnel et cohérent. Ainsi, la complexité est quantifiable. Complexifier, c'est augmenter un ou plusieurs de ces facteurs. On observe généralement trois phases dans les bénéfices sociaux au fur et à mesure de la complexification d'une société. La première est caractérisée par une augmentation des bénéfices forte par rapport aux coûts de la complexification (le taux marginal, c'est-à-dire l'évolution du rapport bénéfices/coûts, est supérieur à 1). Les solutions les plus simples, les plus générales, les moins coûteuses sont très efficaces. C'est le « progrès ». Une deuxième phase commence lorsque le taux marginal passe en dessous de 1 : un accroissement de la complexité produit encore des bénéfices pour la société, mais à des coûts supérieurs aux bénéfices. La société devient alors fragile, sa complexification devient moins attractive, les prélèvements obligatoires sont moins bien acceptés, la confiance de la population dans le pouvoir diminue, la société se décompose et ses membres deviennent moins solidaires des objectifs politiques centraux. Enfin, lorsque le taux marginal devient négatif, tout accroissement de la complexité (et de ses coûts) entraîne la diminution des bénéfices sociaux. L'effondrement économique et social est alors probable.

Ivan Illich, critique de l'hétéronomie

Dès les années soixante-dix, Ivan Illich avait déjà réfléchi à l'inefficacité de certains systèmes sociaux. À la différence de Joseph A. Tainter, qui envisage plutôt le collapsus des sociétés dans leur ensemble à partir de facteurs quantifiables, Ivan Illich a étudié certaines institutions sociales particulières de façon plus conceptuelle, plus qualitative. Illich développe[2] la notion de « contre-productivité » pour rendre compte des conséquences néfastes de certaines institutions lorsque leur fonctionnement dépasse certains seuils au-delà desquels ces institutions produisent l'inverse de leur but initial : alors l'école abrutit, la médecine rend malade, les transports immobilisent, les communications rendent sourd et muet, la justice pousse au crime, l'industrie détruit et l'État étouffe la société civile. Mais l'auteur se place aussi dans une perspective éthique et politique : la contre-productivité est une modalité de l'aliénation des humains par le primat de l'économie et de la technique. Le fétichisme de la marchandise, la raison instrumentale qui ôte le sens du travail, l'arraisonnement de la vie par la technique créent un rapport d'extériorité entre l'être humain et ses activités. Il se sent dépendant de forces et de règles qui lui sont imposées : c'est l'hétéronomie, par opposition à l'autonomie d'une vie dont il resterait maître, pour l'essentiel. Bien sûr, notre vie se partage entre l'hétéronomie et l'autonomie, à condition que la première ne dépasse pas en extension un seuil qui détruirait la seconde.

2. Ivan Illich, *Œuvres complètes*, Fayard, 2004.

Les dysfonctionnements des transports sont assez connus : pollutions, perte de temps, embouteillages, dépendances, stress, accidents. La contre-productivité sociale des transports se manifeste dans le détour de production : au lieu de faire directement telle chose, on travaille pour s'acheter une technologie qui permettra de faire cette chose plus efficacement, croyons-nous. La « vitesse généralisée » d'un mode de transport n'est pas le simple rapport entre la distance parcourue et le temps du parcours. Elle ajoute à ce temps de parcours le temps passé à gagner de quoi se payer l'usage de ce mode de transport. Pour une automobile, par exemple, la « vitesse généralisée » sera le rapport entre un kilométrage annuel et le temps passé dans l'automobile auquel on ajoute le temps passé à gagner l'argent servant à payer la voiture, l'essence, l'assurance…, soit près de 8 000 euros annuels pour une voiture moyenne, en France. Le philosophe Jean-Pierre Dupuy a calculé, avec les mêmes outils que les économistes, que la « vitesse

Alain Séchas, *Chat à vélo*, à Bruxelles (Belgique). Photographie de G. Danger, 2008.

généralisée » d'un automobiliste est de 7 kilomètres à l'heure, soit un peu plus que celle d'un piéton, mais beaucoup moins que celle d'un cycliste ! Le système des transports modernes, croyant offrir à chacun l'autonomie par la faculté d'aller plus vite, plus loin, plus souvent, a ralenti la « vitesse généralisée » de tous.

Cette contre-productivité des transports automobiles fut renforcée depuis cinquante ans par une politique d'urbanisme et d'aménagement du territoire conçue autour de l'automobile. La construction du mythe de la vie heureuse en pavillon avec jardin entraîna un étalement urbain et banlieusard beaucoup plus important que la simple croissance démographique. Si bien que dans les pays de l'Organisation de coopération et de développement économiques (OCDE), le temps passé entre le domicile et le travail n'a pas diminué depuis 1850, malgré la prétendue augmentation de la mobilité et de la vitesse de la modernité automobile. Le gain de vitesse des engins fut entièrement absorbé par l'étalement des faubourgs et des banlieues, l'éloignement géographique des lieux d'habitation et de travail, des écoles et des hypermarchés. L'aménagement du territoire est désormais contre-productif au sens où l'entend Illich, il est à rendement négatif selon Tainter, par la pollution de l'air, les accidents automobiles, les embouteillages, la laideur des centres commerciaux, la perte des terres agricoles, l'imperméabilisation des surfaces par le bitume, le déclin du sentiment d'appartenance à un voisinage humain.

La contre-productivité du productivisme

Les notions de gain marginal négatif, de complexité, de contre-productivité peuvent aussi nous aider à comprendre pourquoi la catastrophe écologique ne peut que s'intensifier jusqu'à l'effondrement. En effet, si l'on éclaire de ces notions les deux premières composantes du productivisme (› voir chapitre 5), qui est le modèle du monde dominant (› voir chapitre 6) possédé par l'immense majorité des responsables économiques et politiques, on déduit que les « solutions » proposées par ces responsables renforceront l'acuité du désastre environnemental. La première composante du productivisme – le réductionnisme économique – se propage triomphalement dans le monde entier. Après avoir été l'apanage du seul « premier monde » capitaliste pendant les XIXe et XXe siècles, la religion du marché, de la croissance et de la mondialisation a aujourd'hui envahi les esprits des responsables de l'ex-deuxième monde après la disparition de l'URSS en 1991, ainsi que ceux du tiers-monde, comme le montrent les politiques de « développement » de la Chine, de l'Inde, du Brésil, de l'Afrique du Sud...

Examinons d'abord ce que les économistes orthodoxes appellent la « loi de l'utilité marginale décroissante » : plus un consommateur possède d'unités d'un produit donné, moins la satisfaction qu'il tire de chaque unité supplémentaire consommée est importante pendant une période donnée. Imaginez un amoureux du chocolat noir (je le suis) qui croque deux carrés d'une tablette dès le petit déjeuner, avec une satisfaction intense. À 10 heures, il extrait la tablette de sa poche pour en avaler deux autres carrés. Satisfaisant, sans plus. Vers midi, avant le déjeuner, il en reprend encore. Puis, à 14 heures, il termine le reste sa tablette avec son café, écœuré. Les derniers carrés de chocolat ont une utilité marginale nulle. Cet exemple microéconomique peut être élargi à l'ensemble de la consommation d'une population. Au fur et à mesure de l'élévation des revenus, les populations satisfont d'abord les besoins les plus élémentaires tels que l'alimentation, l'habitat et l'habillement. Puis viennent une alimentation plus raffinée, un habitat plus agréable, des vêtements plus à la mode, une bonne éducation, des voyages et des distractions. Enfin, dans les pays de l'OCDE, certains roulent en 4 x 4, passent leurs vacances sur l'île Maurice ou aux Maldives, portent une montre Rolex ou s'achètent une résidence secondaire à Marrakech. Ces apports ont une utilité marginale nulle pour le confort matériel, ils sont seulement gratifiants au sens de l'interaction spéculaire (› voir chapitre 6). La prétendue utilité d'un produit n'est pas dans sa valeur d'usage, mais dans la monstration de soi aux yeux des autres par la consommation ostentatoire. Ce que les économistes, sous une illusoire neutralité scientifique, appellent les besoins psychologiques illimités des consommateurs. Toujours plus, toujours mieux et toujours plus clinquant. Le luxe qui donne envie aux autres. Que cette surconsommation du milliard d'habitants les plus riches de la Terre soit, dans le bilan économique et écologique, plus que contrebalancée par la déplétion des ressources et la pollution généralisée n'est d'aucune importance dans l'esprit de ces riches. L'aspiration des pauvres à ce mode de vie montre à quel point les esprits de (presque) tous sont colonisés par la démesure économique. La contre-productivité est patente.

Un Fauteuil pour deux, film de John Landis, avec Dan Aykroyd, 1983.

La deuxième composante du productivisme – l'indifférence aux lois de la nature – participe du même modèle du monde. C'est ce que les économistes appellent les « déséconomies externes » ou « externalités », pour désigner les effets secondaires de l'activité économique. Le mécanisme du marché tient peu compte de ces coûts, sauf par quelque fiscalité écologique misérable, bien insuffisante au vu de la catastrophe qui s'amplifie. La pollution des eaux, des terres et de l'atmosphère est un exemple parmi cent de ces externalités non facturées dans les transactions commerciales.

Munis de ces deux notions économiques – la loi de l'utilité marginale décroissante et les externalités –, nous pouvons mieux évaluer la contre-productivité du productivisme. Aux premiers stades de développement d'une société, la satisfaction (l'utilité totale) progresse rapidement, tandis que les coûts écologiques (les externalités totales) croissent peu. Puis, la différence entre la satisfaction sociale et les coûts écologiques – le bénéfice net de la société – passe par un maximum (satisfaction forte, coûts écologiques raisonnables). Enfin, la satisfaction sociale par habitant grandit de moins en moins, tandis que les coûts écologiques augmentent de plus en plus. La contre-productivité globale d'une société commence lorsqu'elle dépasse le maximum repéré, lorsque son bénéfice net diminue. L'effondrement de cette société est proche lorsque son bénéfice net devient nul.

Malheureusement, et bien qu'effectué avec des outils économiques issus de l'orthodoxie néolibérale, le raisonnement précédent ne peut être tenu ou ne peut donner lieu à une action appropriée par les responsables économiques et politiques, qui, à la place qu'ils occupent, sont soumis aux contraintes de l'interaction spéculaire. Ni par les responsables économiques parce qu'ils n'ont d'autre horizon que la rentabilité, de plus en plus financière, de leur entreprise, et la concurrence féroce pour les parts de marché dans leur secteur. Ni par les responsables politiques parce qu'ils n'ont d'autre horizon que leur prochaine réélection et la concurrence féroce pour les places de pouvoir dans les institutions. Le niveau de contre-productivité augmentant, les uns et les autres tentent de contrecarrer la baisse des bénéfices, économiques ou politiques, par une fuite en avant dans la complexité économique (restructuration, délocalisation, plan sociaux, croissance externe…) ou politique (pléthore de niveaux institutionnels, de lois, de règlements, de rapports, de commissions…) au détriment du bien-être social et de la santé écologique. Dans des circonstances actuelles encore ordinaires (pas d'effondrement rapide d'un pays important, pas de guerre dans un pays important), la prise de conscience de la catastrophe écologique est donc nécessairement lente. Trop lente pour éviter le pire. Le temps est la plus précieuse des matières premières. C'est lui qui nous manque le plus.

TEXTES

Nicolas Georgescu-Roegen
(mathématicien et économiste, 1906-1994)

La dette thermodynamique

Chaque fois que nous produisons une voiture, nous détruisons irrévocablement une quantité de basse entropie qui, autrement, pourrait être utilisée pour fabriquer une charrue ou une bêche. Autrement dit, chaque fois que nous produisons une voiture, nous le faisons au prix d'une baisse du nombre de vies humaines à venir. Il se peut que le développement économique fondé sur l'abondance industrielle soit un bienfait pour nous et ceux qui pourront en bénéficier dans un proche avenir : il n'en est pas moins opposé à l'intérêt de l'espèce humaine dans son ensemble, si du moins son intérêt est de durer autant que le permet sa dot de basse entropie. Au travers de ce paradoxe du développement économique, nous pouvons saisir le prix dont l'homme doit payer le privilège unique que constitue sa capacité de dépasser ses limites biologiques dans sa lutte pour la vie.

La Décroissance. Entropie, écologie, économie (1979), traduit et présenté par Jacques Grinevald et Ivo Rens, Sang de la Terre, 1995, 3e édition.

Jared Diamond (géographe, né en 1937)

Pourquoi des décisions catastrophiques ?

Si certaines sociétés réussissent tandis que d'autres échouent, la raison en est évidemment dans les différences entre les environnements plutôt qu'entre les sociétés. Certains environnements posent des problèmes plus difficiles que d'autres. Par exemple, le Groenland froid et isolé posait un plus grand défi que le sud de la Norvège, dont provenaient beaucoup de colons du Groenland. De même, l'île de Pâques, qui est sèche, isolée, de latitude élevée et plate, représentait pour ses colons un plus grand défi que Tahiti, humide, moins isolée, équatoriale et élevée, d'où étaient originaires des ancêtres des habitants de l'île de Pâques. Mais ce n'est que la moitié de l'histoire. Si j'affirmais que ces différences environnementales représentent la seule raison de l'échec ou de la réussite des sociétés, il serait juste de m'accuser de « déterminisme environnemental », conception peu à l'honneur chez les spécialistes des sciences sociales. En réalité, si les conditions environnementales rendent sans doute plus difficile le maintien des sociétés humaines dans certains milieux plutôt que dans d'autres, les raisons de la réussite ou de l'échec tiennent aussi aux choix qu'opère une société.

Par exemple, pourquoi l'empire inca a réussi à reboiser son environnement sec et froid, mais pas les habitants de l'île de Pâques et les Norvégiens du Groenland ? La réponse dépend en partie des idiosyncrasies des individus et met au défi toute prédiction. Je crois cependant qu'une meilleure intelligence des causes potentielles d'échec recensées dans cette enquête peut aider les décideurs à en prendre conscience et les éviter.

Effondrement, trad. de A. Botz, G.-L. Fidel, Gallimard, 2006.

Performance de Eskil Ronningsbakken, Norvège, 2005.

Ivan Illich (penseur de l'écologie politique, 1926-2002)

L'énergie comme drogue

Même si on découvrait une source d'énergie propre et abondante, la consommation massive d'énergie aurait toujours sur le corps social le même effet que l'intoxication par une drogue physiquement inoffensive, mais psychiquement asservissante. Un peuple peut choisir entre la méthadone et une désintoxication volontaire dans la solitude, entre le maintien de l'intoxication et une victoire douloureuse sur le manque, mais nulle société ne peut s'appuyer là-dessus pour que ses membres sachent en même temps agir de façon autonome et dépendre d'une consommation énergétique toujours en hausse. À mon avis, dès que le rapport entre énergie et énergie métabolique dépasse un seuil fixe déterminable, le règne de la technocratie s'instaure. L'ordre de grandeur où ce seuil se place est largement indépendant du niveau technique atteint, pourtant dans les pays riches et très riches sa seule existence semble reléguée au point aveugle de l'imagination sociale.

Énergie et équité (1973), dans *Œuvres complètes*, Fayard, 2004.

Alan Weisman (journaliste et écrivain, né en 1947)

Les villes sans l'homme, après la catastrophe

En attendant, de nouveaux coyotes suivront les pas des premiers intrépides qui se frayèrent un chemin jusqu'à Central Park. Viendront ensuite les cerfs, les ours et enfin les loups, revenus en Nouvelle-Angleterre depuis le Canada. Quand la plupart des ponts de Manhattan se seront effondrés, les constructions plus récentes auront elles aussi été ravagées : à chaque infiltration d'eau qui les touche, leurs barres de renfort en acier rouillent, gonflent, puis font éclater leur gaine de béton. Les bâtiments en pierre plus anciens, telle la gare Grand Central – surtout si les pluies acides ne viennent plus moucheter leur marbre –, survivront à tous les immeubles modernes brillants.

Les ruines des tours renvoient le chant d'amour des grenouilles qui se reproduisent dans les cours d'eau reconstitués de l'île – cours d'eau où pullulent désormais aloses et moules lâchées par les mouettes. Les harengs ont regagné l'Hudson, bien qu'il leur ait fallu quelques générations pour s'adapter à la radioactivité qui s'échappait de la centrale nucléaire d'Indian Point, à 55 kilomètres au nord de Times Square, depuis que son béton armé a cédé. La quasi-intégralité de la faune qui s'était adaptée à nous a en revanche disparu pour de bon. Le cafard, importé des tropiques, n'était pas invincible au point de résister au gel dans des immeubles non chauffés. Privés de détritus, les rats sont morts de faim, ou ont servi de repas à des rapaces nichant dans les ruines des gratte-ciel.

Homo disparitus, Flammarion, 2007.

Ulrich Beck (sociologue, né en 1944)

Le contenu du risque

En réalité, les risques ne se résument pas aux conséquences et aux dommages déjà survenus. En eux s'exprime essentiellement une composante future, qui repose en partie sur la prolongation dans l'avenir des dommages prévisibles dans le présent, et en partie sur une perte de confiance généralisée, ou sur des « potentialisateurs de risque » présumés. Les risques ont donc forcément partie liée avec la prévision, avec des destructions non encore survenues mais menaçantes, dont la réalité présente réside justement dans cette dimension à venir. Empruntons un exemple à un rapport d'expertise sur l'environnement : le conseil d'experts note que dans les zones profondes de la nappe phréatique où nous puisons notre eau potable, on n'a que très rarement ou pas du tout observé de concentrations importantes en nitrate dues à l'utilisation d'engrais azotés. Ces engrais sont largement évacués dans les sous-sols. On ne sait cependant pas comment, ni combien de temps cette situation durera. On a de bonnes raisons de penser que, à l'avenir, continuer à utiliser la strate protectrice dans sa fonction de filtre ne serait pas sans danger. Il est à craindre qu'au terme de quelques années ou décennies correspondant au temps d'écoulement, la lixiviation nitratique ne finisse par atteindre également des couches plus profondes de la nappe phréatique. En d'autres termes : la bombe à retardement est en marche. En ce sens, les risques désignent un futur qu'il s'agit d'empêcher d'advenir.

La Société du risque, Aubier-Flammarion, 2001.

Hermann Scheer (économiste, né en 1944)

Le nivellement de l'espace urbain par les systèmes énergétiques centralisés

Tant que la pénurie d'énergie a été le lot quotidien de la quasi-totalité des civilisations, on a toujours tenu à modeler les espaces de vie en tenant compte des conditions bioclimatiques données, et à utiliser les matériaux disponibles sur place pour profiter du soleil ou s'en protéger, conserver la chaleur ou rafraîchir, selon la situation bioclimatique locale. On utilisait les arbres pour arrêter le vent, les pans inclinés pour le chauffage, les couloirs de vent pour le refroidissement, les bâtiments cylindriques pour économiser l'énergie, et l'on se servait des matériaux locaux : bois de la forêt, pierres ou masses de terre que l'on trouvait sur place. Dans le monde entier, dans les villes comme dans les villages, s'est ainsi formée une grande diversité locale de structures, de styles et de matériaux du bâtiment, ce qui a constitué, avec le temps, une « évolution de l'architecture solaire », comme l'écrivent Sophie et Stéphane Behling. Cette histoire de l'évolution architecturale s'est interrompue au cours du XXe siècle. Lorsque le charbon, le pétrole, le gaz et les matériaux de construction sont devenus facilement disponibles, les bâtiments ont perdu leur caractère spécifique, lié au climat, et donc à la région.

Piste de ski artificielle à Dubaï. Photographie de Lars Tunbjork, 2008.

Comme le flot d'énergie et de matériau permettait de ne plus tenir compte des données bioclimatiques et géographiques, les architectes et les urbanistes ont été libres de créer sans tenir compte de leur environnement. Ironie du sort, cette liberté a donné le jour à une architecture globale et uniforme. Les concepteurs se sont sentis dispensés d'utiliser les systèmes naturels de refroidissement : les lignes électriques apportaient en surabondance l'énergie nécessaire à la climatisation. Ils se sont crus autorisés à ignorer les impératifs naturels de la conservation de la chaleur, parce que faire livrer sur la moitié de la planète l'énergie nécessaire ne constituait plus un problème. Ils ont utilisé des techniques de construction industrielles, mais coûteuses, en profitant des flux centralisés de l'énergie et des matériaux – et ils ont créé des bâtiments de moins en moins originaux, qui perdaient rapidement leur valeur d'identification, et qu'il fallait rénover ou raser au terme de cycles de vie toujours plus brefs. Que ce soit à Berlin ou à Rio, à Paris ou à Athènes, à Sydney ou à Boston, les édifices de la modernité architecturale sont devenus uniformes et interchangeables.

Le Solaire et l'économie mondiale, Actes Sud, 2001.

Alf Hornborg (anthropologue, né en 1954)

La thermodynamique de l'impérialisme

La question que nous devons résoudre est celle-ci : si les organismes tirent leur équilibre de leur alimentation, et exportent leur déséquilibre sous la forme de déchets, de chaleur, etc., qu'en est-il des villes ? Comment font les centres du système mondial ? La réponse est évidente autour de nous, aussi évidente que la présence d'un poisson dans l'eau. Il s'agit seulement d'ouvrir les yeux et de nous autoriser la naïveté d'une première rencontre. Le lecteur a dû s'apercevoir que les prix du marché sont les mécanismes spécifiques par lesquels les centres du système mondial extraient de l'énergie, et exportent de l'entropie vers leurs périphéries. Il serait impossible de comprendre l'accumulation, le « développement », ou la technologie moderne sans se référer à la manière dont les valeurs d'échange sont en rapport avec la thermodynamique, en l'occurrence la manière dont les institutions marchandes organisent le transfert net d'énergie et des matériaux en direction des centres du système mondial.

The Power of the Machine, Altamira Press, 2001.

Candide, opéra-comique de Leonard Bernstein (d'après l'œuvre de Voltaire),
Théâtre du Châtelet, Paris, 2006.

La Politique

PARTIE 3

Monte là-dessus, film de Fred Newmeyer
et Sam Taylor, avec Harold Llyod, 1923.

CHAPITRE 10

Nous manquons de temps

Nous manquons de temps

Dans les milieux écologistes circule une histoire comparative entre l'âge de l'univers et la durée de l'humanité sur la Terre. Cette histoire résume l'âge de l'univers à 1 an et égrène quelques dates remarquables le long des mois. L'univers créé par le big bang est donc né un 1er janvier à 0 heure. Il a fallut attendre le 10 septembre de cette année métaphorique pour voir la naissance du système solaire. Le 29 septembre, la naissance de la vie sur terre. Le 15 décembre, les premières algues. Le 30 décembre à 11 heures, la disparition des dinosaures. Ce n'est que le 31 décembre, vers 22 h 15, que l'on aperçut nos premiers ancêtres « humains », les australopithèques. Et, à 23 h 58 min 36 s, l'*Homo* devint *sapiens*. Le Néolithique commence à 23 h 59 min 39 s, tandis que Christophe Colomb découvre l'Amérique à 23 h 59 min 59 s. Il est minuit, nous sommes aujourd'hui. Cette parabole est censée contenir une morale implicite d'humilité de notre espèce par rapport aux immensités temporelles – et spatiales – de l'univers. Même rapportée à l'âge de la Terre, l'apparition de l'*Homo sapiens* est tout à fait récente. On en déduirait que, par son impact actuel sur la biosphère et sur le sous-sol, les activités humaines détruisent en quelques décennies ce qu'il a fallu des millions d'années à la nature pour élaborer. Ainsi, l'humanité va épuiser en deux siècles un pétrole non renouvelable créé il y a 100 millions d'années. L'impression qui en ressort est que le temps accéléré de l'histoire humaine est beaucoup plus rapide que l'évolution écologique ou géologique de la Terre. Nous allons trop vite. Or, ironiquement, la catastrophe écologique et géologique semble désormais aller plus vite encore que les capacités de réaction et d'adaptation de l'humanité à l'égard d'une situation qu'elle a elle-même engendrée. Après avoir profondément bouleversé la biosphère et le sous-sol, l'humanité est prise de vitesse par les conséquences non anticipées de son impact sur ces deux entités naturelles. C'est la « revanche de Gaïa[1] ».

Dans les années soixante, l'humoriste Pierre Dac affirmait : « Il est encore trop tôt pour savoir s'il est déjà trop tard. » Aujourd'hui, nous pouvons évaluer plus précisément la vitesse d'approche de la catastrophe par un ensemble d'indicateurs suffisamment inquiétant pour estimer que nous sommes dans le compte à rebours, et non dans le projet de société rêvée. La thèse que je soutiens dans ce chapitre est que la catastrophe est désormais inévitable – « il est trop tard » –, mais que nous pouvons en réduire les effets désastreux afin de protéger tant que faire se peut les personnes les plus défavorisées et les plus exposées.

La durée du changement : économie politique du *peak oil*

En février 2005, à la demande du ministère américain de l'Énergie, trois experts ont remis un rapport sur les impacts, la réduction et la gestion du risque de la décroissance prochaine de la production mondiale de pétrole[2]. Les auteurs ont d'abord observé ce qu'il en fut de l'économie mondiale après les chocs pétroliers de 1973 et de 1979. Bien que relativement brefs, ces chocs ont entraîné inflation, récession, chômage et taux d'intérêt élevés pendant plusieurs années. Le *peak oil* que le monde affronte aujourd'hui présente des caractéristiques différentes de celles des deux chocs pétroliers passés (› voir chapitre 5). Essentiellement : tandis que les chocs pétroliers des années soixante-dix étaient politiques et conjoncturels, le *peak oil* est un phénomène structurel d'origine géologique, économique et géopolitique. Ses impacts pourraient durer très longtemps. L'humanité n'a jamais affronté un problème aussi grave que celui du *peak oil*. Les auteurs imaginent trois scénarios d'atténuation de ses impacts : selon le premier, l'humanité ne tente aucune action avant l'arrivée du pic ; selon le second, une

1. James Lovelock, *La Revanche de Gaïa, pourquoi la Terre riposte-t-elle ?*, Flammarion, 2007.

2. Robert Hirsch, Roger Bezdek et Robert Wendling, *Peaking of World Oil Production : Impacts, Mitigation, & Risk Management*, Department of Energy, National Energy Technology Laboratory, février 2005.

Brinks livraison d'essence. – « Merci les gars ». © Larry Wright, 2005.

politique mondiale d'atténuation des effets de pic est entreprise dix ans avant son arrivée ; selon le troisième, l'atténuation commence vingt ans avant le pic. En outre, on suppose que toute la politique d'atténuation commence immédiatement par la mise en œuvre d'un programme radical, une véritable économie de guerre centrée sur une seule orientation : trouver massivement des substituts liquides au pétrole brut. En effet, c'est le secteur des transports, dépendant du pétrole à plus de 95 %, qui exige des liquides hydrocarbonés et rien d'autre. On ne peut rouler avec du charbon solide, ni décoller avec du gaz naturel, du nucléaire ou des éoliennes.

Sans considération aucune sur l'accroissement des émissions de gaz à effet de serre, nos auteurs envisagent cinq directions pour perpétuer l'addiction aux liquides dans les transports : augmenter l'efficacité énergétique des moteurs, accroître la conversion du gaz naturel en liquides (*GTL, gaz to liquids*), pousser l'extraction des huiles extra-lourdes de l'Alberta et de l'Orénoque, augmenter la conversion de charbon en liquides (*CTL, coal to liquids*), améliorer le taux d'extraction du pétrole. Enfin, le « rapport Hirsch » se place dans les hypothèses les plus conservatrices d'une demande mondiale de liquides hydrocarbonés augmentant de 2 % par an, tandis que la décroissance de l'offre de pétrole brut après passage du pic serait de

2 % par an[3]. Que disent alors les trois scénarios envisagés ? Dans le premier d'entre eux – on attend le pic pour agir –, les conséquences mondiales sont de grandes pénuries de liquides, très durables (plusieurs décennies) ; dans le second – on agit dix ans avant le pic –, les pénuries se font sentir mais le pic est un peu retardé ; dans le troisième enfin – on agit vingt ans avant le pic –, le chaos est évité et une transition énergétique douce est possible. Quel que soit le scénario, le coût de la mise en œuvre mondiale de ce programme rigoureux est estimé par les auteurs à 1 000 milliards de dollars par an pendant vingt ans, soit deux fois le budget annuel de la France, chaque année, pendant cette durée. Le problème est de savoir quand aura lieu le *peak oil*. Hélas, c'est aujourd'hui. Il est donc trop tard pour éviter le choc. Un exemple entre mille : lorsque le baril sera à 300 dollars et le super à 5 euros le litre, quelles seront les conséquences sur la construction et la maintenance des satellites de communication, des relais de téléphonie mobile, des câbles sous-marins et des fibres optiques terrestres qui constituent l'infrastructure de notre Internet ? Fini. Terminé. Certains biens et marchandises physiques seront transportés, mais les réseaux de communication fondés sur les cristaux de silicium seront morts. Imaginez le monde sans mail et sans Web.

Énergie et démographie

L'énergie est la seule ressource qui donne les moyens de faire. Toutes les autres ressources naturelles ou fabrications intermédiaires ne peuvent être utilisées par les humains qu'au moyen d'une ou de plusieurs sources d'énergie accessibles. Bien que le pétrole soit (presque) irremplaçable, d'autres énergies primaires peuvent s'y substituer dans certaines applications, notamment le chauffage et la production d'électricité. Se pose alors la question de savoir si et quand ces autres sources d'énergie déclineront elles aussi. Plusieurs auteurs[4] ont tenté de modéliser ainsi la croissance, la culmination, puis le déclin de l'énergie en général, toutes sources confondues. Y a-t-il un pic de

3. ExxonMobil, la plus grande compagnie pétrolière privée du monde, estime cette décroissance dans une fourchette de 4 % à 6 %.

4. Notamment Chris Clugston (États-Unis) et Paul Chefurka (Canada).

l'énergie mondiale disponible ? Quand se produirait-il ? Quelles en seraient les conséquences en matière démographique ?

Au vu des données publiques sur l'ensemble des sources d'énergie, il est probable que le pic énergétique planétaire – le « *peak energy* » – adviendra vers 2025, l'énergie totale disponible déclinant continûment ensuite. Bien sûr, on peut toujours rêver de découvrir une nouvelle source d'énergie primaire, inconnue à ce jour, qui se substituerait aux énergies fossiles, avec les mêmes qualités, les mêmes quantités et la même polyvalence que celles-ci. On peut aussi imaginer que l'on trouvera de nouveaux gisements d'énergies fossiles suffisamment massifs et accessibles pour contrebalancer la déplétion des gisements actuellement connus. Ces deux expectations sont vaines. Reste la seule solution pour repousser la date et les conséquences dramatiques du *peak energy* : une réduction drastique et longue du niveau de consommation énergétique dans le monde, en commençant par les pays et les personnes les plus « énergivoraces », c'est-à-dire nous : les pays de l'OCDE et les 20 % d'humains les plus riches.

Parallèlement, il existe une corrélation historique entre, d'un côté, la quantité totale d'énergie dans le monde et, d'un autre, le niveau démographique et le niveau de vie. Cette corrélation est si forte qu'on peut émettre l'hypothèse d'une causalité : plus il y a d'énergie disponible, plus la Terre peut supporter un grand nombre d'individus à un certain niveau de vie. Réciproquement : moins il y aura d'énergie disponible, moins notre planète pourra accueillir d'individus à un certain niveau de vie. Si cette hypothèse est vraie, comme je le crois, le nombre maximal d'humains sur terre, au niveau de vie moyen actuel, déclinera d'environ 7 milliards et demi d'individus vers 2025 à environ 5 milliards en 2050, puis 2 à 3 milliards en 2100, et 1 à 2 milliards en 2200. Nous atteignons les limites de cette prospective par certains des présupposés de la méthode qui assimile toutes les énergies primaires entre elles, alors que nous savons, par exemple, que l'on ne peut faire rouler des véhicules ou décoller des avions avec de l'éolien, du solaire ou du nucléaire. Il faut également préciser les arbitrages possibles entre le nombre d'habitants de la planète et le « niveau de vie moyen actuel ». En résumant dans l'expression « niveau de vie moyen » de la Terre le rapport entre la consommation d'énergie annuelle par personne et le nombre de la population, ou pourrait énoncer que plus le niveau de vie moyen est élevé, moins la planète peut accueillir de personnes et, réciproquement, qu'un niveau de vie bas permet un niveau de population plus grand.

Distinguons le niveau de vie actuel de subsistance, celui de pays tels que le Zimbabwe, l'Inde ou l'Angola – ou de la Terre à l'époque du Christ ! –, le niveau de vie moyen actuel, quatre fois plus élevé, en cours au Panamá, en Roumanie ou en Serbie, enfin le niveau de vie moyen aux États-Unis, cinq fois plus élevé que le précédent. Alors, compte tenu du pic énergétique vers 2025, la Terre pourrait supporter encore 8 milliards de personnes en 2100 au niveau de vie actuel de subsistance, 2 milliards de personnes au niveau de vie moyen actuel, et 400 millions de personnes au niveau moyen actuel des États-Unis. Bref, après le pic énergétique, une combinaison de la population mondiale et de son niveau de vie moyen baissera inexorablement. Cette prospective nous apprend aussi que jamais la majorité – sans parler de la totalité – de la population du monde ne vivra comme les Étatsuniens d'aujourd'hui. Enfin, l'expérience d'une telle descente énergétique après 2025 est une première absolue dans l'histoire de l'humanité. Jusqu'à présent, nous avions toujours plus d'énergie disponible lorsque nous en demandions plus, et nous en espérions encore plus dans le futur. Bientôt, ce sera moins. Les conséquences psychologiques, collectives et individuelles, d'un renversement de la réalité et de l'espérance, par lequel les choses iront de moins en moins bien, sont sans précédent dans notre histoire. Quelles seront les réactions des populations dans les pays de l'OCDE lorsque leur « niveau de vie moyen » diminuera pour toujours ? Pis, lorsque, partout dans le monde, le nombre des habitants décroîtra massivement en raison des famines, des maladies et des guerres ? Le problème du déclin de l'énergie disponible, à lui seul, a pour conséquence irrémédiable la question de la survie civilisée de l'espèce humaine.

La surcharge et la mort

La capacité de charge humaine sur un territoire dépend des quantités de ressources disponibles pour la population qui l'habite. Les populations de plantes et d'animaux sont ainsi limitées par l'accès à la nourriture. La disponibilité de la nourriture peut varier selon les saisons et les années, mais, en moyenne, si une population animale est en dessous de la capacité de charge de son territoire, elle va augmenter jusqu'à cette limite et se stabiliser. En effet, les besoins individuels en nourriture sont une constante pour une espèce donnée. Aucun animal adulte ne mange dix fois plus que ses congénères. Aucune génération d'une espèce animale ne mange dix fois plus que la précédente. Du point de vue alimentaire, il en est de même pour l'espèce humaine, nos besoins individuels se situant entre 2 000 et 4 000 kilocalories par jour. Pourtant, la situation de l'humanité est très différente puisque nous avons vu (› voir chapitre 1) que son empreinte écologique est au-dessus de la biocapacité de la Terre depuis trente ans. Comment expliquer ce dépassement ? Ce qui nous distingue des autres espèces est le type de ressources que nous consommons et que ne consomment pas les autres : les ressources non alimentaires, au premier rang desquelles se trouvent les énergies fossiles. Les animaux consomment essentiellement des flux renouvelables de nourriture, les humains consomment essentiellement des stocks non renouvelables d'énergie. C'est cette disponibilité à bon marché des énergies fossiles qui, jusqu'à aujourd'hui et au prix d'une pollution croissante, a permis à l'humanité de vivre au-dessus de la capacité de charge de la planète. C'est-à-dire avec un si grand nombre d'humains pour un niveau de vie moyen donné. Cette époque s'achève avec l'arrivée du pic de pétrole et, dans quelques années, du pic énergétique général. La surcharge que nous et nos activités constituons pour la biosphère va se résoudre en un déclin irréversible, en une décimation dramatique de nos enfants et petits-enfants.

L'effroi qui nous saisit et l'aversion à penser de telles questions démographiques ne feront, hélas, qu'aggraver le problème si nous refusons de l'examiner, si nous ne l'anticipons pas lucidement. Les modèles courants de l'Institut national d'études démographiques (INED) ou de la Division des populations de l'ONU nous rassurent par des scénarios de « transition démographique » douce. Ils prévoient que la population se stabilisera vers 2050 autour de 9 à 10 milliards d'individus par une baisse des taux de fertilité due à l'éducation des jeunes femmes du Sud, et grâce à l'industrialisation des pays pauvres ou « émergents ». Tout cela est irréaliste. Bien sûr, l'éducation et l'émancipation des femmes constituent un objectif que nous partageons sans réserve. Quel que soit le nombre d'humains, ce principe égalitaire doit être mis en œuvre pour contrebalancer certaines pseudo-valeurs « masculines » déplorables de domination et d'exploitation. Mais nous ne pouvons pas espérer que cette promotion des femmes puisse résoudre notre problème d'empreinte écologique excessive dans le temps qui nous

Ouka Leele
Le Baiser, 1980.

reste. Car l'éducation et l'émancipation des femmes sont des processus longs, émaillés de luttes persévérantes pour l'égalité. Songeons que, en France même, il aura fallu plus d'un siècle et demi entre la révolution de 1789, qui proclamait « Liberté, égalité, fraternité », et le droit de vote des femmes obtenu en 1944. Aujourd'hui encore, il n'est que de constater la composition sexuée de l'Assemblée nationale et du Sénat, ou la non-application du principe « À travail égal, salaire égal » dans les entreprises, pour conclure que l'obscurantisme inégalitaire entre genres existe encore dans notre pays. Cependant, aucun de ces efforts égalitaires entre sexes n'est inutile. Cette émancipation féminine sera même très précieuse lorsque nous entrerons dans la décroissance de l'énergie totale disponible et dans le déclin concomitant de la démographie mondiale. À cette époque-là, toute naissance évitée soustraira un enfant aux risques affreux de guerre, de maladie et de famine.

De même, l'idée selon laquelle l'industrialisation des pays « sous-developpés » permettra une transition démographique douce est incompatible avec les perspectives exposées ici de désindustrialisation planétaire due à la déplétion des énergies fossiles et des matières premières minérales. Jamais les Chinois, les Indiens, les Brésiliens, les Africains… ne vivront comme les Européens ou les Américains d'aujourd'hui parce qu'il n'y aura pas assez de charbon, de gaz et de pétrole à bon marché pour satisfaire leur désir d'exubérance énergétique et matérielle. Il faudrait en effet multiplier par cinq la production énergétique et matérielle mondiale pour que le niveau de consommation de ces pays rejoignent celui qui est le nôtre actuellement. Impossible. Enfin, ceux qui rêvent d'une nouvelle source d'énergie abondante et à bon marché – tels les délirants du projet ITER (*International Thermonuclear Experimental Reactor*) de fusion nucléaire – commettent une erreur d'appréciation sur l'espèce humaine. Les exemples de ce que nous avons fait avec les énergies fossiles et le nucléaire devraient nous inspirer plus de prudence. Nous avons épuisé le sous-sol, pollué les terres, les mers et l'atmosphère, fait fondre les glaciers, déréglé le climat et exterminé des milliers d'espèces. Et l'on voudrait que plus d'énergie encore change ce comportement ! Plus grave que le *peak oil* serait l'absence de *peak oil*. J'écris une dernière phrase d'une main tremblante : le déclin démographique proche sera catastrophique au-delà de ce que nous pouvons imaginer. Dire que la population du monde va perdre 3 milliards d'habitants en trente ans n'est pas un froid constat de prévisionniste statisticien. La perspective est humainement insupportable. Hélas, elle est devant nous.

Les systèmes peuvent-ils s'adapter à un changement rapide ?

Le temps est la matière première la plus précieuse. Totalement non renouvelable. Dans l'évolution des écosystèmes, la vitesse de changement des températures est le facteur le plus important au regard de l'impact du réchauffement climatique. Lorsque les températures moyennes globales augmentent, les isothermes[5] se déplacent vers les pôles, et de nombreuses espèces végétales et animales doivent migrer avec les isothermes pour retrouver une zone habitable. Si ces espèces sont incapables de suivre le mouvement, elles meurent et il s'ensuit

5. Sur une carte ou un globe terrestre, les isothermes sont les lignes reliant les zones de même température.

une dégradation des écosystèmes qui les abritaient. Le réchauffement qui a clos le dernier âge glaciaire, il y a quinze mille ans, est considéré comme rapide, alors qu'il a duré cinq mille ans pour une élévation de la température de 5 °C, soit un taux de croissance de 0,01 °C par décennie. De nombreuses espèces dominantes et très répandues se sont éteintes pendant cette période (mammouth laineux, *Megaloceros*, lion des cavernes,...). Aujourd'hui, la plupart des scénarios du GIEC prévoient une élévation de la température moyenne de 0,3 °C à 0,4 °C par décennie, vers le milieu de ce siècle : soit quinze à vingt fois plus rapide qu'à la fin du dernier âge glaciaire. Pour une augmentation de 0,4 °C par décennie, les isothermes migreront vers les pôles à raison de 120 kilomètres par décennie. À cette vitesse, la quasi-totalité des écosystèmes sera déstructurée. Les espèces les plus mobiles migreront en essayant de trouver des habitats nouveaux où elles pourront vivre. Les espèces moins mobiles essaieront de s'adapter à l'élévation des températures, à condition qu'elles ne dépendent pas des espèces mobiles disparues, sinon elles mourront. Depuis vingt-cinq ans, la zone dite tropicale s'est étendue vers le nord et vers le sud d'environ 2,5 ° de latitude, soit une vitesse équivalente à 110 kilomètres par décennie. Cette vitesse d'expansion est plus grande que celle de 2 ° de latitude en 2100 prévue par le plus pessimiste des scénarios du Groupe Intergouvernemental sur l'Évolution du Climat (GIEC).

À leur tour, les systèmes sociaux, les sociétés, sont déjà et seront plus encore touchés par l'accélération de la crise écologique, du changement climatique et du pic énergétique. L'humanité néolithique s'est endormie sur une fausse impression de sécurité avec la relative stabilité climatique de l'Holocène (de 10 000 ans avant Jésus-Christ jusqu'à aujourd'hui). Nous dormons plus profondément encore depuis les deux siècles de la révolution industrielle permise par l'abondance et l'accessibilité des fossiles à bon marché. Faute d'avoir anticipé à leurs justes mesures les changements écologiques, climatiques et énergétiques actuels, l'humanité devra affronter sans préparation des bouleversements naturels abrupts, désormais inévitables, et des perturbations sociales potentiellement destructrices de toute civilisation.

TEXTES

Ingrid Betancourt (écologiste politique, né en 1961)

Pas de futur sans écologie

« Bien, eh bien je voudrais dire bonjour à tous ici.

Il y a 30 ans, la conscience de l'écologie, de l'environnement s'est éveillée dans le monde, exprimant un souci citoyen pour le futur de l'humanité et pour l'avenir de la planète.

À partir de là, les partis verts se sont créés. Aujourd'hui, comme rarement dans l'histoire de la pensée universelle politique, la force de la pensée environnementaliste apparaît comme un mouvement qui peut offrir une alternative sérieuse de gouvernance face à l'échec dramatique de la prédominance des politiques néo-libérales. Alors que nos sociétés sont tombées dans les abîmes de l'autodestruction, de l'*apartheid* économique, et de la dictature du profit, les Verts se révèlent être les seuls proposant un nouveau contrat social et un nouveau modèle économique. Heureusement, ce courant de pensée atteint sa maturité idéologique aujourd'hui, en ce moment où la survie de l'humanité est en jeu. À ce Congrès mondial des Verts, il est important de considérer tous les scenarii politiques dont nos forces débattent. Ne regardons pas ce que nous n'avons pas réussi, mais ce que nous pouvons fabriquer, ce que nous pouvons faire, et les domaines dans lesquels nous devons travailler. Ne faisons pas la liste de nos faiblesses, mais plutôt, revendiquons nos forces, parce que ce qui nous revient, en tant que leaders verts dans cette génération, est de livrer la bataille et de la gagner. Notre destin n'est pas d'être une force politique marginale, non plus que nous ne pouvons nous satisfaire d'être une force de soutien pour la construction de majorités politiques temporaires. Nous devons rechercher le pouvoir et l'obtenir. Nous ne pouvons pas nous sous-évaluer parce que le monde est tourné vers nous et attend de grandes actions. C'est ça la réalité. Nous faisons flotter le drapeau moderne du nouvel humanisme, notre combat est celui du salut de la planète, il est pour la survie de toute l'humanité, de son histoire, de sa dignité, de sa richesse culturelle accumulée, et de sa diversité. C'est notre nouvelle frontière, une frontière immatérielle et universelle, frontière plus dramatique que la conquête du Nouveau Monde, ou

Opération du WWF qui a déposé sur le parvis de l'Hôtel de ville de Paris 1 600 pandas en papier mâché. Photographie de Henri Behar, 2008.

que le premier pas de l'homme sur la Lune, parce que pour l'atteindre, nous ne pouvons pas compter sur notre résistance physique, morale ou technologique.

S'il est vrai que la foi déplace les montagnes, et que David a vaincu Goliath, alors notre combat devrait être victorieux. Parce que pour défendre le droit de vivre aujourd'hui comme dans le passé, cela implique de l'héroïsme, du caractère, et du courage. Ne nous trompons pas nous-mêmes. Pour être verts dans ce nouveau millénaire, nous devons revêtir l'uniforme du nouveau samouraï. Pour défendre nos valeurs, nos principes, nos idéaux, par-dessus tout, même plus que nos vies. Parce que sans ces valeurs, sans ces principes, et sans ces idéaux, la vie devient une condamnation.

Nous devons comprendre l'essence de ce que nous dessinons pour le monde, le salut de la planète, le droit de vivre, ce n'est rien d'autre qu'un combat pour des valeurs. Ces valeurs sont celles que tous les êtres humains partagent, indépendamment de la couleur de notre peau, ou du nom que nous donnons à nos dieux. Et parce que ce sont des valeurs essentielles, elles ne sont pas négociables. Dessiner un nouvel ordre économique, un nouveau pacte social, ce n'est pas une utopie, c'est simplement une chose basique, le minimum, pour continuer de fonctionner comme des sociétés dans un monde globalisé. Je dis cela avec force et angoisse, parce que je crains que nous ne puissions plus perdre de temps. Aujourd'hui, nous avons une chance, il est encore temps de stopper le système d'autodestruction qu'ils veulent nous imposer. Mais cela dépend de notre volonté, de notre force de caractère, de notre engagement et pas de ce qu'ils voudront nous accorder de leur pouvoir.

Pour cette raison, la première chose que nous devons vaincre, c'est notre propre scepticisme. Cette guerre que nous allons gagner sera gagnée plus rapidement parce que nous pouvons communiquer des certitudes vers les multitudes. C'est une confrontation moderne dans laquelle l'information est stratégique et elle sera gagnée d'abord avec des idées. Le futur est vert et il le sera. Merci. »

Discours lors du Ier Congrès des Verts mondiaux,
Canberra (Australie), avril 2001.

Sunita Narain (environnementaliste, directrice du Centre pour la science et l'environnement de New Delhi, née en 1961)

Quel chemin prendre ?

Premièrement, nous devons convenir que les pays riches doivent réduire sérieusement leurs émissions de gaz à effet de serre. Ceux-ci se sont accumulés au fil du temps dans l'atmosphère tandis que le monde créait des richesses. C'est la « dette naturelle » qui a déjà provoqué une instabilité climatique. Et maintenant les pays émergents en quête de croissance économique vont aussi y mettre du leur. Cela ne donne pas le droit aux pays riches de botter en touche et de rejeter les mesures sévères et obligatoires indispensables pour réduire leurs émissions. Le principe est clair : les pays riches doivent réduire leurs émissions pour que nous (les pays pauvres) puissions nous développer. Deuxièmement, nous devons en effet convenir que les pays pauvres et les pays émergents ont besoin de se développer. Pour eux, les engagements de réduction des émissions ne seront pas juridiquement obligatoires mais se fonderont cependant sur des objectifs et des programmes nationaux. Pour ces pays, il faudra trouver des stratégies de croissance à la fois faiblement émettrices de gaz à effet de serre et ne remettant pas en cause leur droit au développement. Des pays comme l'Inde et la Chine offrent à la planète la chance d'éviter une aggravation des émissions parce qu'ils sont encore à construire leurs infrastructures en matière d'énergie, de transport, d'industrie.

Nous (Indiens, Chinois…) pourrions investir dans des technologies permettant de faire de grands bonds en avant. Nous pourrions construire des villes autour de transports publics performants, fonder notre sécurité énergétique sur des systèmes locaux et interconnectés (utilisant biocarburants et autres sources renouvelables), appliquer dans nos industries les technologies les plus performantes sur le plan de l'énergie et de la pollution. Nous (dans ces pays émergents) savons bien qu'il n'est pas de notre intérêt de polluer puis ensuite de nettoyer, ni de manquer d'efficacité avant de

La cité Bedzed, dans le sud de Londres, un exemple d'urbanisme écologique : un habitat sain et économe. Photographie de Lionel Astruc.

procéder à des économies d'énergie. Mais les nouvelles technologies sont chères. La Chine et l'Inde n'ont pas envie d'investir par entêtement dans des procédés sales et particulièrement consommateurs d'énergie. Ils font comme faisaient avant eux les pays qui sont maintenant riches : croître, lâcher plus de gaz à effet de serre, faire de l'argent puis un jour investir dans des procédés plus efficaces. Une mécanique enrayée. Si l'on pense que les pays émergents pourraient fort bien passer directement à des technologies plus propres, pourquoi cela ne se fait-il pas ? Pourquoi ces grandes phrases qui débouchent sur si peu de choses ? Lors des négociations du protocole de Kyoto, le monde a décidé d'inventer le mécanisme de développement propre afin de financer les transitions technologiques dans les pays pauvres. Les pays riches avaient une idée fixe : parvenir à remplir leurs obligations de réduction des émissions de gaz à effet de serre au moindre coût, en passant par les pays du Sud. La valeur de l'unité de transaction (une tonne d'équivalent CO_2) n'est pas du tout en rapport avec le coût des options énergies renouvelables et *high-tech*. Ce MDP est, dans son application, un système de développement au rabais et de plus en plus entaché de corruption, compliqué à souhait, avec des règles qui détournent les gouvernements d'envisager des évolutions profondes, de promouvoir des politiques novatrices favorables aux énergies et modes de production propres. Une politique pourtant sensée et déjà bien lancée n'est pas valable dans le cadre du MDP : comme elle ne répond pas au critère d'additionnalité, elle ne peut prétendre à un financement. C'est un théâtre de l'absurde qui devrait nous tirer des larmes. [...]

Messieurs les Indiens, bougez-vous ! Pour les responsables politiques de notre pays, les choix sont simples : jouer un rôle crucial à cette croisée des chemins, ou bien entrer dans un spectacle en trompe l'œil, dire que ça ne presse pas, ou bien se battre pour les victimes du changement climatique et exiger des pays riches qu'ils prennent des mesures plus sérieuses, prétendre que ce problème disparaîtra quand nos pays encore pauvres se seront enrichis, ou bien montrer à la fois aux pays riches et aux pays pauvres qu'il peut exister d'autres chemins vers la croissance et le progrès. Ne laissons pas nos leaders politiques tergiverser. Il n'y a pas trente-six façons de faire. Le changement climatique est une situation de crise extraordinaire qui exige des solutions extraordinaires, ni plus ni moins.

Notre Terre, n° 24, 3 décembre 2007.

Kenneth E. Boulding (économiste, 1910-1993)

Courbe de Malthus et contrôle des naissances

Presque tout le monde a entendu parler de la théorie de Malthus selon laquelle si la reproduction continue à un rythme constant par individu, l'accélération provoquera la pénurie des ressources alimentaires et la population se verra limitée par la pauvreté, la malnutrition et la maladie. Que la population mondiale semble être sur cette courbe malthusienne est un fait reconnu.

Quand on permet à des populations de microbes ou des populations animales dans les laboratoires de se reproduire à l'infini, la surpopulation a beaucoup d'effets négatifs qui sont causés par la densité même tels que des interactions de gaspillage et des comportements aberrants qui mettent en cause le processus de reproduction lui-même. Mathématiquement, ces interactions sont proportionnelles au carré de la densité.

Si la source d'énergie est limitée, la croissance s'arrêtera et la population se stabilisera à un certain niveau jusqu'à ce que s'équilibre la demande avec l'énergie disponible.

Beyond Economics, The University of Michigan Press, 1968.

Hans Jonas (philosophe, 1903-1993)

Discernement et faculté d'agir

S – Tchernobyl a bien créé un choc, mais de courte durée, si bien que l'on pourrait poser la question hérétique suivante : l'humanité aurait-elle besoin d'autres Tchernobyl ?

H. J. – La question n'est nullement injustifiée même si elle est cynique et si la réponse ne peut, elle aussi, qu'être cynique. Il se pourrait que l'homme n'ait pas reçu de coup de semonce sérieux et que les réactions, pourtant déjà fort douloureuses, de la nature torturée, ne l'aient pas incité à la raison. Et il se pourrait bien que les choses empirent en sorte que l'homme, grisé par des besoins sans cesse croissants et par la possibilité illimitée de les satisfaire, en revienne à un niveau compatible avec la pérennité de l'environnement qui lui est nécessaire. Il faut à nouveau parvenir à un équilibre un tant soit peu stable. Peut-être est-il trop tard, compte tenu du nombre sans cesse croissant des êtres humains, auquel cas, l'accroissement de la population tel qu'on l'a connu jusqu'à

présent devra s'inverser au profit d'une diminution de la population mondiale.

S. – Il y a peu de temps, on a posé aux spectateurs d'une émission de télévision la question suivante : Peut-on sauver la Terre ? 75 % d'entre eux y ont répondu par la négative. N'est-il pas très étonnant qu'en dépit d'estimations aussi apocalyptiques l'humanité continue tout simplement comme par le passé ?

H. J. – Que signifie ici « sauver » ? Et qu'entend-on par déclin ? Ce n'est pas « la Terre » qui est en danger mais bien plutôt les richesses de ses espèces actuelles, auxquelles nous faisons subir un appauvrissement effroyable. Du point de vue de l'histoire de l'homme, cela peut signifier le naufrage tragique de la plus haute culture, sa chute dans un nouveau primitivisme, dont la responsabilité nous incomberait, compte tenu de la prodigalité irréfléchie à laquelle nous a poussés l'immensité de notre puissance.

Une éthique pour la nature, Desclée de Brouwer, 2000.

Quentin Bertoux, *S'éloigner du danger*, 2006.

Richard Heinberg (journaliste, né en 1950)

Lettre écrite depuis le futur

Salut à vous, peuples de l'an 2007 ! Vous vivez l'année de ma naissance ; j'ai 100 ans maintenant, et je vous écris depuis l'an 2107. J'utilise les derniers restes de la physique moderne que les scientifiques ont développés pendant votre ère, afin d'envoyer ce message électronique vers le passé, dans l'un de vos réseaux informatiques. J'espère que vous le recevrez, et qu'il vous encouragera à faire une pause pour réfléchir à votre monde et aux actions à y mener.

De moi-même je me contenterai de dire juste le nécessaire : je suis un survivant. J'ai eu énormément de chance à de nombreuses reprises et dans des circonstances nombreuses, et je peux dire que le fait que je sois là à écrire ce message tient du miracle. J'ai passé une grande partie de ma vie à tenter de mener une carrière d'historien, mais les circonstances m'ont contraint à apprendre aussi à être fermier, fourrageur, combattant de guérilla, ingénieur – et à présent physicien. Ma vie a été longue et remplie d'événements [...] Mais ce n'est pas pour vous raconter tout cela que je me suis donné tant de mal. C'est pour vous dire ce dont j'ai été témoin pendant le siècle passé que je me sens obligé de recourir à ces moyens extraordinaires.

Vous vivez la fin d'une ère. Peut-être ne pouvez-vous pas comprendre cela. J'espère que vous y parviendrez, quand vous aurez fini de lire cette lettre. [...]

Vous vous demandez probablement si j'ai des bonnes nouvelles à vous donner, si j'ai quelque chose d'encourageant à vous dire sur l'avenir de votre monde. Eh bien, comme souvent, cela dépend de votre point de vue. La plupart des survivants en ont tiré des leçons profitables. Ils ont appris ce qui est important dans la vie et ce qui ne l'est pas. Ils ont appris à conserver soigneusement les sols fertiles, les graines viables, l'eau propre, l'air non pollué, et les amis sur lesquels on peut compter. Ils ont appris à assumer leurs propres existences, plutôt de d'attendre d'être pris en charge par quelque gouvernement ou corporation. Il n'y a plus d'« emplois » maintenant, donc les gens ont tout leur temps. Ils pensent davantage à eux-mêmes. Il en résulte, pour ces raisons entre autres, que les anciennes religions ont été largement laissées de côté, et que les peuples ont largement redécouvert la spiritualité dans la nature et dans leurs communautés locales. Les enfants aujourd'hui ont très envie d'apprendre et de créer leur propre culture. Les traumatismes de l'effondrement de la civilisation industrielle font partie du passé ; c'est de l'histoire maintenant. C'est une nouvelle époque.

Peak Everything, New Society Publishers, 2007.

Léonard Cohen

(auteur-compositeur-interprète, né en 1934)

Le futur

Rends-moi ma nuit agitée
Ma chambre secrète, ma vie cachée
On se sent seul ici,
Il n'y a plus personne à torturer
Donne-moi le contrôle absolu
Sur chaque âme vivante
Et reste à mes côtés, bébé,
C'est un ordre !

Donne-moi du crack et du sexe anal
Prends le seul arbre qui reste
Et avec bouche le trou
Dans ta culture
Rends-moi le mur de Berlin
Rends-moi Staline et saint Paul
J'ai vu l'avenir, frère :
C'est l'enfer.

Les choses partent à la dérive dans toutes les directions
Ce ne sera pas rien
Rien que tu puisses mesurer
Le blizzard du monde
A franchi le seuil
Et il a renversé
L'ordre des âmes
Quand ils disaient REPENTEZ-VOUS
Je me demande ce qu'ils voulaient dire
Quand ils disaient REPENTEZ-VOUS

Je me demande ce qu'ils voulaient dire
Quand ils disaient REPENTEZ-VOUS
Je me demande ce qu'ils voulaient dire

Le vent ne t'a pas dit qui je suis
Tu ne le sauras jamais, tu ne l'as jamais su
Je suis le petit juif
Qui a écrit la Bible
J'ai vu l'essor et la chute des nations
J'ai entendu leurs histoires, je les ai toutes entendues
Mais l'amour est la seule machine de survie
Ton domestique, on lui a dit
De parler clairement, de parler froidement :
C'est fini, ça n'ira pas plus loin
Et maintenant les roues du paradis sont arrêtées
Tu as senti le fouet du diable
Tiens-toi prêt pour l'avenir :
C'est l'enfer.

The frightening black devil.

Les choses partent à la dérive…

On désobéira à l'ancien code de l'Ouest
Ta vie privée explosera subitement
Il y aura des fantômes
Il y aura des incendies sur la route
Et l'homme blanc qui danse
Tu verras une femme
Suspendue par les pieds
Son visage recouvert par sa robe retournée
Et tous les petits poètes minables
Passant par là
Essayant de sonner comme Charles Manson

Rends-moi le mur de Berlin
Rends-moi Staline et Saint Paul
Rends-moi le Christ
Ou donne-moi Hiroshima
Détruis un autre fœtus maintenant
De toute façon on n'aime pas les enfants
J'ai vu l'avenir, bébé :
C'est l'enfer.

Les choses partent à la dérive…

Chanson de Léonard Cohen, 1992.

La Guerre des étoiles : un nouvel espoir
(4e épisode), film de Georges Lucas, 1977.

CHAPITRE 11

Vous avez dit paradigme ?

Vous avez dit paradigme ?

Depuis leur apparition dans le paysage politique, les partis écologistes n'ont jamais réduit leurs analyses et leurs propositions à la simple « défense de l'environnement ». Les Verts, partout dans le monde, ne sont pas des partis spécialisés, monothématiques, mais des formations politiques généralistes, exprimant critiques et solutions dans tous les domaines de la vie publique. Mieux, ils prétendent présenter une nouvelle vision du monde, une *Weltanschauung*, un paradigme fondé sur un ensemble articulé de concepts propres à décrire la réalité et à agir sur elle, concepts concurrents et plus adaptés que ceux des philosophies politiques classiques.

Si l'on entend par « paradigme » une représentation du monde, intellectuellement forgée pour expliquer ce monde mieux que ne le font les traditionnels libéralisme et marxisme, alors ce livre est l'esquisse, trop sommaire, de ce que je crois être le paradigme écologiste. Bien que le mot « idéologie » soit aujourd'hui disqualifié par l'idéologie libérale, un paradigme politique est une idéologie, un modèle politique du monde (› voir chapitre 6). Mais c'est aussi une représentation commune, largement partagée par une majorité dans une société, ce qui n'est pas encore le cas du paradigme écologiste en France, en Europe ou dans le monde. Celui qui règne aujourd'hui en maître dans les esprits et les pratiques des acteurs de la scène mondiale est plutôt le paradigme « libéral », avec toutes les variantes que l'on veut, en dépit de son échec dans les domaines écologiques, économiques et sociaux. Mais, du point de vue du paradigme écologiste, il n'existe guère de différence entre les paradigmes libéraux et marxistes – socialistes, si vous voulez – que nous regroupons sous le terme de « productivisme » (› voir chapitre 5). C'est donc en opposition à ce paradigme productiviste que je décrirai ce que tend à être le paradigme écologiste.

J'ai énoncé en introduction une douzaine de termes censés résumer les chapitres de ce livre : l'écologie est une pensée globale, systémique, de l'accélération, de l'irréversible et de l'imprévisible, une pensée matérialiste, de la mesure, de la responsabilité, du droit, du changement, de l'urgence et du devenir humain, totale et politique. Cette simple liste ne suffit pas à définir un paradigme, bien qu'elle puisse en exprimer le parfum. Je tenterai de décrire le paradigme écologiste en exposant les éléments qui le différencient systématiquement du paradigme productiviste, à la lumière des travaux de quelques penseurs écologistes[1].

Commençons par la science et la technologie

Tout part de la catastrophe écologique qui s'avance puisqu'elle nous oblige à penser l'impensable, à remettre fondamentalement en question les relations entre les humains et les non-humains. Une révolution dans la pensée et l'action. Certains observateurs du changement de paradigme ont cru d'abord déceler une transition en cours entre l'ancienne civilisation industrielle productiviste et une nouvelle civilisation émergente rendue possible par les avancées de l'électronique. Nous entrerions alors dans la civilisation postindustrielle, la civilisation de l'information, dans la cyberculture et la réalité virtuelle, voire dans le transhumanisme par l'intégration du numérique dans le biologique, à la recherche d'une nouvelle espèce posthumaine. Si l'on oublie ces derniers fantasmes qui ne se réaliseront heureusement jamais, même l'ère de l'information et de la convergence des technologies informatique, transgénique et nano repose sur un sol matériel, énergétique et industriel à l'avenir bien fragile. Bien sûr, ces nouvelles technologies existent, mais elles ne sont que l'écume apparente d'un monde contemporain qui n'a jamais autant consommé d'énergie et de matières premières qu'aujourd'hui. Elles sont les symptômes de la pensée et de l'action technoscientifiques les plus conformes au modèle productiviste. Elles ne représentent aucune alternative matérielle ou

---

1. Par exemple : Ralph Metzner, « Transitions to an Ecological Age », *The Trumpeter*, vol. 22, n° 1, 2006, p. 89-100.

spirituelle, économique ou sociale, philosophique ou politique, au productivisme. Elles sont une simple évolution moderne de celui-ci.

Le « postmodernisme » est une autre philosophie, assez présente dans les travaux issus des sciences sociales. Celui-ci s'opposerait au rationalisme et au positivisme issus des Lumières du XVIIIe siècle pour promouvoir un relativisme, un constructivisme, un sociologisme qui professe que le monde social et même le monde naturel sont « construits ». Tous les modèles de la réalité, qu'ils soient culturels ou naturels, seraient des « textes » qu'il s'agirait de « déconstruire » pour dénoncer les illusions de la naturalité. Ces textes, dès lors, auraient chacun leur validité, et aucun n'aurait un accès privilégié à la vérité. Il n'y aurait que du discours. On aperçoit ici la tentation relativiste attribuant à chaque langue, à chaque culture, à chaque paradigme une vérité particulière, niant du même coup toute vérité universelle. Sans entrer plus avant dans ces controverses passionnantes, j'adopterai le point de vue systémique de l'irréductibilité et de l'indissociabilité de la nature et de la culture. La culture est partie intégrante de la nature, mais cette dernière ne nous est accessible qu'au moyen de la culture. En termes abstraits, il y a transcendance mutuelle de la nature et de la culture. Ou encore, à la manière de Philippe Descola[2], la cosmologie occidentale est une forme d'expérience du monde parmi d'autres, une des tentatives humaines d'explication de l'opération la plus commune et la plus complexe qui soit : la transformation du sensible en intelligible.

Dans les sciences naturelles, dites parfois sciences « dures » par opposition aux sciences humaines et sociales qui seraient « molles », nous pouvons repérer quelques indices de la transition du paradigme productiviste vers le paradigme écologiste. À la philosophie mécaniste de Galilée, Newton et Descartes, qui considère l'univers comme une machine et la vie – voire la société – comme un appareillage biochimique, se substitue une philosophie organiciste qui envisage l'univers comme un processus évolutif, et la vie comme un processus auto-organisateur couplé à son environnement. La Terre n'est plus un corps inerte de matière morte, elle devient une sorte de superorganisme dans la métaphore de Gaïa (› voir chapitre 1). La biosphère devient le système des interactions entre les organismes vivants et l'environnement physico-chimique. La physique quantique, avec le principe

2. Philippe Descola, *Par-delà nature et culture*, Gallimard, 2005.

d'incertitude de Heisenberg, a réduit la place du modèle déterministe de l'univers comme grande horloge entièrement prévisible. Les concepts de causalité linéaire et de forces mécaniques qui agissent sur des objets matériels sont remplacés par ceux de dynamiques non linéaires et de systèmes dissipatifs (> voir chapitre 3). La réalité ultime n'est pas qu'un assemblage combinatoire de petits grains atomiques, elle devient une hiérarchie de systèmes enchevêtrés, sujets à des interactions de phénomènes depuis le niveau infra-atomique jusqu'à l'univers entier. Une conception systémique.

Où est l'humanité ?

La théologie judéo-chrétienne, sécularisée par l'anthropocentrisme cartésien, postulait que les humains devaient se rendre « comme maîtres et possesseurs de la nature ». Celle-ci est présumée être un réservoir illimité de ressources devant être exploitées au bénéfice des humains. C'est dans la continuité de cette pensée qu'une partie des

Jean-Michel Guinebault
Ève, 23 ans, où est-il le jardin d'Éden ?, 1999.

tenants du « développement durable » défendent l'environnement aux seules fins de laisser un peu de ressources naturelles aux « générations futures ». Vision gestionnaire du bon patron qui pense à long terme. Par contraste, certaines thèses antianthropocentriques de l'écologie profonde réduisent l'humanité à une espèce parmi les autres. J'affirme plutôt que la coévolution de la nature et de la culture ne peut s'accomplir au détriment de la première, comme nous le constatons dans les réalisations du modèle productiviste. Que donc, par exemple, nous devons respecter l'intégrité environnementale et la biodiversité. Autrement dit, la nature possède à la fois une valeur intrinsèque et une valeur instrumentale. Notre identité humaine n'aurait aucun sens si elle n'incluait pas, comme une part indispensable d'elle-même, celle des animaux et des plantes, des écosystèmes et de la Terre. En dégradant ou en détruisant les non-humains naturels, nous disqualifions aussi notre identité humaine. Nous avons déjà examiné un exemple des deux attitudes possibles à l'égard du sol en comparant les méfaits de l'agriculture productiviste aux bienfaits de l'agrobiologie (➤ voir chapitre 2). Plus généralement, la Terre que nous habitons n'est pas qu'un support matériel, non plus qu'une simple biosphère, c'est notre écoumène. « L'écoumène, c'est à la fois la Terre et l'humanité ; mais ce n'est pas la Terre plus l'humanité, ni l'inverse ; c'est la Terre en tant qu'elle est habitée par l'humanité, et c'est aussi l'humanité en tant qu'elle habite la Terre. L'écoumène est donc une réalité relative, ou, plus exactement dit, relationnelle ; d'où notre définition : l'écoumène, c'est la relation de l'humanité à l'étendue terrestre[3]. »

Les relations sociales elles-mêmes furent souvent édifiées sur l'impératif de se rendre « comme maîtres et possesseurs », facteur commun à de nombreuses attitudes des mâles humains. Pendant des millénaires, sur tous les continents, les hommes ont considéré les femmes, les enfants, les esclaves, les animaux et les terres comme leur acquisition, leur possession, leur propriété. Le patriarcat, le sexisme, le racisme et l'ethnocentrisme doivent laisser la place à une vision partenariale, multiculturelle, « diversitaire », des relations entre humains. La domination des mâles les uns sur les autres (domination de classe, racisme) ou sur les non-mâles, a les mêmes racines, et les mêmes issues, que la domination sur la nature.

---

3. Augustin Berque, *Être humains sur la Terre*, Gallimard, 1996, p. 78.

Les institutions

L'éducation et la recherche dans le monde industriel présentent un aspect fragmenté, spécialisé, discipliné. Les deux cultures des sciences et des humanités s'en trouvent encore plus séparées que jamais. Le paradigme productiviste, adopté jusque dans les sciences humaines et sociales, prétend que son point de vue et ses méthodes sont les seuls capables d'atteindre un savoir objectif, de distinguer les faits des valeurs, de connaître la nature même des choses et des phénomènes. Pourtant, de nombreux historiens, philosophes et anthropologues – relisons vite la magnifique « pensée sauvage » de Claude Lévi-Strauss – ont depuis longtemps établi que la connaissance scientifique à l'occidentale est partout remplie de présupposés métaphysiques. En fait, la cosmologie de cette éducation et de cette recherche est implicitement fondée sur la domination et l'exploitation, l'utilité et le contrôle, au bénéfice de l'humanité (entendez par là pour le profit capitaliste et le militarisme). Une vision écologiste de l'éducation et de la recherche repose plutôt sur la multidisciplinarité et la pensée systémique, la critique des valeurs sous-jacentes du productivisme, la compréhension des pensées symboliques au même titre que la pensée scientifique.

Toute connaissance est d'abord une classification du monde. La pensée scientifique ne résulte pas d'un accroissement des données prises en compte dans l'observation, mais au contraire d'une réduction de celles-ci selon des critères étroits de classification. La classification botanique de Linné, par exemple, ne considère pas une plante comme un être de couleur, d'odeur et de goût, sujet à des usages culinaires ou médicinaux[4]. La plante est analysée exclusivement comme un ensemble d'éléments décrits par quatre variables : la forme des éléments, leur quantité respective, la manière dont ils s'assemblent dans l'espace et la grandeur relative de chacun. La seule dimension retenue de la plante relève donc de l'étendue. Les autres dimensions sont exclues, car elles perturberaient la classification linnéenne systématique en apportant des hétérogénéités : deux plantes proches par leur forme peuvent être très éloignées du point de vue de leur goût ou de leurs qualités médicinales. La pensée symbolique des Navajo, par exemple,

4. Gildas Salmon, « Les incongruités de la pensée symbolique », *Philosophie*, n° 98, été 2008, p. 71-90.

retient toutes les dimensions des plantes, au risque de sauter d'une dimension dans une autre lorsqu'il devient impossible de définir les différences et les ressemblances dans une seule dimension : l'anatomie ne suffit plus, passons à l'ordre géographique (lieu où les plantes poussent). Je ne nie pas que la pensée scientifique soit pertinente dans la dimension classificatoire qu'elle a choisie pour chaque type d'objets étudié, j'affirme simplement que d'autres dimensions classificatoires sont possibles, jusqu'à les prendre toutes en compte en abandonnant alors l'homogénéité. Ce point de vue multidimensionnel – déjà rencontré au chapitre 6 à propos de l'interaction spéculaire et des modèles du monde – nous paraît plus complet, voire plus explicatif, que le seul point de vue scientifique traditionnel.

Dans le domaine politique, les constructions du paradigme productiviste se sont focalisées autour de l'État-nation. Censé être souverain et doté d'un pouvoir central, il semblait plus juste que les anciennes sociétés féodales ou ecclésiastiques. Cependant, il apparut vite que son organisation favorisait les oligarchies patriarcales pour la seule défense de leurs intérêts de propriétaires en imposant les dimensions économique et militaire comme dominantes. L'usage étendu de la propagande de masse permit, et permet plus encore aujourd'hui avec la multiplication des supports médiatiques, de désigner des boucs émissaires pour calmer les révoltes sporadiques des dominés et masquer l'incurie politique des élites dirigeantes. Les guerres mondiales du XXe siècle, les totalitarismes européens, la persistance des inégalités sociales et de l'exclusion, l'écocide planétaire du productivisme, montrent suffisamment la faillite de ce modèle politique. Afin de protéger les populations de la catastrophe écologique et d'établir plus d'égalité entre les humains, les formes politiques émergentes devront être de type fédératif, fondées sur des sociétés territoriales pluralistes de petite extension, tendues vers l'autosuffisance énergétique et alimentaire des biorégions, centrées sur l'humain dans toutes ses dimensions, et de moindre empreinte écologique.

La même évolution vers la sobriété peut fonder une nouvelle économie. Alors qu'aujourd'hui encore le productivisme libéral ou socialiste rêve de poursuivre une croissance illimitée en mobilisant plus le marché, les technologies et l'industrie, le capital naturel s'épuise et se souille, la santé humaine se détériore. Les entreprises transnationales réalisent l'économie productiviste, poussées par leurs actionnaires, engluées dans une concurrence mortelle entre elles, habitées du fantasme de la puissance. Que nous le voulions ou non, la raréfaction des stocks du sous-sol, les pollutions de toutes sortes et l'inflation monétaire conduisent l'économie mondialisée vers sa ruine, tel un automate incontrôlé et aveugle. L'économie écologiste s'organisera autour des sociétés territorialisées, mêlant compétition et coopération, limitant la croissance matérielle, ayant pour base l'écologie spécifique du territoire, reconnaissant et protégeant l'intégrité environnementale de la biosphère et des écosystèmes locaux. La réutilisation des produits et le recyclage des matières constitueront l'axe des technologies.

Les valeurs du productivisme sont une croyance sociale, non pas un fait de nature. Les valeurs alternatives du paradigme écologiste esquissé ici sont tout autant une construction sociale. Néanmoins, face à la catastrophe écologique qui s'avance, ces valeurs constituent un refuge pour l'esprit qui cherche un autre monde possible.

© Tweedt

Et Dieu dans tout cela ?

Les chercheurs en théologie ont observé que, dans les trois grandes religions monothéistes, Dieu (toujours masculin) était un créateur transcendant, énonçant la loi. L'écart entre Dieu et les humains étant infini, le seul recours des croyants est d'obéir au clergé. Bien sûr, ils ne le font pas et cherchent leur pardon dans quelque repentir manipulé par les prêtres. Le péché originel est la trame mythique qui permet l'intériorisation honteuse des faiblesses humaines. Les religions monothéistes, en détruisant toutes les spiritualités liées aux mystères de la nature (animisme, totémisme, panthéisme…), ont coupé les relations entre les humains et le monde naturel. Le protestantisme est sans doute allé le plus loin dans le développement de la pensée productiviste par son insistance sur la valeur du travail et la désacralisation totale de la nature réduite à un monde matériel. L'athéisme contemporain est la consécration de ce matérialisme vulgaire d'où toute spiritualité a disparu pour laisser place à l'escalade sans fin de la production et de la consommation, de la domination et de l'exploitation de la nature, de l'avidité des riches au détriment des pauvres.

Aujourd'hui, Dieu est mort, bien qu'il soit encore utile aux musulmans qui tentent de résister à l'empire productiviste. La cosmologie de l'ère écologiste est à chercher ailleurs. À l'heure où l'humanité affronte sa plus grande épreuve historique avec la catastrophe écologique, la métaphysique cherche de nouvelles fondations. C'est dans la critique de la centralité du travail humain que nous les trouverons, à travers une relecture du concept d'énergie tel que Georges Bataille en eut l'intuition fulgurante[5].

Au sens physique, l'énergie est le travail. Toute force qui déplace ou déforme un objet fournit une énergie, un travail. Tout système qui produit un mouvement, de la lumière ou de la chaleur, convertit une forme de son énergie en une autre forme. De l'énergie rayonnante en énergie chimique par la photosynthèse, de l'énergie chimique en énergie mécanique dans les moteurs à explosion, de l'énergie mécanique en énergie électrique par les alternateurs, de l'énergie électrique en énergie thermique par effet Joule, de l'énergie thermique en énergie rayonnante par incandescence, et bien d'autres conversions encore.

---

5. Georges Bataille, *La Part maudite*, Minuit, 1949.

Bien que le pur concept d'énergie soit assez abstrait – c'est une « capacité d'un système » –, chaque forme qualitative d'énergie peut être quantifiée, mesurée, dosée. Nous pouvons en principe calculer les quantités d'énergie-travail incluses dans tel produit, tel service, tel mode de vie. Puis optimiser les processus de production et de consommation pour les rendre plus efficaces afin d'économiser l'énergie-travail qu'ils mettent en jeu, surtout en notre époque de croissance des prix des énergies. Cependant, l'approche de Bataille dépasse cette conception purement quantitative de l'énergie. Bataille envisage l'énergie comme base de toutes les activités humaines, y compris et surtout celles qui ne relèvent pas de l'utilité, de la quantification, du travail humain, du calcul en vue de l'accomplissement d'une tâche, de l'obtention d'un résultat, bref de l'esprit productiviste. Cet autre type d'énergie a trait aux dépenses qui ne mènent nulle part, n'ont aucune utilité, ne sont pas conditionnées par une demande quelconque : ce sont des dépenses énergétiques souveraines[6], improductives, insubordonnées aux intentions humaines.

Du travail salarié au temps libéré

Alors que l'écologie économe comme projet de société est la seule issue possible à la réduction des désastres sociaux provoqués par la catastrophe écologique qui s'avance, il nous faut inventer avec Bataille une métaphysique de la dépense qui procure à l'existence les joies ineffables sans lesquelles la vie humaine perd tout sens. Une première étape dans cette direction est un classique de la philosophie politique consistant à rechercher ce que pourrait être la « vie bonne ». Tout d'abord sortir du modèle économique dominant qui organise la vie humaine autour de la production-consommation par le travail salarié. Une timide avancée en ce sens avait été effectuée en 1998, en France, par les lois Aubry sur les trente-cinq heures. Bien qu'aujourd'hui passée de mode, cette réduction du temps de travail doit au contraire se poursuivre jusqu'à la semaine de quatre jours et les trente-deux heures, ne serait-ce que pour réduire le chômage et l'exclusion par le partage du travail. Mais ces dispositions nouvelles demeurent à l'intérieur du cadre du travail salarié, alors que notre démarche vise à rééquilibrer l'emploi du temps de

6. Philippe Audoin, *Sur Georges Bataille*, Actual, 1987.

chacun en faveur des activités extra-économiques, pour ne pas « perdre sa vie à la gagner ». Ce sont les valeurs « production » et « consommation » qu'il s'agit de faire reculer dans nos imaginaires, tandis que doivent progresser par contraste les valeurs « temps libéré », « autonomie », « activités choisies ». Des activités humaines qui ne relèvent ni de l'État ni du marché, mais se règlent elles-mêmes, selon nos projets, nos désirs, nos liens sociaux. Dans le vocabulaire d'Ivan Illich est « autonome » une activité que je ne suis pas payé pour faire, ou une activité que je ne fais pas pour être payé. Est « hétéronome » une activité telle que, si je ne l'effectue pas, je ne suis pas payé, ou une activité telle que, si je ne suis pas payé, je ne l'effectue pas. Sont ainsi autonomes les pratiques des arts, de la méditation, de l'amour, de l'amitié, du soin des enfants, de l'émerveillement devant les beautés de la nature, de la cuisine, du sport, du jardinage, de la conversation, du bénévolat associatif, syndical, politique, de la citoyenneté, du don, de l'entraide, et de bien d'autres encore selon les raisons et les passions de chacun.

Une anthropologie nouvelle

En vérité, la liste des activités autonomes précitées relève du mythe du « bon sauvage » à la Rousseau. Elle laisse entendre qu'à l'extérieur de la

Aldo Sperber, *Fashion victim*, 2007.

sphère de l'hétéronomie, conduite par le marché et l'État, se déploierait une sphère de l'autonomie spontanément remplie d'activités en recherche du bon, du bien, du beau. Tel n'est pas, nous le savons tous, le cas des humains réels. « Les raisons et les passions » des humains, seuls ou en petits groupes, se traduisent aussi par des activités autonomes moins nobles, de la crétinisation télévisuelle à la beuverie collective, de la crapulerie de quartier à la corruption organisée, du sexisme ordinaire à la chasse aux immigrés. L'autonomie, le temps libéré, l'épanouissement de soi relèvent aussi de l'individualisme occidental, qui s'accorde avec le productivisme de la puissance, de la compétition et de la performance. L'humain autonome, libre, épanoui est aussi celui qui se sent fort, compétitif, performant.

Dans *Anorexie et désir mimétique*[7], René Girard rejette le diagnostic psychanalytique de l'anorexie féminine comme maladie individuelle dont l'origine se cacherait dans le refus d'une sexualité normale dû au désir excessif de la jeune femme de plaire à son père. Il présume que ce sont plutôt des interactions sociales qui en sont la cause. Pas celles qui sont issues des institutions traditionnelles dispensatrices d'interdits – en l'occurrence l'interdit de grossir – que sont la famille, le système de classe, le patriarcat, l'école ou les Églises. En effet, dans les sociétés industrielles actuelles, ces institutions sont plutôt moins respectées que jadis et les interdits qu'elles prononcent s'émoussent dans les esprits de la jeunesse actuelle. L'origine de l'anorexie résiderait dans la rivalité mimétique entre celles qui comptent véritablement pour une adolescente d'aujourd'hui : les autres adolescentes. Le jeu de miroir est à qui sera la plus maigre.

Plus généralement, faute de pouvoir effacer des esprits humains l'interaction spéculaire, la rivalité mimétique, l'envie et la jalousie, nous pouvons tenter d'orienter le système de ces invariants anthropologiques et sa dynamique vers d'autres attracteurs que ceux des valeurs du productivisme. Autrement dit, disqualifier la puissance, l'utilitarisme et la surconsommation pour faire de l'écologie, de la sobriété et de la décroissance une mode, un esprit du temps, une manière séduisante de vivre. Il s'agit de trouver une amorce, une motivation, une excitation qui détrônent celles du productivisme au profit

7. René Girard, *Anorexie et désir mimétique*, L'Herne, 2008.

de l'écologie. La réponse de Bataille est : la propension à la dépense libre. Explications : dans l'imaginaire collectif contemporain, le productivisme consumériste serait jouissif, tandis que l'écologie décroissantiste serait synonyme de frustration, de renoncement, de mortification. Démontrons le contraire sur l'exemple paradigmatique de la mobilité : la voiture *versus* la marche à pied ou le vélo[8].

Avec la vitesse supposée de l'automobile se produit un épuisement du temps : plus on va vite, moins comptent le passé et le futur. Le temps du trajet est un temps perdu entre deux présents, entre d'où l'on vient et où l'on va. La vitesse, matérialisée par la voiture, est censée abolir la durée du passage entre point de départ et point d'arrivée. Aller vite est la suppression de l'attente, du sentiment de la durée. Simultanément, l'espace que l'on traverse est aboli en tant qu'espace singulier, vivant, sensible. Il devient un pur espace, sans signification. Dans les transports rapides, nous perdons l'expérience sensorielle du mouvement. Ne reste qu'un vague passage visuel à travers un paysage anonyme, telle la projection d'un film sur un écran. L'horizon fantasmatique du déplacement productiviste est la téléportation instantanée, sans temps ou espace intermédiaires.

L'automobile est l'objet métonymique de la modernité pétrolière démocratique. Elle est le dénominateur commun qui transporte toutes les classes et les identités sociales. Sur une autoroute, tout le monde se mélange. Après le temps et l'espace, c'est le corps lui-même qui tend à disparaître. Notre corps devient inutile, il n'y a plus de place pour nos sensations et nos dépenses d'énergie. Le ralenti thermique qui nous envahit se transforme en graisse, en engourdissement. L'énergie nécessaire au déplacement a quitté notre corps, elle est devenue exosomatique : c'est le pétrole qui actionne l'automobile. C'est l'automobile qui brûle le pétrole, qui le consomme et le consume. L'universalité productiviste de la voiture – il n'est que de voir l'envie automobile des Chinois – et l'identité humaine qui l'accompagne sont de pures fonctions de l'abondance à bon marché du pétrole. Avec la déplétion pétrolière, l'espace fermé de l'automobile et l'espèce *Homo petroleus* disparaîtront bientôt pour laisser la place à un autre espace, l'espace d'une autre dépense d'énergie, et à une autre espèce peuplée de marcheurs et de flâneurs, de cyclistes et de danseurs. Nous passerons d'un régime

---

8. Allan Stoekl, *Bataille's Peak*, University of Minnesota Press, 2007.

énergétique à un autre : du régime des énergies fossiles, non renouvelables, désormais soumis à la rareté, à celui de la dépense excessive, métabolique, renouvelable.

La ville productiviste, la « cité radieuse » de Le Corbusier, rationnellement organisée autour de la voiture, zonée en espaces sociaux de ségrégation, striée de rues sans vie destinées à la circulation, cette ville, va disparaître. Lui succédera une ville de marcheurs et de cyclistes qui consommeront une autre énergie, et qui, pour certains peut-être, la consommeront glorieusement, en flâneurs tels Charles Baudelaire ou Walter Benjamin. Les hasards, les risques, les fantaisies des rencontres prospéreront au grand dam de l'utilitarisme. Le marcheur, le cycliste, consomment leur énergie sans compter. Leurs mouvements sont incertains, agités, inefficaces. Ils sont confrontés aux autres, à la matière du sol, aux odeurs et aux visions de la rue. En circulant à pied ou à bicyclette, nous abandonnons la logique productiviste de l'automobile, nous dépensons spectaculairement notre énergie corporelle.

En détachant ainsi la tendance humaine à la dépense de la consommation des énergies fossiles, nous retrouvons le plaisir de l'excès consumériste en tant que mouvement intime de notre corps. Loin du gaspillage productiviste des énergies fossiles et de la fausse liberté offerte par l'automobile, nos dépenses d'énergie s'effectuent à l'échelon de notre corps, dans le mouvement de nos muscles, dans l'excitation métabolique. Il n'y a pas de critique plus radicale de la modernité productiviste que d'affirmer cette dualité entre la « mauvaise » illusion de l'illimité fondée sur les énergies fossiles et la « bonne » reconnaissance des limites que nous imposent la puissance de nos muscles et la finitude de notre corps. L'être humain postcarbone est tout à la fois conscient de la sobriété nécessaire à l'égard des ressources naturelles et habité par les dépenses de son corps. Il est un être libre, non de consumer des fossiles, mais de dépenser sans compter ses énergies vitales. Il dépasse ainsi l'individualisme occidental qui s'exhibe au travers des objets qu'il possède (l'automobile), pour sentir dans le regard des autres l'image de son corps. La rivalité mimétique ne s'extériorise plus par l'escalade dans la consommation matérielle, mais par le prestige attendu du corps souverain. Après la déplétion des fossiles, la communication sociale se réalisera moins dans l'anonymat des objets industriels que l'on achète, et plus dans des rencontres et des interactions physiques, effervescentes ou jalouses.

Une nouvelle économie

La théorie économique néoclassique contemporaine masque sous une élégance mathématique son indifférence aux lois fondamentales de la biologie, de la chimie et de la physique, notamment celles de la thermodynamique. Cette théorie est hégémonique dans les enseignements scolaires et universitaires, et il est stupéfiant de constater qu'elle ignore pratiquement les processus qui gouvernent la biosphère, les matières et l'énergie que nous extrayons du sous-sol, les déchets que nous rejetons dans les milieux, et l'environnement dans son ensemble. En outre, elle ne justifie pas ses propres fondements, qui sont présentés dogmatiquement sous forme axiomatique, à des fins idéologiques de promotion du libéralisme et de sélection sociale des plus aptes à manipuler les abstractions plutôt que dans le dessein de refléter une quelconque réalité.

La fable de l'économie telle que l'expose la quasi-totalité des manuels de sciences économiques en fait un système circulaire d'échanges de valeur entre la sphère des entreprises et la sphère des ménages. D'un côté, les entreprises fabriquent des biens et des services achetés par les ménages, par d'autres entreprises ou par l'État. D'un autre côté, les ménages (ou d'autres entreprises ou l'État) vendent ou louent leur travail ou leur capital aux entreprises en échange de salaires ou de loyers. Les flux monétaires parcourent le cercle des échanges économiques dans un sens, tandis que les flux réels de biens et de services le parcourent dans l'autre sens. C'est un système conceptuellement clos, une sorte de machine intellectuelle réalisant le mouvement perpétuel à l'intérieur d'un grand parc aménagé pour la satisfaction des humains.

© Lasserpe

La dernière trouvaille de cette économie est sa mutation publicitaire en « développement durable », souvent représenté par trois cercles séparés – figurant l'économique, le social et l'environnemental – mais assez proches pour qu'ils aient des intersections communes censées indiquer les relations entre ces trois domaines. Cette représentation elle-même est une contrevérité dans la mesure où elle suggère une autonomie de l'économique par rapport au social et à l'environnemental. Elle n'est qu'une des nombreuses modalités de la propagande insistante du productivisme pour perpétuer l'illusion du cycle production-consommation. Une plus juste représentation des domaines économique, social et environnemental eût été celle de trois cercles concentriques : le petit cercle économique au milieu, inclus dans le moyen cercle du social, lui-même contenu dans le grand cercle de l'environnement naturel. Mon expérience politique m'apprend que ce qui s'intitule « développement durable » est compris de trois manières différentes : pour les uns, il s'agit de la simple continuation modernisée de l'économie néoclassique ; pour d'autres, l'insistance doit porter sur la maintenance des systèmes sociaux et des styles de vie ; pour d'autres enfin, il est question d'intégrité écologique, notamment de la biodiversité et des ressources de base. La plupart du temps, lorsqu'un arbitrage doit avoir lieu entre ces trois conceptions pour prendre une décision, c'est l'économique qui l'emporte aux dépends des deux autres.

L'impérialisme mental de cette économie néoclassique dans le monde contemporain oblige tout nouveau paradigme à insister sur le domaine économique en présentant les bases et les orientations qu'il offre en alternative au modèle dominant. L'économie que nous voulons esquisser – appelons-la l'économie biophysique[9] – part de l'hypothèse que l'énergie et les matières requises pour fabriquer biens et services doivent être tout autant prises en compte que les interactions entre humains. Pourquoi, en effet, l'économie actuelle est-elle devenue une science sociale – c'est-à-dire focalisée sur les échanges entre humains – en excluant le monde biophysique ? Parce que, depuis deux siècles, l'abondance et le faible prix de l'énergie nous ont permis d'ignorer la nature. Cette profusion énergétique seule a été

9. Grégoire Leclerc et Charles A. S. Hall (dir.), *Making World Development Work : Scientific Alternatives to Neoclassical Economy Theory*, University of New Mexico Press, 2007.

capable d'engendrer d'énormes richesses au XXe siècle pour une part dérisoire de nos salaires et de notre temps. Aujourd'hui encore, malgré la hausse des prix de l'énergie, il ne faut que quelques minutes de temps de travail à un smicard pour gagner de quoi acheter 1 litre d'essence. Les économistes officiels répètent à satiété que le coût de l'énergie dans le PIB est d'environ 5 %, et que de cette façon nous n'avons pas à nous inquiéter. À quoi nous rétorquons que si l'on soustrayait ces 5 % de l'économie, les 95 % restants n'existeraient plus. Mais les vrais coûts de l'énergie ne sont pas ses coûts d'extraction et de distribution, ce sont ses coûts de production biophysique (il faut environ 100 millions d'années pour « produire » du pétrole), ses coûts de pollution (combien coûte le changement climatique ?) et ses coûts de remplacement (il n'existe aucune alternative sérieuse aux énergies fossiles). Si la nature était une marchande capitaliste, à combien nous offrirait-elle le litre de super ?

L'économie politique de la nature

Supposons justement que la nature nous vende ses productions. Que les ressources du sous-sol, les écosystèmes, les forêts, les terres et les mers soient des entités économiques. Ces systèmes possèdent des structures économiques de production (la photosynthèse), de consommation (la respiration) et d'échange (chaînes alimentaires, transferts d'énergie, recyclage des déchets). La différence avec l'économie humaine est que ces cycles économiques naturels sont effectués sans but, sans intention, sans intérêt. Ce sont les entités souveraines de Georges Bataille. Elles obéissent néanmoins à des lois, notamment celles de la thermodynamique. Leur existence, comme la nôtre, n'est due qu'au flux quotidien d'énergie solaire et à sa captation par les plantes. Les écosystèmes et leurs composants sont des entités auto-organisées qui interagissent pour construire des structures biologiques de captation et d'utilisation de l'énergie. Le « programme » biomoléculaire inscrit dans l'ADN des organismes a été longuement optimisé par la sélection naturelle pour capter, réordonner et maintenir l'énergie dans une lutte multiséculaire contre l'inexorable entropie (➤ voir chapitre 5). Sans cette énergie solaire et sans ce processus improbable qu'est la vie, nous ne serions que des assemblages aléatoires d'atomes soumis à la dispersion entropique.

Les systèmes sociaux n'échappent pas à cette analyse thermodynamique. Une ville, par exemple, contient tellement plus de masses de matières, vivantes ou inertes, sur un petit territoire, que celles contenues dans un écosystème naturel de même surface, que l'énergie nécessaire à sa construction et à sa maintenance est beaucoup plus importante. Une ville exige des concentrations massives d'énergie fossile et de matériaux qui la dotent d'une énorme empreinte écologique (➤ voir chapitre 1) par rapport au reste du monde. Bref, l'économie réelle d'une ville, d'un pays, d'un continent doit s'intéresser autant aux mouvements d'énergie et de matériaux qu'aux transactions humaines. S'intéresser au sens d'englober, de prendre en compte, et non de calculer les coûts des services publics de la nature à l'intérieur de l'économie néoclassique, bien qu'il soit parfois éclairant d'« internaliser » ces « externalités » (le vocabulaire même de l'économie conventionnelle trahit l'exclusion qu'elle fait de la nature).

Du point de vue de l'économie biophysique – que l'on pourrait aussi bien appeler bioéconomie comme le faisait Nicholas Georgescu-Roegen[10] –, un emploi est considéré comme l'échange du temps de travail de quelqu'un, temps dont la valeur monétaire est liée aux flux de matières et d'énergie contrôlés par cette personne, contre un revenu permettant à cette personne d'accéder aux flux de matières et d'énergie de l'économie générale. Cette économie générale contenant les biens et les services créés par l'extraction des matières et de l'énergie du sous-sol en vue d'une utilisation. Ainsi, la question des revenus est : « Votre revenu est-il proportionné aux quantités de matières et d'énergie que vous contrôlez ? » ou encore : « Quand vous dépensez vos revenus, combien de matières et d'énergies non renouvelables sont déplétées, et à quelle hauteur contribuez-vous au changement climatique ? » Mieux que le cycle des échanges entreprises-ménages de l'économie néoclassique, le schéma principal de l'économie biophysique commence par les sources d'énergie et de matières premières qui circulent sur la Terre, se poursuit par les activités humaines d'exploitation, de fabrication et de consommation, et se boucle enfin par les rejets de ces activités dans l'environnement ou dans un processus de recyclage.

---

10. Nicholas Georgescu-Roegen, *La Décroissance, Entropie, écologie, économie* (1979), traduit et présenté par Jacques Grinevald et Ivo Rens, Sang de la Terre, 2006.

Une autre analyse de la production et de la consommation

L'approche classique par les seuls « travail » et « capital » comme facteurs de production omet que c'est l'énergie qui est à l'origine de toute richesse. La production dans les sociétés industrielles est proportionnelle à l'utilisation de l'énergie. Cette observation ne nie pas qu'ensuite il faille tenir compte des « préférences des consommateurs » ou des choix de la meilleure allocation des ressources, elle exprime le fait qu'en temps de rareté et de cherté énergétique nous devons nous concentrer sur la source des biens et des services : l'énergie. Bien sûr, cette économie biophysique débutante ne possède pas encore les concepts, les équations et la majesté de l'économie conventionnelle. Cependant, dans leur livre, Grégoire Leclerc et Charles Hall, résument ainsi l'analyse biophysique d'une situation économique :

1. Établissez vos objectifs et incluez des analystes à la fois économistes et biophysiciens afin de comprendre la situation spécifique examinée.

2. Constituez une base de données des paramètres biophysiques les plus importants et de leurs interactions. Créez un diagramme des flux fondamentaux d'énergie, de ressources et d'argent.

3. Faites une évaluation critique des paramètres économiques et de leur nécessité, ainsi que de leurs relations avec les paramètres biophysiques. Énoncez ces paramètres et ces relations sous la forme d'hypothèses testables.

4. Examinez les relations entre les différentes activités économiques et les ressources biophysiques locales et mondiales qu'elles consomment ou dégradent. Exprimez monétairement ces contraintes biophysiques par unité de l'activité économique considérée.

5. Construisez une simulation complète du passé, du présent et de l'avenir de la situation. Par exemple, établissez des projections de la démographie humaine, de l'utilisation des ressources (hectares de terres agricoles, quantités et qualités des minerais et des énergies, intrants nécessaires, etc). Calculez ainsi les flux biophysique et économique futurs, par habitant et au total.

6. Examinez les contraintes biophysiques dont devrait tenir compte tout plan de développement économique. Évaluez, par exemple, combien de temps les ressources disponibles (y compris les ressources

mondiales de pétrole ou de matières premières pour les intrants industriels) permettront que l'activité économique se maintienne.

7. Prenez des décisions sous contraintes des possibilités et des limites biophysiques.

8. Considérez vos décisions politiques comme des hypothèses et rendez publics les résultats attendus. Revoyez votre plan dans cinq ans et évaluez alors si vos hypothèses politiques sont confirmées par le comportement réel de l'économie.

C'est ainsi que l'on doit envisager une politique urbaine, régionale ou nationale, en saisissant mieux les contraintes et les possibilités. Faute d'anticiper l'avenir de cette façon, notamment la hausse des prix de l'énergie, la quasi-totalité des « plans de développement » urbains, régionaux ou nationaux, ont échoué piteusement, que l'on songe aux anciens « contrats de programme État-Région » en France ou aux « programmes d'ajustement structurel » imposés par le Fonds monétaire international (FMI) aux pays pauvres. Depuis peu, par contraste, des analyses biophysiques des flux selon le modèle précédent ont été élaborées pour quelques pays du Sud (Costa Rica, Népal, Niger, Équateur…) et par quelques chercheurs français pour certaines régions de l'Hexagone[11].

L'économie biophysique se distingue de l'« économie écologique » fondée il y a plus de vingt ans par certains élèves de Nicholas Georgescu-Roegen. Contrairement à celle-ci, l'économie biophysique ne cherche pas à quantifier en euros le coût des services publics fournis par les écosystèmes, elle ne cherche pas à faire entrer la nature à l'intérieur du cadre de l'économie néoclassique, elle s'efforce de créer un nouveau cadre d'analyse économique, un nouveau paradigme économique. Comment, en effet, prétendre chiffrer les services des systèmes fondamentaux de sustentation de la vie ou les résultats de milliards d'années de sélection naturelle ? Ce travail de la nature possède une valeur si incommensurable avec tout ce que l'on peut évaluer en euros qu'il paraît absurde de tenter même de le faire. L'économie biophysique se concentre sur les processus essentiels, estimés selon leurs propres critères, et sur leurs contributions au bien-être de toutes les espèces, y compris l'espèce humaine. Ce n'est qu'à la fin de cette analyse que l'on parle d'argent.

---

11. Voir, par exemple, les actes des premières Assises du Limousin, *Agriculture écorégionale et souveraineté alimentaire*,
<www.notre-planete.info/ecologie/articles/Actes_Assises_Limousin_2006.pdf> (janvier 2009).

TEXTES

Ivan Illich (penseur de l'écologie politique, 1926-2002)

Imbrication entre énergie et société

Certes on commence à accepter une limitation écologique du maximum d'énergie consommée par personne, en y voyant une condition de survie, mais on ne reconnaît pas dans le minimum d'énergie acceptable un fondement nécessaire à tout ordre social qui soit à la fois justifiable scientifiquement et juste politiquement. Plus que la soif de carburant, c'est l'abondance d'énergie qui mène à l'exploitation. Pour que les rapports sociaux soient placés sous le signe de l'équité, il faut qu'une société limite d'elle-même la consommation d'énergie de ses plus puissants citoyens. La première condition en est une technique économe en énergie, même si celle-ci ne peut garantir le règne de l'équité. De plus, cette troisième possibilité est la seule qui s'offre à toutes les nations : aujourd'hui, aucun pays ne manque des matières premières ou des connaissances nécessaires pour réaliser une telle politique en moins d'une génération. La démocratie de participation suppose une

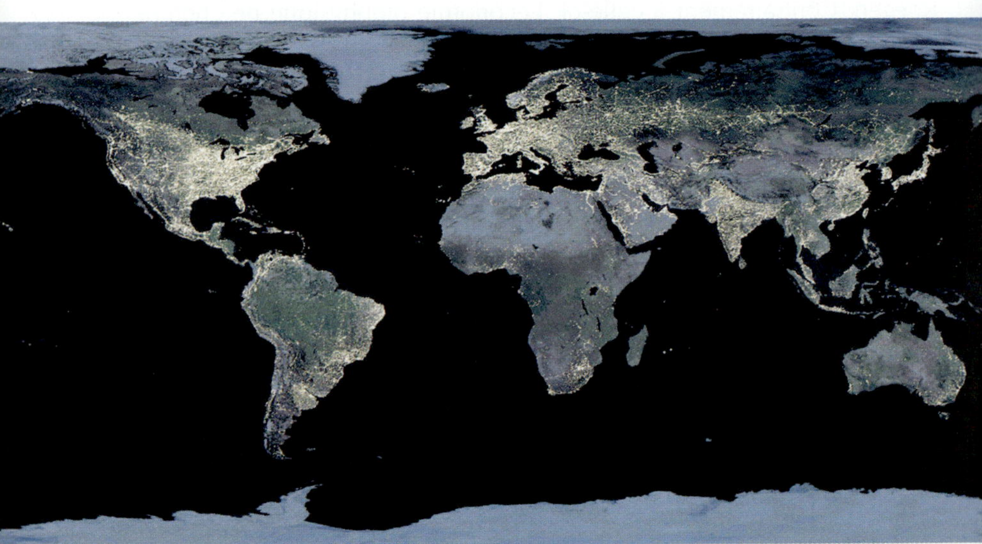

Nasa, Lumières des villes vues depuis l'espace, 2000.

technique de faible consommation énergétique et, réciproquement, seule une volonté politique de décentralisation peut créer les conditions d'une technique rationnelle.

Énergie et équité (1973), dans *Œuvres complètes*, Fayard, 2004.

Ernst U. von Weizsäcker, Amory B. Lovins et L. Hunter Lovins (écologistes contemporains)

La cherté de l'énergie

Des analyses statistiques poussées confirment que le prix de l'essence est de loin le facteur qui conditionne le plus la consommation par habitant. Les autres facteurs sont le niveau de vie et la densité de population.

Nous pouvons ainsi résumer les arguments :

– plus l'essence est chère, plus la consommation est faible ;

– plus l'énergie est chère, meilleures sont les performances économiques, contrairement aux affirmations du *lobby* industriel. Cela signifie que, dans les pays où l'énergie est chère, les entreprises tendent à être ingénieuses, innovantes et très compétitives ;

– l'augmentation du prix des ressources est un moyen de prendre en compte les coûts externes ;

– le quadruplement de la productivité des ressources est technologiquement possible et souvent rentable. Il ne faut donc craindre aucune perte de niveau de vie d'une augmentation de prix des ressources.

Facteur 4, éditions Terre vivante, 1997.

Bruno Latour (philosophe, né en 1947)

Que faire de l'écologie politique ? Rien. Que faire ? De l'écologie politique !

Pour le triage des mondes possibles, la différence gauche/droite paraît bien maladroite. Impensable en même temps de s'entendre en dépassant cette opposition par un pouvoir unanime puisque la nature n'est plus là pour nous unir sans coup férir. Je ne m'inquiète pas trop de cette difficulté. Une fois assemblée dans ses propres meubles, l'écologie politique saura très vite repérer les nouveaux clivages, les nouveaux ennemis, les nouveaux fronts. Il sera bien temps alors de leur trouver des étiquettes. La plupart se trouvent déjà là sous nos yeux. Surprenants aux yeux de l'Ancien Régime, ces regroupements paraîtront banals pour le nouveau. Ne nous précipitons pas, en tout cas, pour hériter des anciennes divisions.

Y a-t-il d'ailleurs d'autres solutions que l'écologie politique ? Au fond, que voulez-vous ? Pouvez-vous vraiment dire, sans rougir, en y croyant encore, que l'avenir de la planète consiste à voir fondre toutes les différences culturelles en espérant qu'elles seront peu à peu remplacées par une nature unique, connue par la science universelle ?

Politiques de la nature, La Découverte, 1999.

Arundhati Roy (écrivain, née en 1961)

Une cause universelle

Le combat pour la vallée de la Narmada n'est pas simplement une guerre tribale au parfum exotique, une lointaine guerre rurale ou même une guerre exclusivement indienne. C'est un combat pour les fleuves, les montagnes et les forêts du monde entier. Tous les soldats, de quelque horizon qu'ils soient, tous les volontaires seront les bienvenus. Et on aura besoin de toutes sortes de soldats. Médecins, avocats, professeurs, juges, journalistes, étudiants, sportifs, peintres, acteurs, chanteurs, militants… Les portes sont grandes ouvertes ! Venez, nous vous attendons.

Le Coût de la vie, Gallimard, 1999.

André Gorz (philosophe et journaliste, 1923-2007)

Renouer avec le suffisant

Il n'existe aucune norme communément acceptée du suffisant qui pourrait servir de référence à l'autolimitation. Et pourtant, celle-ci demeure la seule voie non autoritaire, démocratique vers une civilisation industrielle écocompatible.

La difficulté que nous rencontrons ici n'est pourtant absolument pas insurmontable. Elle signifie essentiellement que le capitalisme a aboli tout ce qui, dans la tradition, dans le mode de vie, dans la civilisation quotidienne, pourrait servir d'ancrage à une norme commune du suffisant ; et qu'il a aboli en même temps la perspective que le choix de travailler et de consommer moins puisse donner accès à une vie meilleure et plus libre. Ce qui a été aboli n'est cependant pas impossible à rétablir. Seulement, ce rétablissement ne peut se fonder sur une tradition ni sur des corrélations existantes : il doit être institué ; il relève du politique, plus précisément de l'écopolitique et du projet écosocial.

Écologica, Galilée, 2008.

Richard Heinberg (journaliste, né en 1950)

Contenir notre avidité

Non seulement il faudrait conserver le pétrole, le charbon et le gaz naturel, mais aussi l'eau douce, les sols et autres ressources basiques et limitées. D'autant qu'à mesure que décline l'énergie disponible pour le transport industriel, il faudrait détacher les économies du marché global et les relocaliser. Chacun, en particulier dans les pays riches et industrialisés, devrait alors changer son mode de vie dans le sens d'objectifs matériels plus modestes et plus lentement atteints. Et inévitablement, la conservation des ressources s'accompagnerait de la nécessité de stabiliser et réduire les populations humaines.

Jusqu'à présent, la plupart des efforts dans le sens de l'élimination du conflit global ont été centrés sur des mécanismes de contrôle des armements et sur la résolution des conflits. En vue de réduire les guerres de ressources, nous serions bien inspirés de recourir davantage à ce type de mécanismes ; mais en plus, nous devrions nous intéresser aux conditions *écologiques* de la paix. Si la pression démographique et la déplétion des ressources naturelles sont des causes prévisibles de conflits entre les sociétés et en leur sein, alors il semble nécessaire de réguler la démographie en fonction des ressources disponibles afin d'éviter une compétition mortelle pour l'accès à celles-ci.

En résumé, la modération (*powerdown*) impliquerait un effort à l'échelle de notre espèce en faveur de l'autolimitation.

Powerdown, New Society Publishers, 2004.

Howard T. Odum (écologue, 1924-2002)

Réguler la consommation d'énergies fossiles, une question de sécurité publique

Les niveaux de consommation de combustibles deviennent des enjeux de sécurité publique dans la mesure où tous les excès résultent de la surabondance de l'énergie injectée dans le système. Dès que la course à la compétition pourra être stoppée, le droit d'injecter du carburant dans l'économie en surchauffe devra être contrôlé. La sécurité des citoyens du monde exige que les réserves pétrolières restent dans les sous-sols et ne soient extraites qu'à un rythme cohérent avec la sécurité publique à long terme. Les injonctions de groupes de citoyens contre les compagnies pétrolières incitant à la hausse de la consommation doivent être bientôt à l'ordre du jour. Les publicités du secteur de l'énergie qui incitent à augmenter la consommation d'énergie et les incitations à l'expansion lancées par les gouvernements et les agences nationales de développement sont des menaces pour la sécurité publique. Tout encouragement à la consommation pétrolière sera considéré comme inconstitutionnel, en tant que menace pour la sécurité publique, et en tant que cause fondamentale de la surpopulation et de la surpollution.

Environment, Power and Society, Wiley and Sons, 1971.

Pollution : statue du pont Alexandre III, Paris, 1985.

Les Verts (parti écologiste, créé en 1984)

Prendre nos responsabilités

C'est à coup sûr l'exigence la plus nouvelle de l'écologie politique. Parce que le genre humain est le seul agent conscient de la transformation de la nature, il lui revient de répondre des conséquences de ses actes, de son mode de vie, sur le milieu naturel et, en particulier, sur les autres espèces vivantes. Cet environnement, nous l'empruntons aux générations futures, et nous devons leur reconnaître leur droit à vivre sur la seule planète que nous ayons ; nous avons le devoir de la leur léguer encore plus riche de beautés et de diversité. Nous devons donc reconnaître des bornes, des limites à ne pas franchir, des équilibres à respecter, afin de ne jamais commettre l'irréparable.

Nous devons apprendre que nous sommes comptables de la disparition d'espèces animales ou végétales nécessaires à l'équilibre ou à la beauté de la sphère du vivant, que nous sommes responsables de la préservation de la couche d'ozone protectrice, de la stabilité du climat, que nous pourrons être tenus pour responsables de la disparition de l'eau potable et de l'eutrophisation des rivages.

Nous ne pouvons plus passer des compromis au sein de chaque génération en oubliant l'ardoise laissée aux générations futures. Nous devons apprendre à compter, et à payer le coût de nos désirs sans le transférer à nos petits-enfants. Ces devoirs des humains envers la nature et les générations futures, on les désigne parfois comme « droits de la nature et des générations futures », à la grande ironie des adversaires de l'écologie. « Comment ! disent-ils, donner des droits à des êtres non humains ou non existants, mais c'est ignorer les droits de l'homme ! » Droit de l'homme à massacrer ce qui l'entoure sous prétexte de bien-être matériel ? Droit de l'homme à ignorer ces femmes et ces hommes, tout aussi respectables, qui naîtront demain ? Notre conception de l'humanisme est bien plus élevée que celle qui prévalait au XVIIIe siècle, avant que le « stupide XIXe siècle » et le « monstrueux XXe siècle » ne nous aient rappelé que « science sans conscience n'est que ruine de l'âme ».

Le Livre des Verts. Dictionnaire de l'écologie politique, Le Félin, 1994.

Alain Lipietz (économiste, né en 1947)

Un nouveau « mieux »

Mais la question essentielle où je voulais en venir est la suivante : y a-t-il un « paradigme » de l'écologie politique ? L'écologie définit-elle un faisceau de valeurs, d'objectifs, distincts de celui que proposent les autres courants (les libéraux, les démocrates, les socialistes…), et capable de coaliser autour d'elle un certain nombre de forces sociales aspirant à des réponses nouvelles aux questions que se pose l'ensemble de la société ? Je réponds : Oui […]. Tout simplement la conception du progrès que portent les écologistes n'est pas la même que celle que portait le « socialisme du XXe siècle », ce qu'il y avait de commun aux sociaux-démocrates et aux communistes (staliniens ou critiques). Tous les courants qui se sont coagulés autour de l'« écologie politique » se caractérisent par l'antiproductivisme et l'antiétatisme. C'est ce que Patrick Viveret, avait, dans les années soixante-dix, appelé *La Galaxie des "auto"* ». Du féminisme au régionalisme et au syndicalisme autogestionnaire, il y avait le refus des méga-outils incontrôlables (machines ou États…), la volonté de prendre ses affaires en main, à partir de sa propre condition. Parallèlement, il y avait une critique de la « rationalité instrumentale », qu'incarnaient Bernard Charbonneau, Jacques Ellul ou André Gorz, et qui se cristallisait socialement dans le refus de « la croissance pour la croissance » (et notamment du nucléaire), puis, face à la crise, dans le refus de sortir du chômage par la seule croissance, dans l'option pour le partage du travail et un réexamen radical des « besoins ». En un mot, poser la question du *sens*.

Dès lors, l'écologie politique est irréductible à *cette* gauche qu'incarnent la social-démocratie et le communisme. Elle leur dit : « Nous sommes, vous et nous, des progressistes, en ce sens que nous souhaitons l'amélioration des conditions de vie de tous, et pas seulement d'une minorité. Mais notre conception du *mieux* n'est pas la même ! »

Qu'est-ce que l'écologie politique ?, La Découverte, 1999.

Kenneth E. Boulding (économiste, 1910-1993)

La planète Terre, capsule spatiale aux ressources limitées

La planète future sera un système fermé qui requerra des principes économiques quelque peu différents de ceux de la planète ouverte du passé. Pour le dire de manière imagée, je suis tenté de nommer l'économie ouverte « économie de cow-boy », le cow-boy étant le symbole de grandes plaines illimitées, associé à un comportement insouciant, exploiteur, romantique et violent, qui est caractéristique des sociétés ouvertes. L'économie fermée de demain pourrait, de la même manière, être nommée « économie d'astronaute », dans laquelle la Terre est devenue une capsule spatiale, dépourvue de réservoirs illimités, qu'il s'agisse d'extraction ou de pollution : un système dans lequel l'homme doit trouver sa place dans un système écologique cyclique capable de reproduire en continu de quoi satisfaire ses besoins matériels, sans pour autant se passer de fourniture initiale d'énergie. La différence entre ces deux types d'économie devient plus patente dans les comportements de consommation. Dans l'économie de cow-boy, la consommation est considérée comme une bonne chose et la production aussi ; et la réussite économique se mesure par le rendement des « facteurs de production » dont une part provient des réserves de matière première et d'objets non économiques, et dont l'autre part se traduit en production et en pollution en aval. S'il existe des réserves infinies d'où les matériaux peuvent être tirés et dans lesquels les effluves peuvent être déposés, alors la notion de rendement est une mesure plausible de la réussite économique. Le produit national brut (PNB) est une mesure grossière du rendement global. Il devrait être possible, cependant, de déterminer quelle est la part du PNB qui résulte de matières premières épuisables et quelle part provient de ressources renouvelables, de même qu'il faudrait savoir quelle part de la consommation finit en déchet, et quelle part est remise en circulation dans le système productif. Personne, que je sache, n'est parvenu à fractionner le PNB de cette manière, alors que cela serait un exercice crucial.

Beyond Economics, The University of Michigan Press, 1968.

Paul Ariès (politologue, né en 1959)

Un nouveau paradigme politique pour la décroissance

Nous sommes tous convaincus que le choix est entre décroissance et récession. L'adaptation à l'effondrement environnemental peut se faire dans le cadre de politiques de droite comme de gauche. Cela ne signifie nullement que droite et gauche s'équivalent, mais que la nature des questions posées dépasse celle des clivages et que les réponses obligent à revisiter les fondamentaux de chacun des camps. Tout est donc négociable à l'exception de trois grands principes.

1. Nous nous reconnaissons pleinement dans la tradition humaniste : pas celle, politique, qui a légitimé tant de crimes, mais celle des philosophes qui se refusent à enfermer les humains dans des catégories préconstituées – pseudo-naturelles ou religieuses – et qui leur reconnaissent la liberté d'être ce qu'ils veulent et font et non ce qu'ils sont nativement. Cette tradition doit être enrichie pour être de nouveau émancipatrice au moment où les droits des femmes reculent et où tant de technologies et d'idéologies menacent l'humanité d'un risque de désespècement (clonage, manipulations génétiques, nanotechnologies).

2. Nous nous reconnaissons pleinement dans la tradition république : pas celle qui a servi de prétexte à tant d'ignominies, mais celle qui postule que la loi doit être au service de la protection des plus faibles et de l'émancipation, celle qui ne tolère la soumission normale à l'ordre légal que parce qu'elle postule aussi le droit à la désobéissance civique.

3. Nous nous reconnaissons pleinement dans les combats de nos pères pour plus de justice sociale. Nous sommes conscients que ces trois principes ne font pas un projet de société, mais nous savons qu'ils en défont pas mal. Notre première tâche doit être de marier les préoccupations sociales et environnementales, ce qui suppose paradoxalement de comprendre pourquoi le mariage entre le « rouge » et le « vert » est resté infécond depuis qu'il est à l'ordre du jour. Nous savons bien que la solution n'est pas dans un simple compromis illusoire entre des impératifs écologiques et sociaux. Il restera impossible (comme il le fut toujours) de dépasser Adam Smith par cette gauche tout autant productiviste que la droite. Nous devons donc frayer un nouveau chemin hors des ornières habituelles. Seul un nouveau paradigme peut nous permettre de dépasser ce blocage.

La Décroissance. Un nouveau projet politique, Golias, 2007.

César, *Compression*, 1972.

Georges Bataille (écrivain, 1897-1962)

L'insubordination des faits matériels

La vie humaine, distincte de l'existence juridique et telle qu'elle a lieu en fait sur un globe isolé dans l'espace céleste, du jour à la nuit, d'une contrée à l'autre, la vie humaine ne peut en aucun cas être limitée aux systèmes fermés qui lui sont assignés dans des conceptions raisonnables. L'immense travail d'abandon, d'écoulement et d'orage qui la constitue pourrait être exprimé en disant qu'elle ne commence qu'avec le déficit de ces systèmes : du moins ce qu'elle admet d'ordre et de réserve n'a-t-il de sens qu'à partir du moment où les forces ordonnées et réservées se libèrent et se perdent pour des fins qui ne peuvent être assujetties à rien dont il soit possible de rendre des comptes. C'est seulement par une telle insubordination, même misérable, que l'espèce humaine cesse d'être isolée dans la splendeur sans condition des choses matérielles.

« La notion de dépense », *La Critique sociale*, n° 7, janvier 1933.

Photomontage
d'Aldo Sperber, 2008.

CHAPITRE 12

Décroître pour vivre mieux

Décroître pour vivre mieux

Pour la plupart des gens, la manière dont nous faisons les choses aujourd'hui est par définition meilleure que dans le passé. C'est le « progrès ». Cette façon de penser, quasi universelle dans le monde industrialisé, provient de la croyance que l'histoire humaine est une ligne droite et que la seule façon d'envisager l'avenir est de faire encore plus que ce que nous faisons déjà maintenant. C'est la « croissance ». Or, une croissance infinie est impossible dans un monde fini. Bien sûr, on peut estimer qu'une certaine croissance économique est possible sans croissance de la consommation de ressources matérielles – c'est ce que soutiennent certains partisans du « développement » qu'ils distinguent de la croissance –, mais l'histoire collective montre que tout développement est fondé sur une augmentation incessante de la consommation de ressources matérielles. Là réside le problème : la croissance de la consommation de ressources matérielles entre en conflit direct avec les capacités de la biosphère. Les productivistes proclament que la croissance est aussi un moyen d'améliorer le niveau de vie de l'humanité en créant plus de produits, en offrant plus de consommation par tête. Cependant, les bénéfices de la croissance sont très inégalement répartis. On peut même soutenir que le sort du quart le plus pauvre de l'humanité aujourd'hui n'est pas meilleur que celui du même quart il y a cent ans. La recherche incessante de la croissance, serinée à longueur d'année par la majorité des politiques et des médias, n'est donc pas la solution à la catastrophe écologique, elle est au contraire une aspiration au pire.

Si nous adoptons un point de vue strictement pragmatique – qui ne présuppose donc pas une miraculeuse coopération entre les peuples ni d'hypothétiques percées technologiques renversantes et bénéfiques –, comment contrecarrer le « croissantisme » religieux du productivisme et mettre en œuvre une solution de remplacement ? Autrement dit, comment vivre, aujourd'hui et demain, individuellement et collectivement, sans croissance ? Ces questions sont d'autant plus pressantes que les données et les analyses développées dans ce livre ne nous laissent pas le choix : la décroissance n'est même plus une option politique alternative au productivisme libéral, et qu'il s'agirait de promouvoir par quelques perspectives souriantes et démagogiques. La catastrophe écologique ici décrite implique une conclusion fatale : la décroissance est notre destin. En outre, le temps dont nous disposons pour préparer ce nouveau monde se compte en années, non en décennies. Notre responsabilité n'est donc pas de dessiner les contours d'une société écologique, démocratique, socialement équitable et pacifiée à l'horizon de 2030 ou de 2050. Nous ne sommes plus dans le projet de société désirable, nous sommes dans le compte à rebours pour réduire les conséquences dramatiques de l'inéluctable catastrophe.

À ce point, ce qui importe le plus est de « décoloniser l'imaginaire », comme le dit Serge Latouche. Il nous faut aujourd'hui penser l'impensable. Il nous faut abandonner toute vision « continuiste », gradualiste, réformiste de l'histoire, qui conduit à croire que, par de patients efforts et de multiples améliorations progressives dans tous les domaines, la France, l'Europe et le monde deviendraient enfin plus vivables. Ce propos n'est pas dû à la nature extrémiste, révolutionnaire ou radicale de mon esprit. Il est la conséquence rationnelle de nos analyses précédentes. Il faudrait au moins un autre livre pour présenter un ensemble complet d'orientations politiques nouvelles, dans tous les secteurs et à tous les échelons, susceptibles de sauver l'humanité et la planète avant 2020. Je me contenterai d'énoncer quelques-unes de ces orientations pour la France ou pour l'Europe, dans les domaines les plus cruciaux pour la survie de la démocratie, de la paix et de la solidarité. Le principe initial est simple : diminuer l'empreinte écologique des pays de l'OCDE. Rapidement, drastiquement, équitablement.

Saving Oil in a Hurry

Tel est le titre (Économiser le pétrole en urgence) d'un document publié en 2005 par la très officielle Agence internationale de l'énergie (AIE)[1]. Son contenu est parfois si audacieux que même les partis verts n'en reprennent pas la totalité. Le centre de gravité de cette publication est un ensemble de contraintes sur la demande dans une situation de cherté croissante et de réduction de l'offre de pétrole. Exactement ce que nous commençons à vivre aujourd'hui. Les mesures que je propose ci-dessous vont au-delà de celles de l'AIE.

La plus efficace des mesures est l'implémentation d'un système de rationnement des carburants. C'est aussi la plus juste socialement puisque le quota mensuel distribué à chacun ne dépendrait pas de ce qu'il gagne. Nous sommes déjà dans un système de rationnement dont le nom est « système des revenus et des prix ». Autrement dit, les riches se moquent d'un litre d'essence à 3 euros pour faire le plein de leur nouveau 4 x 4, tandis que les pauvres se serrent la ceinture pour restreindre leurs déplacements dans leur vieux diesel. Avec le rationnement, chacun est égal – aurait dit Coluche – quels que soient ses revenus. Faire le plein à la pompe ne pourrait pas être effectué par un paiement en liquide ou par carte bancaire, mais exclusivement par la délivrance de bons de carburants que chacun aurait reçus tous les mois. Bien sûr, ceux qui ne dépenseraient pas toute leur allocation mensuelle de bons pourraient en vendre une partie à ceux qui en voudraient plus. Ce pourrait être le cas des personnes résidant à la campagne ou loin de leur lieu de travail, et ne bénéficiant pas de transports collectifs. À l'échelon national, les quotas ainsi alloués à chacun diminueraient tous les ans, en proportion de la réduction annuelle d'importation de pétrole par la France. Ce système, qui fut mis en place en Europe et aux États-Unis pendant et après la dernière guerre mondiale, permettrait d'économiser environ 10 % des carburants dès la première année. Considérable.

Une autre mesure normative consisterait à interdire les déplacements automobiles non professionnels le dimanche, soit un jour sur sept. J'entends déjà les cris de celles et ceux qui qualifient cette mesure de « liberticide », voire d'« écofasciste ». « On restreint mon droit à la

1. International Energy Agency, *Saving Oil in a Hurry*, OECD/IEA, 2005.

mobilité ! On attente à ma liberté de rouler ! » Oui. C'est cela, ou la guerre civile. Cette mesure permettrait d'économiser environ 8 % des dépenses de carburants. Une troisième mesure serait la réduction des vitesses maximales autorisées sur autoroutes, routes, et en ville respectivement à 90 kilomètres à l'heure, 60 kilomètres à l'heure et 30 kilomètres à l'heure. Elle présente l'avantage de pouvoir être mise en œuvre du jour au lendemain par un décret du Premier ministre. L'économie de carburants réalisée instantanément serait de l'ordre de 10 %. D'autres mesures concerneraient les véhicules eux-mêmes : bridage des moteurs, interdiction progressive des voitures de grosse cylindrée, limitation du poids et de la surface au sol des engins.

Ce premier ensemble de décisions, assez rapide à mettre en œuvre, économiserait près de 40 % des carburants consommés. Certes, l'acceptabilité sociale est actuellement nulle, tandis que sa dangerosité politique est au contraire maximale. Cependant, assez tôt ou trop tard, nous n'aurons pas le choix. Plus ces mesures seront anticipées et débattues, moins elles seront douloureuses à prendre. Il faut aussi imaginer qu'elles s'inscrivent dans un programme général de transition vers une société de sobriété, transition qui sera d'autant plus douce qu'elle commencera tôt. Mais, ne nous cachons pas la vérité, nous parlons de la mise en place d'une économie de guerre, d'un « *crash program* » comme disent les Américains, comparable en effet à ce qu'avait décidé le président Franklin Roosevelt en 1942, après Pearl Harbor.

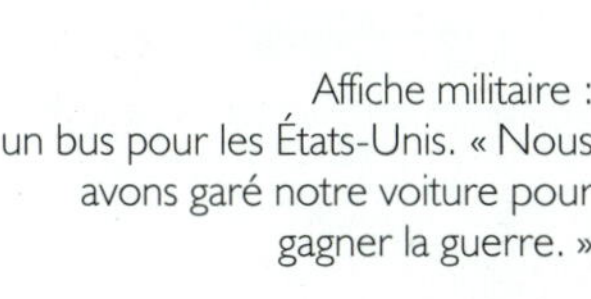
Affiche militaire : un bus pour les États-Unis. « Nous avons garé notre voiture pour gagner la guerre. »

D'autres mesures concernant les transports peuvent être énoncées. Elles semblent plus acceptables, mais, paradoxalement, elles sont plus longues à mettre en place, souvent plus coûteuses pour les finances publiques et moins efficaces pour économiser le pétrole. Citons, en vrac, le renforcement des transports publics, avec une meilleure offre et une réduction des tarifs, l'organisation du covoiturage, la taxation des places de stationnement dans les entreprises, la réduction de la semaine de travail à quatre jours, l'incitation au télétravail, le rétablissement de la vignette automobile, l'incitation à la conduite économe... Bref, dans le seul domaine des transports terrestres de personnes, les économies de carburants pourraient être de 50 % en quelques années – soit plusieurs dizaines de milliards d'euros par an en faveur de la balance commerciale de la France ! – si ces mesures étaient mises en œuvre dès aujourd'hui, sous le slogan décroissantiste : « Moins vite, moins loin, moins souvent. »

Les huit « re » de Serge Latouche

Cet auteur est optimiste. Il estime qu'il serait possible d'éviter un effondrement partiel ou total de nos sociétés industrialisées et de les transformer en sociétés de décroissance (ou sociétés de sobriété) par un programme politique décliné en huit « re » : réévaluer, reconceptualiser, restructurer, redistribuer, relocaliser, réduire, réutiliser, recycler[2]. Comme pour le rapport de l'AIE sur les économies de pétrole, j'interpréterai librement les huit « re » de Latouche. Le premier, la réévaluation, sans doute le facteur le plus important de la décolonisation de l'imaginaire, consiste à abandonner le culte de « la croissance pour la croissance », à évacuer de son esprit toutes les valeurs productivistes tendant à l'illimitation : la compétition, l'obsession du travail, la surconsommation, la mondialisation, l'hétéronomie... Tout ce qui est plus d'avoir, au profit de valeurs incitatives à plus d'être : la coopération, le loisir, la vie sociale, le local, l'autonomie... Nous retrouvons ici les utopies concrètes et les pratiques du paradigme écologiste rencontrées au chapitre précédent. Une reconceptualisation de notre modèle global du monde, un nouveau système de valeurs engendrant de nouveaux comportements.

2. Serge Latouche, *Le Pari de la décroissance*, Fayard, 2006.

Ayant abandonné l'économie comme déterminant en dernière instance, il faut néanmoins restructurer les rapports de production. Certes, il existera encore du marché, de la monnaie et du profit, mais ils seront enchâssés à nouveau dans le social et l'écologique, selon la logique du don pour le social, et la logique de l'économie biophysique pour l'écologique (voir chapitre 11). Alors pourra se déployer la redistribution de la terre, du travail et des revenus. Redistribuer la terre en vue d'une agriculture paysanne, biologique, plus respectueuse des humains et des écosystèmes. Plus intense en main-d'œuvre également : le nombre d'agriculteurs professionnels en France est inférieur à 400 000, il en faudrait 2 millions dans dix ans. Redistribuer le travail par la semaine des quatre jours et les trente-deux heures, par la reconversion des activités socialement ou écologiquement dangereuses vers les « emplois verts » dans les transports doux, la rénovation écologique des bâtiments, les énergies renouvelables, l'agriculture biologique, la préservation de la nature, les régies de quartier, l'économie solidaire... Redistribuer les revenus entre riches et pauvres, et entre les générations, notamment par l'instauration d'un revenu maximum autorisé et d'un revenu de citoyenneté, ou revenu d'existence.

Sur ce dernier point, j'estime que, face à la discontinuité de l'emploi, les possibilités des plus défavorisés doivent être garanties par un « revenu d'existence » élevé, universel, inconditionnel et individuel. Les sociétés de décroissance sont des sociétés solidaires : la sécurité sociale est pensée à partir de la personne et non du poste de travail ; « un revenu pour tous » est la réponse politique au moyen de laquelle chacun peut se libérer de la crainte d'être exclu, chacun peut construire son parcours. La conversion écologique et solidaire de l'économie offrira les emplois permettant au plus grand nombre d'ajouter un salaire à son revenu d'existence. Le partage du travail et des revenus réduira le chômage et accroîtra la solidarité, tandis que des dizaines de milliers d'emplois seront créés par la politique de sobriété énergétique et l'économie solidaire. Le revenu d'existence est universel, reçu par tous sans plafond de ressources, mais imposable et donc entièrement récupérable sur les riches par la fiscalité. Il est individuel, il permet l'indépendance de chacun par rapport à sa famille, notamment des jeunes. Il est inconditionnel, il réalise le découplage entre travail et revenu, sans contrepartie de l'un sur l'autre. Il est cumulable avec un revenu du travail, c'est la fiscalité qui effectue la dégressivité automatique. Il est versé en liquide, son affectation est de la responsabilité de chaque personne. Il est insaisissable sur compte bancaire. Le revenu d'existence est de niveau élevé, de l'ordre des deux tiers du salaire minimum interprofessionnel de croissance (SMIC). Il se substitue à la plupart des minima sociaux et aux allocations familiales et logement, au minimum retraite, mais non aux protections de la sécurité sociale. Il est financé par la récupération des minima et allocations auxquels il se substitue, ainsi que par des prélèvements à large assiette (réforme de l'impôt sur le revenu) et des taxes sur l'utilisation des ressources non renouvelables.

Dominés par le jeu planétaire des grandes entreprises capitalistes, les processus économiques transnationaux détruisent les équilibres locaux et régionaux. Mais la contraction des échanges due à la cherté croissante de l'énergie va bientôt démondialiser la mondialisation. L'heure est à la relocalisation. La recherche de l'autosuffisance énergétique et alimentaire régionale permettra aux acteurs locaux d'augmenter leur indépendance à l'égard du nucléaire et des fossiles, ainsi que des grandes chaînes agroalimentaires continentales, tout en réduisant l'empreinte écologique du territoire. Par la mise en place de circuits courts entre producteurs et consommateurs, elle sera l'occasion de retisser les solidarités locales détruites par la mondialisation et la Politique agricole commune, de protéger des cycles de sustentation de la vie (eau, carbone, azote, phosphore…). Une meilleure maîtrise, par les habitants, du fonctionnement et de l'évolution de la collectivité régionale est un puissant moteur de réalisation personnelle, de bouillonnement associatif et de créativité politique. La relocalisation de l'économie sera débattue et organisée par l'introduction progressive de tarifs, de quotas et d'incitations destinés à garantir à l'échelon territorial le maximum de protection et de diversité, de telle sorte que les importations soient réduites. L'accès au marché (local, national, européen) dépendra ainsi de l'observation de cette politique, en garantissant que ce qu'un territoire peut produire, il le fasse. À cette fin, chaque territoire 1) procédera à un inventaire de ce qu'il importe aujourd'hui, 2) analysera ce qu'il peut raisonnablement produire, 3) établira un calendrier de transition pendant laquelle l'importation des biens visés au 2 deviendra plus chère, 4) encouragera les investisseurs et producteurs à entreprendre ces productions locales (➤ voir l'économie biophysique du chapitre 11).

Réduire, réutiliser et recycler, enfin. Réduire l'empreinte écologique des sociétés industrielles est notre principe inaugural. Il traverse toutes nos propositions. Ainsi se réduiront (décroîtront) les hauts revenus et les profits, l'exploitation des ressources non renouvelables, les gaspillages énergétiques, la production et la vente d'armements, l'utilisation de pesticides en agriculture, la publicité, les emballages, les transports aériens et routiers, le commerce international... Des biens qui durent et que l'on répare à l'échelon local sont la solution à l'obsolescence programmée des objets et au « tout-jetable ». Certains économistes parlent ainsi du remplacement de l'« économie linéaire » par une « économie circulaire » reposant sur la notion du zéro déchet. Ou d'une économie de stocks par une économie de flux, capable de faire du neuf avec du vieux, durablement.

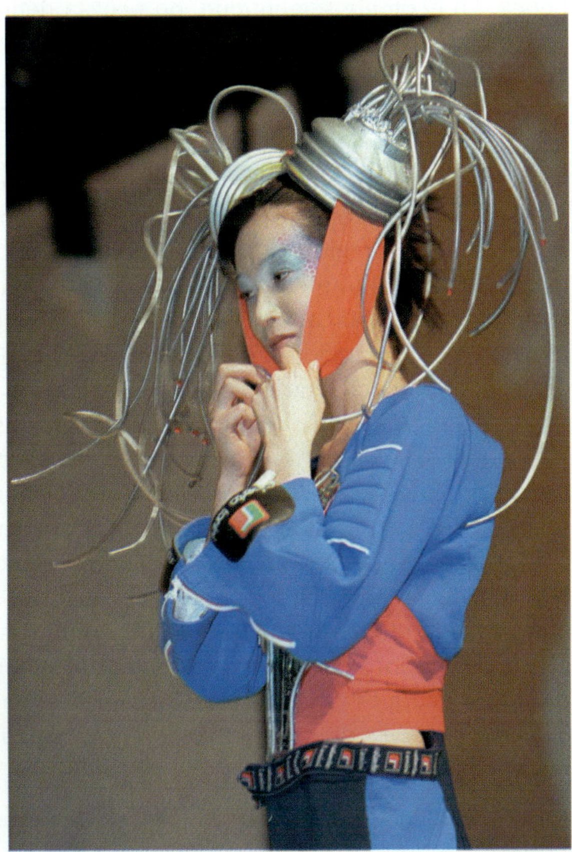

Défilé de mode recyclée, 1999. Photographie de Mark Shenley.

La descente énergétique des territoires

Rob Hopkins est également optimiste. Il est le fondateur du Mouvement pour la transition en Grande-Bretagne[3]. Il s'agit de prendre en compte simultanément l'imminence du *peak oil* et l'importance du changement climatique pour affirmer qu'un futur avec moins de pétrole pourrait être préférable au présent, à condition que nous fassions preuve d'assez de créativité et d'imagination pour concevoir ce futur et réaliser rapidement la transition. La « descente énergétique » inéluctable qui nous attend n'est pas nécessairement synonyme de privation, de malheur et d'effondrement, mais de renaissance des communautés locales et des cultures. Décroître pour vivre mieux, titre de ce chapitre.

À cette fin, il nous faut introduire un nouveau concept, celui de résilience. En écologie scientifique, on peut la définir comme la permanence qualitative du réseau d'interactions d'un écosystème, ou, plus généralement, comme la capacité d'un système à absorber les perturbations et à se réorganiser en conservant essentiellement ses fonctions, sa structure, son identité et ses rétroactions. Pour les sociétés humaines, la résilience comprend la résistance à un choc (par exemple, le *peak oil*) sans que la société entière s'effondre, la diversité des réponses locales à la suite d'un choc global, la satisfaction des besoins sociaux élémentaires en dépit d'une chute des transports, et le remplacement des infrastructures et bureaucraties globales par des alternatives locales au moindre coût financier et démocratique. Plus précisément, on peut distinguer trois caractéristiques principales dans la résilience sociale : la diversité, la modularité, la solidité des rétroactions.

La diversité se rapporte au nombre d'éléments différents qui composent le système particulier, ainsi qu'à leurs relations, que ces éléments soient des personnes, des espèces végétales et animales, des institutions publiques et privées, des sources d'énergie et de nourriture. Ainsi, sur le territoire du système social concerné, la diversité de l'utilisation du sol désigne aussi bien les fermes et leurs polycultures, les jardins potagers des implantations humaines, les eaux et les forêts disponibles, les sources d'énergies renouvelables, les espaces sauvages que les bâtiments et les voies de communication destinés aux humains et à leurs

3. Rob Hopkins, *The Transition Handbook. From Oil Dependancy to Local Resilience*, Green Books Ltd, 2008.

activités de tout ordre. Cette diversité inclut aussi la multiplicité des solutions et des arrangements mis en œuvre dans deux territoires sociaux différents. Une Région telle que l'Île-de-France, par exemple, ne présente pas une diversité globale suffisante : son poids démographique et ses activités économique, administrative et culturelle, sont disproportionnées par rapport à ses capacités en énergie, en alimentation et en eau.

La modularité désigne la façon selon laquelle les éléments du système sont reliés. En termes abstraits, il faut imaginer qu'un système est d'autant plus modulaire que ses éléments ont la capacité de s'autoréorganiser à la suite d'un choc. Plus de 80 % de la nourriture des 500 millions d'habitants de l'Union européenne provient des grandes chaînes agroalimentaires, du type de Carrefour. Il n'existe aucune modularité dans ce système, très sensible aux aléas du transport mondial et aux transmissions de maladies comme la grippe aviaire ou la vache folle. À l'échelon local en revanche, une ferme moyenne de 50 hectares peut fournir l'essentiel de la nourriture pour 300 trois cents personnes. L'autosuffisance agricole et alimentaire peut être pratiquement établie dans un cycle local entre une ferme et un hameau ou un quartier lorsque la nourriture animale est locale et que les fumiers et excréments sont recyclés à la ferme. Ce circuit court implique une diversité productive de la ferme, correspondant à la diversité alimentaire sollicitée par les consommateurs. À une échelle plus large, et pour une modularité permettant de se passer d'une ferme en cas d'ennuis, une dizaine de fermes de ce type, pour une surface agricole totale de l'ordre de 500 hectares, peuvent constituer un cycle local en liaison avec un bourg de 3 000 personnes, auxquelles il faut ajouter 50 hectares de plans d'eau, de forêt et de haies pour la diversité environnementale.

La solidité des rétroactions concerne la vitesse et la force de réaction des éléments d'un système en cas de défaillance de l'un d'entre eux. Les vastes systèmes globaux, à la gouvernance centralisée, affaiblissent les rétroactions. La longueur et la lenteur de leur processus de décisions les rendent incapables de réagir justement et à temps à certaines menaces pourtant patentes. Les nombreux exemples que nous avons cités dans ce livre illustrent cette lourdeur, notamment face au changement climatique et au pic des hydrocarbures. Dans un système plus localisé, les résultats des actions humaines sont assez évidents. Un ensemble diversifié de sources d'énergies renouvelables, installées par exemple à l'échelle d'un département, permet aux habitants de ce département d'être beaucoup plus conscients de leur consommation énergétique, et de réagir plus rapidement lorsqu'une de ces sources défaille.

Comment initialiser la transition vers la descente énergétique ? Que l'on pourrait reformuler en : Comment tendre vers l'autosuffisance locale ? Rob Hopkins énonce six principes à respecter. D'abord, dégager une vision de l'avenir, selon la croyance qu'une société ne peut s'engager que si elle peut imaginer ce qu'elle sera une fois la transition achevée. Puis, inclure le plus de monde possible dans le processus. Si le projet écologiste de transition est animé par des militants verts s'adressant aux autres militants verts, l'échec est garanti. Il faut rassembler, comme a tenté de le faire la première phase du Grenelle de l'environnement à l'été 2007. Il faut aussi apprendre collectivement à élever notre niveau de connaissance de la situation de la planète, en particulier dans les domaines énergétique et climatique. Avant de se lancer dans un plan local de transition, ne pas croire que chacun est informé, mais, au contraire, partir de l'hypothèse que l'immense majorité des personnes ignore les bases de la catastrophe écologique. Cette hypothèse cognitive est la même que celle qui est posée lors des « conférences de citoyens » parfois organisées en France sur des sujets tels que « les OGM » ou

Manifestation pour la défense de l'environnement et pour alerter sur les dangers du réchauffement climatique, Bournemouth (Grande-Bretagne).
Photographie de Jess Hurd, 2007.

« les changements climatiques » : pendant plusieurs week-ends, une douzaine de citoyens tirés au sort – comme pour un jury d'assises – s'informent et débattent du sujet avec des experts diversifiés du sujet, puis se réunissent pour élaborer des propositions.

Quatrièmement, conserver la résilience comme fil conducteur et objectif de l'ensemble du processus. Puis, ne pas hésiter à entrer dans le domaine de la psychologie sociale pour lever certaines barrières à l'entendement individuel et à la marche collective. La création d'une vision positive de l'avenir, l'évocation d'un nouveau récit historique, l'appel à l'engagement de chacun ne sont pas suffisants. Il faut aussi tenir compte des effets contraires dus à l'interaction spéculaire (› voir chapitre 6) et aux rivalités mimétiques qui ne manqueront pas d'advenir, comme dans toute aventure humaine. Sixièmement enfin, toute initiative de transition doit proposer des alternatives crédibles à la situation courante. C'est ce que j'essaie de faire dans ce livre où, après avoir décrit la catastrophe écologique dans la plupart de ses dimensions, après avoir effrayé le lecteur pendant les premiers chapitres, après avoir affirmé que le choc peut être réduit mais non pas évité, je m'efforce de vous entraîner vers la croyance qu'il est possible d'agir, de trouver des issues, ensemble, au moins à l'échelon local. « Penser globalement, agir localement », telle est la voie.

Vers l'autosuffisance locale

Lors des conférences que je donne depuis plusieurs années sur les questions d'écologie politique, singulièrement le *peak oil* et ses conséquences sociales, un participant au moins me pose toujours une question sur les carburants alternatifs au pétrole pour les véhicules. Ma réponse est invariablement la même : il n'y en a aucun. Les voitures sont l'un des principaux problèmes de nos sociétés, elles ne feront pas partie de la solution. Il en est de même des camions, des tracteurs et des avions. En 2050, tout cela aura disparu. La mobilité des humains s'effectuera autrement, à l'aide de moyens renouvelables, traction animale comprise.

Pour garantir les approvisionnements alimentaires, il faudra encourager la ruralisation des habitats et des activités. Cela va à l'encontre de la tendance actuelle de la Politique agricole commune (PAC), et plus largement de la spécialisation agricole des régions et de l'urbanisation des implantations humaines. La crise énergétique durable qui arrive tendra à renchérir les coûts de production agricole et halieutique, puis les prix de l'alimentation. Puisqu'il s'agit de secteurs de première nécessité et que l'on connaît les traditions manifestantes des agriculteurs et des pêcheurs (ainsi que des transporteurs routiers), les gouvernements seront tentés dans un premier temps de distribuer des subventions supplémentaires, supportées par les contribuables européens. Mais cette politique sera intenable à terme. Dans les pays de l'OCDE, la tendance actuelle à une alimentation tous continents, toutes saisons, toutes viandes se transformera en une alimentation plus locale, plus saisonnière, plus végétale.

L'aménagement du territoire sera très différent. Tous les rassemblements urbains qui dépendent de la voiture et des camions disparaîtront. Nos enfants et petits-enfants habiteront des villes et villages à taille humaine, appuyés sur une écologie locale agricole. Cette évolution rapide des implantations humaines donnera lieu à des changements de résidence massifs, accompagnés d'énormes problèmes de sécurité. Les changements d'activités économiques seront également amples et périlleux, puisqu'il faudra réapprendre des savoir-faire oubliés dans presque tous les secteurs, notamment ceux de la production d'énergie et de nourriture. Le commerce maritime verra renaître la marine à voile. Oui, à voile.

Le commerce de détail s'émancipera des grandes chaînes mondialisées agroalimentaires qui, par ailleurs, se seront effondrées. Inutile de rêver encore aux productions à bon marché des esclaves asiatiques qui nous fournissent aujourd'hui vêtements et audiovisuel. Les circuits courts d'approvisionnement en marchandises seront la règle et les productions lointaines, l'exception. Ne pensons pas que les commandes par Internet remplaceront les courses en grandes surfaces. Ce cybershopping dépend entièrement de livraisons à bon marché qui auront disparu. Internet lui-même est aujourd'hui soutenu par des matériels, des infrastructures et des quantités d'énergie électrique qui seront difficiles à maintenir dans une société de contraction des échanges et de disette énergétique.

La fin du pétrole à bon marché est aussi la fin du rêve de certains dirigeants d'entreprises transnationales : n'avoir qu'une seule énorme usine au monde – de préférence dans un pays à faible protection sociale et environnementale – pour distribuer ensuite ses productions sur tous les continents grâce au faible coût des transports. Désormais, la production et la fabrication locales sont de retour. La relocalisation de l'économie nous offrira moins de choses à acheter, moins de choix de produits, mais ils seront issus de manufactures proches.

La culture et l'éducation aussi délaisseront les enregistrements (CD, DVD, Podcast...) pour le direct. Il est fâcheux de posséder tant de supports électroniques de *Out of Africa* et des Rolling Stones si les coupures de courant vous empêchent de les regarder ou de les entendre à volonté. Ce sera le probable retour des orchestres et des comédiens itinérants, devant lesquels on vibre en face à face. L'éducation nationale, trop centralisée, sera gérée à d'autres échelons territoriaux, et répartie en plus petites unités scolaires, non loin des familles, les bus de ramassage ayant des difficultés à survivre. Cependant, contrairement à l'industrie de la culture, des loisirs et du tourisme, l'éducation devra au contraire s'épanouir.

Le système médical sera profondément affecté par la hausse du prix de l'énergie et le choc de la catastrophe écologique. L'hypertechnicité des soins hospitaliers et la surconsommation de médicaments ne survivront pas à la contraction des échanges mondiaux. Nous serons, en contrepartie, libérés du *lobby* des grands laboratoires pharmaceutiques. Une médecine de proximité, pratiquant une approche globale de la santé, se développera localement, en passant d'une logique de soin à une logique de santé, en liant santé et environnement.

D'une manière générale, en France et en Europe, la vie sera plus ancrée dans le local. Toutes les activités changeront d'échelle. Les gouvernements trop lointains, les institutions trop centralisées, les entreprises transnationales ne survivront pas à cette relocalisation. Aujourd'hui, la démocratie se réduit à une vague tentative de réguler le jeu des grands groupes économiques. Il faudra changer de direction, c'est-à-dire fédéraliser notre pays pour organiser et contrôler une économie et un pouvoir relocalisés. Bien sûr, le pouvoir local est plus exposé, étant susceptible d'être capté par une minorité. Mais il est aussi plus facile d'infléchir ou de participer à un pouvoir local. Une VIe République établissant une France fédérale sera donc la première étape de la reprise de pouvoir des citoyens sur leur vie. Elle comprendra notamment une hiérarchie administrative simplifiée, aux prérogatives clarifiées : les pays, les régions, l'État (affaibli).

Un tel fédéralisme offre de réels avantages pour la mise en œuvre de notre politique de sobriété et de solidarité : la dotation du maximum de pouvoir politique au local permet aux élus de protéger plus efficacement leurs concitoyens contre les manœuvres des entreprises transnationales, et offre aux électeurs la possibilité de contrôler de plus près les actions de leurs élus ; les circuits courts d'une économie locale diversifiée retissent les solidarités de proximité et résolvent plus vite les conflits entre consommateurs et producteurs ; la décroissance des échanges mondiaux amoindrit en amont les menaces imminentes de la déplétion des matières premières et des énergies fossiles, et réduit en aval les pollutions et émissions de gaz à effet de serre ; l'impression retrouvée par chacun d'une plus grande maîtrise sur sa vie accroît la sécurité collective et la cohésion sociale ; l'économie générale d'unités de production locale destinée aux marchés locaux peut être fortement améliorée par la recherche ; il est plus facile de poser des limites aux parts de marché occupées par les entreprises privées. Protégeons le local, globalement.

Changer ou mourir

> « Il faudrait une montée soudaine et terrible de périls, la venue d'une catastrophe pour constituer l'électrochoc nécessaire aux prises de conscience et aux prises de décision. »
>
> Edgar Morin, *Vers l'abîme ?*, L'Herne, 2007, p. 83.

La catastrophe actuelle n'est pas une crise financière, économique, écologique, politique, sociale ou culturelle. Elle est tout cela à la fois et simultanément. Ce en quoi elle est totalement inédite. C'est une crise anthropologique. Pour le comprendre, il nous faut remettre en question toutes nos croyances. Il nous faut recréer une civilisation.

La débâcle financière de l'année 2008 ne fut pas d'abord une crise de liquidité. Ce fut une crise de surgonflement des actifs financiers par rapport à la richesse réelle, soit l'opposé d'une crise de liquidité. Le marché financier, c'est-à-dire le volume des échanges de papiers virtuels était vingt fois supérieur aux échanges de l'économie réelle. La richesse réellement existante constituait un gage sur le montant de la dette future. Or la valeur de la richesse réellement existante ne fut plus suffisante pour servir de gage à la dette financière. Un seuil a été dépassé, un seuil de liaison entre le capitalisme fondé sur le crédit et les ressources naturelles qui sont la base de toute richesse réelle. Le dépassement de ce seuil, la rupture de cette liaison, fut la cause de l'effondrement financier. Autrement dit, la dette fut totalement dévaluée en termes de richesse réellement existante. En quelques jours, plus personne ne désira échanger une richesse réelle actuelle contre une dette, même à fort taux d'intérêt. C'est cette déconnexion qui explique la dévaluation de la dette, et non pas le fait qu'il n'y aurait pas assez de crédit, pas assez d'argent en circulation, pas assez de prêts entre banques.

La question principale est donc : la croissance de l'économie réelle peut-elle être assez forte pour rattrapper la croissance massive de la dette ? La réponse est non. La croissance de l'économie réelle est désormais fortement contrainte par la raréfaction des ressources naturelles. À la fois en amont, par la déplétion minérale et fossile (par exemple le pic de Hubbert pétrolier), et en aval par la pollution de l'atmosphère, des terres et des océans. En outre, les inégalités de revenus croissantes depuis trente ans n'incitent pas les ménages à la consommation, sauf par le biais de crédits qui gonflent encore la dette. Autrement dit, les coûts marginaux de la croissance sont désormais supérieurs aux bénéfices marginaux. Ou encore, la croissance physique réelle nous rend de plus en plus pauvres. Et pourtant l'aveuglement des fanatiques de la croissance continue. Ainsi, la déclaration émise par l'Eurogroupe le 12 octobre 2008 commence de la façon suivante : « Le système financier apporte une contribution essentielle au bon fonctionnement de nos économies et constitue une condition de la croissance. »

Quel est donc l'objectif que nous devons atteindre, en France et en Europe ? En un mot, que les banques tendent progressivement vers l'horizon de 100% de réserves. Toutes les banques devraient devenir graduellement des dépôts intermédiaires entre les déposants et les emprunteurs, et non plus des machins qui créent de la monnaie à partir de rien et la prête avec intérêt. Lorsque tout euro investi sera gagé par un euro préalablement déposé, alors seulement sera rétabli l'équilibre et la confiance. Bien sûr, cela ralentira la croissance. Mais, comme je l'ai expliqué, la recherche de la croissance est désormais antiéconomique, antisociale et antiécologique. La croissance est appauvrissante. La récession est inéluctable.

Les dirigeants européens essaieront de sauver la sacro-sainte croissance parce qu'ils sont incapables d'imaginer un autre modèle économique. L'espoir d'une nouvelle phase A du Kondratieff après la phase B que nous traversons depuis trente ans, cet espoir est vain. Nous ne sommes pas à l'aube d'une nouvelle croissance matérielle ou industrielle, nous sommes dans la phase terminale du capitalisme. Les possibilités d'accumulation réelle du système ont atteint leurs limites, pour des raisons géologiques, pour des raisons écologiques. Il faudrait mettre en place quelque chose d'entièrement nouveau, ce que j'appelle une société de

sobriété. Si nous voulons conserver les valeurs cardinales de l'Europe que sont la paix, la démocratie et la solidarité, la transition vers cette société de sobriété doit suivre quatre orientations principales que je résume : 1) la tendance vers l'autosuffisance locale et régionale en matières énergétique et alimentaire ; 2) la tendance à la décentralisation géographique des pouvoirs ; 3) la tendance à la relocalisation économique ; 4) la tendance à la planification concertée et aux quotas, notamment en matières énergétique et alimentaire. Faute d'un tel plan d'urgence, je crains que notre continent européen traverse bientôt des épisodes troublés dont nous apercevons déjà les prémices. Les différents « plans de relance » américains ou européens, fondés sur un modèle productiviste moribond, ne feront hélas qu'accélérer l'effondrement.
Un ami alsacien m'envoie ce mail : « Tout le petit monde du "développement durable" est en retard d'une guerre. Le message qu'il porte ("infléchissons les tendances") souffre d'un défaut rédhibitoire en politique : il n'est plus réaliste, c'est-à-dire suffisant pour s'en sortir. Le seul objectif aujourd'hui réaliste est un engagement immédiat dans la décroissance équitable. Et, dans cette perspective, la phraséologie du "développement durable" n'est pas une alliée, mais un obstacle. En retardant la prise de conscience sur les impératifs factuels, elle freine la mise en œuvre des seules décisions qui peuvent amortir le choc, si elles sont prises à temps : maintenant ! » J'approuve ce beau résumé.

Je plaide pour la vérité, c'est-à-dire pour une posture churchillienne d'annonce de lendemains qui ne chanteront pas avant longtemps, pour un projet politique de réduction équitable des consommations de matières et d'énergie, pour une mobilisation générale de la population autour d'une sorte d'économie de rationnement organisé et démocratique, une société de sobriété, de décroissance, de solidarité. Par deux fois dans cet ouvrage, j'ai écrit que cela pouvait ressembler à une « économie de guerre », citant Winston Churchill ici ou Franklin Roosevelt là. Cependant, la catastrophe écologique et ses deux priorités jumelles – le *peak oil* et le changement climatique – présentent des caractéristiques politiques différentes de celles des épisodes guerriers des années quarante. Alors qu'une guerre classique est une menace directe sur les dirigeants et sur l'armée des pays en cause, et ne concerne les populations qu'en conséquence des décisions de l'élite, la catastrophe écologique concerne d'abord les populations les plus défavorisées, l'élite estimant que son pouvoir et son style de vie seront peu affectés. Néanmoins, la hausse des

Marie-Antoinette, film de Jean Delannoy, avec Michèle Morgan, 1953.

prix de l'énergie et l'inflation conséquente inciteront les populations à se révolter jusqu'à menacer éventuellement le pouvoir de l'actuelle classe dirigeante. De quelle façon ? Si ce n'est pas directement le prix des carburants à la pompe qui inquiète les dirigeants, ce peut être les coupures d'électricité qui pourraient advenir au fur et à mesure que la situation économique et sociale se détériorera. Autant les dirigeants et l'armée peuvent s'appuyer pendant un temps sur les stocks de carburants qu'ils contrôlent, autant l'électricité, non stockable, dépend d'un réseau d'infrastructures et de personnels qui peuvent se montrer défaillants et affecter ainsi tout le monde, dirigeants compris. Là se situe peut-être l'amorce d'une « mobilisation générale » de la société, élite et population réunies, pour penser et organiser la décroissance en grand. Décréter l'état d'urgence, suspendre le cours ordinaire des affaires, appeler aux reconversions immédiates : la survie est en jeu.

TEXTES

Gunther Anders (philosophe, 1902-1992)

Le piéton subversif

Hier, alors que je marchais le long d'une *highway* assez loin de la sortie de Los Angeles, un motard de la police fonça sur moi à toute allure et s'arrêta à ma hauteur.

« *Say, what's the mater with your car ?* » (Eh bien, qu'est-ce qui est arrivé à votre voiture ?), me demanda-t-il en m'interpellant.

« Ma voiture ? », demandai-je incrédule.

« *Sold her ?* » (Vous l'avez vendue ?)

Je secouai la tête.

« Elle est chez le garagiste ? »

Je continuai à secouer la tête.

Le *cop* réfléchit. Trouver une troisième raison pour expliquer l'absence de ma voiture lui sembla impossible. « Mais pourquoi n'êtes-vous pas en voiture ? »

« En voiture ? Mais je n'ai pas de voiture. » Cette brève déclaration excéda également sa capacité de compréhension.

« En fait, je n'en ai jamais eu », expliquai-je pour le mettre sur la voie.

J'aurais difficilement pu trouver pire. Je venais de me condamner moi-même. Le policier était bouche bée : « Vous n'en avez jamais eu ? »

« Voilà, c'est ça », dis-je en louant sa capacité de compréhension. « *That's the boy* » (Je suis comme ça). Je le saluai le cœur joyeux et léger, et je m'apprêtai à reprendre ma promenade.

Mais il n'en était plus question. Au contraire. « *Don't force me, sonny* » (Me pousse pas à bout, fiston), dit-il en sortant son petit carnet. « Pas d'histoires. » La joie de pouvoir briser l'ennui pétaradant de sa profession en arrêtant un « *vagrant* » (un vagabond) lui rendit sur-le-champ confiance en lui. « Et pourquoi n'en avez-vous jamais possédé ? »

Je crus alors deviner ce qu'il ne fallait surtout pas répondre. Au lieu de dire : « Parce que je n'ai jamais eu les moyens de m'acheter une voiture », je répondis donc en haussant les épaules et de la manière la plus détachée possible : « Parce que je n'en ai jamais vu la nécessité. »

Cette réponse parut le rendre joyeux. « *Is that so ?* » (Voyez-vous ça !), s'exclama-t-il alors sur un ton proprement enthousiaste. J'eus le pressentiment d'avoir fait une seconde erreur, plus grave encore que la première. « Et pourquoi donc Sonnyboy n'a t-il pas besoin de voiture ? »

Sonnyboy angoissé haussa les épaules : « Parce que d'autres choses lui sont plus nécessaires. »

« Par exemple ? »

« Des livres. »

L'Obsolescence de l'homme, Éditions de l'Encyclopédie des nuisances, 2002.

Serge Latouche (économiste, né en 1940)

Pour une décroissance conviviale

Le bien et le bonheur peuvent s'accomplir à moindres frais. La plupart des sagesses considèrent que le bonheur se réalise dans la satisfaction d'un nombre judicieusement limité des besoins. Redécouvrir la vraie richesse dans l'épanouissement de relations sociales conviviales dans un monde sain peut se réaliser avec sérénité dans la frugalité, la sobriété voire une certaine austérité dans la consommation matérielle. « Une personne heureuse, note Hervé Martin, ne consomme pas d'antidépresseurs, ne consulte pas de psychiatres, ne tente pas de se suicider, ne casse pas les vitrines des magasins, n'achète pas à longueur de journées des objets aussi coûteux qu'inutiles, bref, ne participe que très faiblement à l'activité économique de la société. » Une décroissance voulue et bien pensée n'impose aucune limitation dans la dépense des sentiments et la production d'une vie festive, voire dionysiaque.

« À bas le développement durable ! Vive la décroissance conviviale ! », dans *Objectif décroissance*, Parangon, 2003.

Ivan Illich (penseur de l'écologie politique, 1926-2002)

Apologie du vélo

Un vélo n'est pas seulement un outil thermodynamique efficace, il ne coûte pas cher. Malgré son très bas salaire, un Chinois consacre moins d'heures de travail à l'achat d'une bicyclette qui durera longtemps qu'un Américain à l'achat d'une voiture hors d'usage. Les aménagements publics nécessaires pour les bicyclettes sont comparativement moins chers que la réalisation d'une infrastructure adaptée à des véhicules rapides. Pour les vélos, il ne faut de routes goudronnées que dans les zones de circulation dense, et les gens qui vivent loin d'une telle route ne sont pas isolés, comme ils le seraient s'ils dépendaient de trains ou de voitures. La bicyclette élargit le rayon d'action personnel sans interdire de passer où l'on ne peut rouler : il suffit alors de pousser son vélo.

Le vélo nécessite une moindre place. Là où se gare une seule voiture, on peut ranger dix-huit vélos, et l'espace qu'il faut pour faire passer une voiture livre passage à trente vélos. Pour faire franchir un pont à quarante mille personnes en une heure, il faut deux voies d'une certaine largeur si l'on utilise des trains, quatre si l'on utilise des autobus, douze pour des voitures, et une seule si tous traversent à bicyclette. Le vélo est le seul véhicule qui conduise l'homme de porte à porte, à n'importe quelle heure et par l'itinéraire de son choix. Le cycliste peut atteindre de nouveaux endroits sans que son vélo désorganise un espace qui pourrait mieux servir à la vie.

Énergie et équité (1973), dans *Œuvres complètes*, Fayard, 2004.

Gilbert Rist (politologue, né en 1947)

La mondialisation occulte la destruction des ressources

Tout le monde parle aujourd'hui de « globalisation » et l'on pourrait penser que cette nouvelle manière d'envisager les rapports mondiaux favorise la considération accordée aux problèmes de l'environnement. Or, au contraire, la « globalisation » entraînée par l'économie marchande rend impossible la conscience écologique. Alors que, dans une économie fondée sur l'utilisation des ressources locales, les hommes sont immédiatement sensibles aux détériorations de leur environnement et, dans la règle, cherchent à le préserver, le marché permet, par exemple, de prélever les ressources (le pétrole, le bois, l'eau, etc.) d'une région, de les consommer ailleurs, et d'évacuer les déchets ailleurs encore (en les exportant dans un lieu prêt à les accueillir contre rémunération ou en les rejetant dans la biosphère). *Tout ce qui est entrepris au nom du commerce international permet de dissocier la production de la consommation et la consommation de la consumation* (c'est-à-dire la transformation en déchets visibles ou invisibles). Ce qui évite au consommateur-pollueur de se rendre compte qu'il participe à l'épuisement des ressources et à l'accumulation des déchets, puisque le circuit des échanges l'empêche de voir ce qui se passe au cours du processus. Parce qu'elles agissent en de multiples lieux à la fois et dissocient constamment la création et la destruction des ressources, les sociétés transnationales favorisent cette dilution de la responsabilité. Le principe pollueur-payeur ne fait pas disparaître la pollution, mais il en réserve le droit à ceux qui en ont les moyens financiers.

Le Développement. Histoire d'une croyance occidentale,
Presses de Sciences-Po, 2001.

Philippe Bruneteau,
Faim du monde, 1999.

Jared Diamond (géographe, né en 1937)

Comment les sociétés assurent-elles leur pérennité ?

Des sociétés peu nombreuses et occupant une petite île ou un petit territoire peuvent pratiquer une gestion par le bas des problèmes environnementaux. C'est-à-dire que tous les habitants œuvrent ensemble à la résolution des problèmes qui leur sont spécifiques : chacun a en effet une bonne connaissance de la totalité de l'île, sait qu'il sera affecté par les événements qui se produisent en tout point et partage une identité et des intérêts communs avec les autres habitants. Tous ont donc conscience du fait qu'ils tireront avantage de mesures environnementales intelligentes qu'ils prendront eux-mêmes et leurs voisins.

La plupart d'entre nous avons déjà fait l'expérience d'une telle gestion par le bas, dans le quartier où nous vivons ou dans celui où nous travaillons. Par exemple, tous les propriétaires des résidences de la rue dans laquelle j'habite appartiennent à une association de propriétaires dont le but est d'assurer la tranquillité du quartier, de préserver son harmonie et de le rendre attractif pour le bien de tous. Chaque année, nous participons tous à l'élection des dirigeants de l'association, nous prenons des décisions lors de réunions annuelles et nous alimentons le budget de l'association par une cotisation. Avec cet argent, l'association entretient des jardins fleuris situés aux intersections routières, limite le nombre d'arbres abattus sans raison valable par les propriétaires, examine les projets immobiliers pour s'assurer qu'ils n'aboutiront pas à la construction de bâtiments inesthétiques ou d'une taille trop importante, résout les conflits de voisinage et fait pression sur les dirigeants municipaux lorsque sont débattues des questions affectant l'ensemble du quartier. (À l'instar des propriétaires terriens de Hamilton, dans la Bitterroot Valley, dans le Montana […] : ils se sont associés pour assurer le fonctionnement du Teller Wildlife Refuge, contribuant ainsi au renforcement de leur environnement et à l'augmentation des populations piscicole et cynégétique dans leur région, même si tout cela ne suffit pas à résoudre les problèmes des États-Unis et du monde).

L'approche contraire des problèmes environnementaux est celle que l'on appellera gestion par le haut, qui conviendra à une société nombreuse et dotée d'une organisation politique centralisée, comme les îles polynésiennes de Tonga. Le royaume des Tonga est bien trop vaste pour que chaque agriculteur puisse connaître tout l'archipel, ni même la totalité de l'une des îles qui le composent. Dans un tel contexte, le danger pour un agriculteur pourrait venir d'un problème se posant dans une région éloignée de l'archipel qui finirait par s'avérer fatal à son mode de vie, mais dont il n'avait au départ absolument pas connaissance. Et quand bien même aurait-il conscience des risques, il pourrait toujours refuser d'en tenir compte, jugeant qu'il n'est pas concerné, que pour lui cela ne changera rien, ou que les changements se produiront beaucoup plus tard, quand il n'en aura plus les fruits. À l'inverse, un agriculteur pourrait être tenté de négliger les problèmes survenus dans sa propre région (la déforestation, par exemple), parce qu'il se dit qu'il y a quantité d'autres arbres ailleurs, sans être vraiment sûr de voir son hypothèse se confirmer.

Effondrement, Gallimard, 2006.

Frank De Roose (philosophe, né en 1957) et Philippe Van Parijs (philosophe, né en 1951)

Limites et nécessité du principe pollueur-payeur

Que les pollueurs – ou leurs assureurs – soient les payeurs, et les pollués – ou leurs héritiers – les payés, et le problème écologique sera résolu. Bien sûr, même si l'on dispose de toutes les informations et de tous les instruments requis pour pouvoir suivre cette maxime à la perfection, même si l'identification des causes et l'évaluation des dommages ne sont entachées d'aucune incertitude, il restera de la pollution. Mais ce sera le niveau de pollution optimal, celui que, s'exprimant à travers les décisions de ses membres, la collectivité estime valoir la peine de s'imposer eu égard à la consommation dont il est la contrepartie – et non plus le niveau absurdement élevé qu'elle subit inévitablement aussi longtemps que les agents économiques ne paient pas le vrai prix de ce qu'ils consomment. Bien sûr aussi, l'incertitude, les coûts qu'entraînent la collecte des informations et l'exécution des décisions sont souvent tels que la maxime est inapplicable. Il faut alors recourir à des pis-aller, comme l'imposition de normes ou de taxes permettant d'induire très approximativement les comportements de consommation et de production qu'une parfaite application de la maxime – une pleine « internalisation des externalités » – aurait eu pour conséquence. Et normes et taxes devront être inlassablement réajustées de manière à tenir compte tant d'effets nouvellement produits que d'effets nouvellement connus. Le résultat est alors très imparfait, mais le monde réel n'a pas la pureté d'un modèle mathématique. Et puisque c'est dans le monde réel qu'ils vivent, les écologistes auront tout lieu de s'estimer satisfaits lorsque ce résultat – inévitablement précaire – aura été atteint.

La Pensée écologiste. Essai d'inventaire à l'usage de ceux qui la pratiquent comme de ceux qui la craignent, De Boeck université, 1991.

Hermann Scheer (économiste, né en 1944)

Les bâtiments, collecteurs et transformateurs de l'énergie

Un bâtiment n'est pas seulement un système de consommation de l'énergie ; il devra aussi, à l'avenir, être conçu comme un système de captage et de transformation. L'architecte ou le commanditaire soucieux de respecter et d'économiser les ressources devra, lorsqu'il concevra son projet, tenir compte, entre autres, des éléments suivants :

– utiliser de manière optimale le potentiel naturel de l'éclairage solaire en laissant autant que possible la lumière diurne pénétrer dans la maison. Au-delà de la taille des fenêtres, il peut à cette fin intégrer de nouveaux types d'accumulateurs de lumière ;

– utiliser la chaleur de l'environnement pour le bâtiment, afin d'en tirer de la chaleur secondaire ; chercher le meilleur angle d'inclinaison entre le bâtiment et le soleil, éviter les zones d'ombre ; ouvrir les façades ensoleillées du bâtiment avec les surfaces de verre donnant vers le soleil, et obturer les autres ; prévoir les éléments architecturaux optimaux pour les capteurs solaires et le photovoltaïque ;

– tenir compte de la situation des vents autour de l'édifice, afin de pouvoir obtenir une ventilation naturelle ;

– choisir les matériaux de construction pour leurs qualités d'isolation à la chaleur ou au froid, et les utiliser en fonction du besoin spécifique d'énergie – c'est-à-dire décider où le béton et l'aluminium pourront, le cas échéant, être remplacés par du bois, de l'argile ou de l'acier ;

– tenir compte de la circulation de l'air à l'intérieur du bâtiment, elle aussi pouvant, selon la saison, être utilisée pour le chauffage ou le refroidissement.

Il s'agit donc de revenir à une « construction en zones climatiques », pour reprendre les termes de l'ingénieur du bâtiment Klaus Daniels : « Les maisons dessinées et gérées de manière intelligente se distinguent surtout par le fait qu'elles sont en mesure de répondre aux demandes des utilisateurs à partir de l'environnement, sans devoir utiliser des installations techniques : éclairage naturel, aération naturelle, degré variable de pénétration globale de l'énergie, éclairages diurnes adaptés, etc. »

Le Solaire et l'économie mondiale, Actes Sud, 2001.

Cité écologique à haute qualité environnementale : ces maisons produisent plus d'énergie qu'elles n'en consomment, Quartier Vauban à Fribourg (Allemagne). Photographie de Pascal Bastien, 2008.

Alain Gras (socio-anthropologue, né en 1941)

C'est à nous de changer les premiers

Le calcul est simple : dans dix ans, la planète devra supporter l'équivalent thermique d'une nouvelle Europe, et 2 milliards de personnes supplémentaires qui, soyons réalistes, n'auront pas accès à notre mode de vie d'ici une génération (Afrique noire, Pakistan et alentours, Philippines, Indonésie, Mélanésie principalement). Ces dernières pèseront de diverses manières sur les pays riches, notamment par le désespoir qui les poussera à y émigrer. Mais, au-delà de l'effroyable problème moral que cela nous posera restera, la question énergétique. La chaleur sera un élément indispensable du mode de vie global, puisque la mondialisation a uni l'humanité dans un même désir de consommation de biens thermo-industriels. Bien sûr, une partie de cette énergie sera puisée dans les maigres ressources renouvelables, qui permettront le travail des hommes et des animaux. Pourtant, l'usage de l'énergie fossile restera indispensable car elle est inévitable, que l'on soit pauvre ou riche.

Le Choix du feu. Aux origines de la crise climatique, Fayard, 2007.

Winston Churchill (ancien Premier ministre britannique, 1874-1965)

Du sang, de la sueur et des larmes

« Nous allons devoir faire face à une épreuve des plus graves. De nombreux, de très nombreux mois de lutte et de souffrance nous attendent. Vous voulez connaître notre politique ? Je vous réponds : faire la guerre sur mer, sur terre et dans les airs. Faire la guerre avec toute la force et toute l'énergie que Dieu nous a données : faire la guerre contre une monstrueuse tyrannie encore jamais répertoriée dans le sombre et lamentable catalogue de crimes contre l'humanité. La voilà notre politique. Vous voulez connaître notre but ? Il se résume en un seul mot : victoire – victoire – à tout prix, victoire malgré la terreur, victoire qui prendra le temps qu'elle prendra, qui demandera les efforts qu'elle demandera, parce que sans victoire, il n'y a pas de survie. »

Discours devant la Chambre des communes, 13 mai 1940.

Lester Brown (agroéconomiste, né en 1934)

Une mobilisation de temps de guerre

Si on regarde la mobilisation nécessaire pour sauver cette planète sous contrainte et notre civilisation en péril, on constate à la fois des similitudes et des différences avec la mobilisation de la Seconde Guerre mondiale. Pour cette dernière, une restructuration économique s'est mise en place, mais de manière temporaire. Par comparaison, la mobilisation dont il est question ici repose sur une restructuration permanente.

L'entrée en guerre des États-Unis est un cas d'école spectaculaire en termes de rapidité de mobilisation. Au début de la guerre, les États-Unis sont restés à l'écart du conflit, ne s'y engageant qu'après l'attaque de Pearl Harbor, le 7 décembre 1941. Mais la réponse est venue. Après un engagement complet, le déploiement des forces américaines a changé le cours de la guerre, conduisant les Alliés à la victoire en trois années et demi.

Dans son discours sur l'état de l'Union du 6 janvier 1942, un mois après le bombardement de Pearl Harbor, le président Roosevelt a annoncé les objectifs de production d'armes du pays. Les États-Unis, disait-il, prévoient de construire 45 000 tanks, 60 000 avions, 20 000 unités anti-aériennes et une flotte d'un tonnage global de 6 millions de tonnes. « Que nul ne dise que cela ne peut pas être réalisé », a-t-il déclaré pour conclure son discours.

Personne n'avait vu une fabrication d'armes aussi massive. Mais Roosevelt et ses collaborateurs avaient réalisé que la plus grande concentration industrielle de l'époque se trouvait dans l'industrie automobile américaine. Même pendant la Dépression, les États-Unis ont produit trois millions de voitures ou plus par an. Après son discours sur l'état de l'Union, Roosevelt a rencontré les principaux dirigeants de l'industrie automobile et leur a annoncé que le pays devait se reposer largement sur eux pour atteindre ces objectifs de production d'armement. Au début, ils pensaient continuer à fabriquer des voitures et y ajouter la production d'armement. Ils ignoraient que la vente de voitures particulières serait bientôt interdite. D'avril 1942 jusqu'à fin 1944, pendant près de trois ans, pratiquement aucune voiture n'a été construite aux États-Unis.

Le Plan B. Pour un pacte écologique mondial, Calmann-Lévy, 2007.

Le monde en 2022

Extraits du journal de Jules A.,
Ingénieur écologue à l'Organisation mondiale de l'environnement

Londres, dimanche 22 mai 2022

Je dois faire le point, réfléchir à mon expérience professionnelle et politique dans le domaine de l'écologie depuis sept ans. J'ai tardé à cette confrontation avec moi-même, trop occupé que j'étais à préparer la conférence de presse tenue par l'Organisation mondiale de l'environnement (OME) à l'occasion de son dixième anniversaire et de la publication du rapport GEO-6 (*Global Environmental Outlook*, sixième du genre). Que de travail il m'a fallu pour rédiger un communiqué de quatre pages introductif au dossier de presse distribué hier aux médias qui attendaient le verdict de l'OME sur l'état de notre planète. J'ai failli ne pas pouvoir entrer à Whitehall Court pris d'assaut par les journalistes et les activistes. La police onusienne a méchamment chargé pour disperser le trop plein.

Je suis encore choqué par la violence policière, mais aussi effrayé par le contenu du rapport sur l'état de la planète auquel j'ai participé. La Terre et ses sept milliards d'habitants sont encore plus malades que ce que l'on pensait il y a dix ans. Globalement, l'écosphère est à l'agonie tandis que la moitié des pays du monde sont désormais sans ordre politique et social autre que la criminalité organisée. Les disparités sociales croissantes, les effondrements écologiques et les conflits violents qui ont jalonné mon enfance ont abouti à l'apartheid planétaire d'aujourd'hui. Les forteresses où résident puissants et riches les protègent peut-être des guerres civiles de ces derniers temps, elles ne les abritent pas de la pollution atmosphérique, des ouragans ou des toxines. Je n'ai ni le goût ni les moyens d'habiter dans l'un des quartiers fortifiés de Londres. J'ai trouvé un deux-pièces dans un îlot encore calme près de Camden Town, bien qu'un smog vicieux et persistant me pique les yeux et la gorge chaque matin. Je cherche déjà à déménager, mais pour aller où ?

Le GEO-6. Plutôt que de réfléchir devant les graphiques les plus significatifs de la dégradation biophysique de la Terre, il faut que je relise mes notes de voyage de l'an dernier lorsque je fus missionné par l'OME et contraint de faire un tour du monde pour rencontrer les scientifiques des centres coopérateurs de GEO-6 et les presser de rendre leur copies.

Nairobi, 10 septembre 2021

Lors de sa fondation, en 2012, l'OME avait encouragé la création d'une Commission pour l'environnement en Afrique (CEA). Celle-ci est née l'année suivante comme un dernier espoir de sauver quelques écosytèmes de sous-régions du continent, voire de réduire la dégradation des sols due à l'érosion hydrique et à l'agriculture intensive. La CEA fut munie, sur le papier, de larges pouvoirs de police et d'un organe de coercition capable d'infliger des sanctions aux États qui ne tiendraient pas leurs engagements environnementaux. Elle disposait initialement d'un fonds de financement abondé par les États-membres et son statut juridique devait garantir son indépendance politique. Dès mon arrivée à Nairobi, siège de la CEA, j'ai constaté l'impuissance de la Commission dont le misérable budget n'est plus financé que par des donateurs privés soucieux de leur environnement immédiat. Les nationalismes ont découragé les ingénieurs et techniciens de terrain qui envisageaient des programmes et des actions transfrontières, fondés sur les bassins versants des fleuves. La souveraineté pitoyable des États – si l'on peut encore parler d'États dans ces zones dévastées par les guerres, les maladies et la pollution – a eu raison de la CEA qui, par ailleurs, ne voit plus rien venir des pays du Nord.

Dans les années 2015, la CEA a tenté de mettre en culture de vastes surfaces de terres arables autrefois stérilisées par la salinisation, l'érosion éolienne ou hydrique, notamment en protégeant les espaces les plus fertiles destinés à l'alimentation de l'élite. Mais la plus grande partie des terres, propriété des riches africains, a vu affluer des cortèges de sans-terre qui ne parviennent pas à tirer de la culture ou des pâturages les moyens de leur subsistance. Des forêts entières ont été converties à l'agriculture productiviste transgénique sans beaucoup de succès, tandis que d'autres disparaissent par surexploitation au bénéfice des trafiquants à l'exportation. Ainsi l'Afrique du Nord (hors Soudan) n'a plus de forêt naturelle, les sous-régions bordant l'océan indien occidental en ont perdu la moitié depuis trente ans, et l'Afrique australe les trois-quarts. Ce qui reste (pour combien de temps ?) est régulièrement utilisé par les pauvres comme combustible ou matériau de construction.

Cette surexploitation, aggravée par l'expansion des infrastructures et les changements climatiques, a fragmenté ou détruit les habitats de la biodiversité. La vieille Convention sur le commerce international des espèces de faune et de flore sauvages menacées d'extinction (CITES), officiellement toujours en vigueur, est en réalité vide de sens ici. Seules quelques zones stratégiques de loisirs pour privilégiés sont protégées par des armées privées.

Malgré le paludisme, le sida et les conflits meurtriers, la population de l'Afrique augmente encore et, avec elle, la demande d'eau dans la région. Cette demande a presque doublé depuis le début du siècle en Afrique subsaharienne. Cependant, en dehors des îlots de prospérité, aucun contrôle de potabilité n'est possible, et la pollution entraîne la mort de millions de personnes victimes d'épisodes de diarrhée. Quand il y a de l'eau disponible. Car la pénurie frappe toutes les sous-régions, surtout l'Afrique du Nord, très aride, et le bassin du Haut-Nil. On meurt aussi de faim en Afrique, 50 % de plus qu'en 2002.

Bagdad, 21 septembre 2021

À regret, j'ai dû quitter précipitamment le Kenya pour profiter d'une livraison de kérosène à Nairobi et d'un vol exceptionnel vers Bagdad. Les signes de la longue sécheresse subie par l'Asie occidentale à la fin des années dix étaient déjà perceptibles quinze ans auparavant par la baisse régulière des principaux aquifères. On le savait déjà en 2012, cette région du monde est celle qui manque le plus d'eau. Cela s'est aggravé. Les conflits israélo-palestiniens, l'occupation disputée du plateau du Golan, l'absence de planification régionale des ressources en eau aboutissent aujourd'hui à une guerre ouverte pour le partage de l'eau.

La famille conservatrice saoudienne, incapable de régler ses problèmes internes de succession, a été renversée par une opposition islamique radicale, encouragée par les vieux cléricaux et soutenue par les officiers supérieurs de l'armée. L'intégrisme rigoureux a enfermé les femmes et incité les cadres et leur famille à l'exode, favorisant l'essor d'une économie souterraine de survie aux coupures d'eau.

L'agriculture irriguée se heurte à l'utilisation domestique de l'eau potable. Plus riches du fait de la rente pétrolière due à la hausse des cours du baril après le passage du pic de Hubbert, les pays de la péninsule arabique deviennent tributaires du dessalement et parviennent à importer massivement des denrées alimentaires, à la différence du Machrek et du Yémen démunis dans lesquels s'accroissent la faim, la pauvreté, la maladie. Même le refroidissement des centrales thermiques participe au stress hydrique. La désertification et la détérioration des ressources biologiques ont raison de nombreuses espèces animales aux habitats détruits ou victimes d'une chasse excessive. L'introduction d'espèces exogènes invasives, non réglementée, se révèle néfaste aux espèces indigènes et accélère leur disparition. L'exode rural et l'accroissement du nombre de réfugiés de la faim et du climat accompagnent une urbanisation rapide non planifiée (en trente ans, doublement des superficies construites). La pollution atmosphérique et la production de déchets débordent les capacités misérables des services de santé, réseaux d'assainissement et autres infrastructures de base.

New Delhi, 28 octobre 2021

Il m'a fallu plus de quinze jours de voyage terrestre dans des conditions pénibles et dangereuses pour rejoindre New Delhi où j'ai rencontré mon amie Vandana Agarval. Elle avait rédigé en 2018 un rapport sur la contamination généralisée des eaux de surface et des eaux souterraines dans la région Asie-Pacifique. Son analyse fut considérée comme un modèle de raisonnement systémique écologique, contredisant le productivisme. En résumé, écrivait-elle, l'accroissement rapide de la population et de l'urbanisation de cette région dans les quinze premières années du vingt-et-unième siècle entraîna une forte demande d'aliments et de logements conduisant à une agriculture productiviste intensifiée, chimique et irriguée, et à des constructions anarchiques sans assainissement adéquat. Le dépassement des capacités d'absorption des écosystèmes aquatiques par d'énormes quantités d'azote et de composés organiques provenant des déchets urbains non traités eut pour résultat une pollution chronique et croissante des eaux de surface. Les eaux souterraines, de plus en plus sollicitées, furent à leur tour polluées par le ruissellement des engrais, des pesticides et des toxiques de l'industrie qui se concentraient d'autant plus vite dans les eaux restantes, tandis que l'eau salée remplaçait l'eau douce dans les zones côtières de la région, victimes de la montée du niveau des mers.

L'obsession sécuritaire qui règne là-bas n'a pas permis à la coopération régionale ou internationale de réglementer l'utilisation des engrais et des phytosanitaires. Derrière leurs remparts, les nantis chinois et indiens du littoral font dessaler l'eau de mer par des usines fonctionnant au charbon. La consommation charbonnière de ces deux grands pays a plus que doublé depuis l'an 2000, conduisant à épaissir et à étendre encore l'immense nuage brun de poussières qui flotte sur l'Asie du Sud et du Sud-Est et sur la zone tropicale de l'océan indien. En trente ans, les émissions de dioxyde de soufre et d'oxydes d'azote ont triplé dans toute la région Asie-Pacifique, faute d'investissements en efficacité énergétique et d'accords sur les normes d'émission. Les scientifiques engagés dans le programme ABC (*Asian Brown Cloud*) ont montré que le nuage a détraqué le mouvement des moussons et le profil vertical de la température de l'atmosphère. La quantité de lumière solaire atteignant le sous-continent indien a baissé de 25 % depuis 1990. Ces informations constituent des nouvelles catastrophiques pour la santé humaine et la diversité biologique. Les maladies thoraciques et les affections respiratoires explosent, de même que la mortinatalité et l'insuffisance pondérale à la naissance.

Je me souviens d'un article publié dans *Le Monde Diplomatique* il y a deux ans à propos de la surexploitation des ressources halieutiques régionales par les pêcheries industrielles indiennes. L'actualité lui a donné raison. Les stocks de poissons se sont écroulés. À Delhi, j'ai assisté en direct à une manifestation des marins-pêcheurs au chômage rejoints par une masse de miséreux estimée à plus de deux millions de personnes. Sans résultat économique pour eux. Le poisson est désormais un produit de luxe issu des aquacultures privées entretenues par des groupes criminels fortement armés, au profit d'une minorité urbaine aisée affichant sa santé liftée à la télévision. Écœurant, quand on sait qu'un milliard de traîne-misères des estuaires et des côtes n'avait que le poisson comme source primaire de protéines.

Faute de pouvoir aller en Chine, j'ai recueilli quelques informations parcellaires auprès de géographes amis de Vandana sur la situation dans ce pays. Alors qu'à la fin du siècle dernier la population chinoise était rurale à 70 %, elle était urbaine à 60 % en 2020 (nous n'avons pas de chiffres plus récents). Difficile d'imaginer l'impact des migrations internes de centaines de millions de personnes ! Les illusions d'une vie urbaine plus facile et de meilleurs revenus se sont vite dissipées au contact des bidonvilles surpeuplés. Le gouvernement chinois, pris de panique par de tels mouvements et obsédé par la sécurité, organisa « l'excursion sibérienne ». Il s'agit d'un programme d'incitation à l'émigration massive de Chinois vers certaines zones de Sibérie dont les terres se réchauffent sous l'effet du changement climatique et deviennent ainsi plus facilement cultivables. De plus, les entreprises extractives japonaises et américaines, déjà en place, accueillent favorablement cet afflux de main d'œuvre bon marché. En dix ans, plus d'un millier de villes à majorité chinoise ont ainsi poussé en Sibérie du Sud-Est, au Nord de la péninsule de Vladivostok. Le gouvernement russe, peu préoccupé au début de cette excursion, s'inquiète maintenant des trafics de bois, de minerais et de pétrole qui s'écoulent de cette sous-région vers la Chine. D'autant que l'administration même de ces flux est de plus en plus contrôlée par les Chinois. Les mouvements nationalistes russes, qui hurlent à « l'abandon de souveraineté » et à la « Sibérie perdue », ont contraint le gouvernement à dépêcher l'armée en Sibérie. De son coté, me dit-on, le gouvernement chinois a envoyé des unités de l'armée en Sibérie et bloque le trafic ferroviaire russe vers Vladivostok. Ça sent la guerre.

Santiago, 14 novembre 2021

J'ai profité de l'opportunité d'un cargo en partance de Delhi pour rejoindre mes correspondants écologues de l'université du Chili, à Santiago. Hélas, ces scientifiques n'ont pratiquement plus les moyens de leurs recherches depuis la profonde récession de 2019 dans les pays du Nord, dix ans après celle de 2008-2009. Un exemple remarquable des mécanismes spéculaires d'emballement puis d'effondrement des marchés : au début du siècle, les professionnels de la finance étaient presque tous inconscients de la gravité du risque climatique, de la raréfaction du pétrole et de la quantité des pertes économiques dues aux « catastrophes naturelles » (d'origine humaine en fait). Cependant, en 2012, cette quantité fut estimée à 250 milliards d'euros annuels, puis à 500 milliards en 2015 et 700 milliards en 2018 (dernier chiffre officiel connu : 900 milliards en 2021). Mais les ONG ont toujours contesté ces chiffres qu'elles estiment être grossièrement sous-évalués d'un facteur dix ! Pendant la même période, les gouvernements des pays de l'ONU peinèrent à établir un cadre international stable et rigoureux après l'échec de la première période de réduction des gaz à effet de serre selon le Protocole de Kyoto en 2012. Cette incertitude politique, accompagnée d'une incertitude comparable quant au développement mondial de l'efficacité énergétique et des énergies renouvelables, découragea longtemps les institutions financières de s'engager elles-mêmes. Cependant les assurés – particuliers, entreprises, collectivités – réclamaient l'indemnisation des dégâts causés à leur santé ou à leurs biens. Au fur et à mesure que les compagnies d'assurance et de réassurance restreignaient l'éventail des risques garantis, ou que les plus faibles d'entre elles disparaissaient sous l'insolvabilité, le marché financier des actions de ces compagnies entra dans un questionnement stratégique sur la viabilité de ce secteur et commença à se défier de ces placements. La défiance se généralisant en 2019, les investisseurs fondèrent leurs interventions sur l'opinion moyenne de leurs collègues et revendirent précipitamment leurs actions des sociétés d'assurance et de réassurance. La chute des cours se propagea aux actions des entreprises d'autres secteurs industriels jugés à risque, jusqu'au krach boursier.

Cette crise financière prolongée s'est répandue rapidement ici lorsque les investisseurs internationaux ont inversé les flux de capitaux Nord-Sud en rapatriant brutalement leurs actifs. Les gouvernements de la région Caraïbes et Amérique du Sud ont dû réduire leurs budgets sociaux et environnementaux déjà bien entamés par la corruption, les importations ont baissé, mais les exportations de l'économie mafieuse ont progressé par l'intensification de l'exploitation des matières premières pour obtenir quelques recettes supplémentaires. Les centres des mégapoles sud-américaines se vident maintenant de leurs chômeurs désespérés, cherchant à la périphérie des échappatoires à la vie sordide dans les favelas surpeuplées. Mais quels choix ont-ils ? Grossir les rangs des sans-terre brésiliens récemment massacrés par les milices des propriétaires ? Errer aux alentours des décharges urbaines en s'exposant aux maladies infectieuses ? Ou rejoindre les rangs des kidnappeurs professionnels guettant les enfants des hommes d'affaires retranchés dans les buildings sécurisés de Rio ? Cela me fait penser à la lagune de Tijuca que mon grand-père m'avait dit avoir visitée pendant le Sommet de la Terre en 1992. Après renseignement, cette mangrove ainsi que les palétuviers plantés par mon grand-père à l'époque ont disparu sous les ordures. Plus généralement, la région sud-américaine est contrôlée par quelques sociétés transnationales dédiées à l'exploitation et au commerce du bois tropical. Les indiens de l'Amazonie résistent violemment au déboisement de leur forêt, mais les nouveaux immigrants sont toujours plus nombreux à s'engager dans l'élevage à grande échelle et les cultures industrielles. La zone franche de Manaus concentre 90 % de la richesse produite par l'état d'Amazonie, mais le taux de chômage frise les 50 % pour un total de trois millions d'habitants. Ex-paysans, *seringueiros* désœuvrés, indiens acculturés, enfants des rues se côtoient dans ce qui n'a finalement jamais été la capitale de l'Amazonie. Depuis l'âge d'or du caoutchouc naturel, les habitants se sont toujours plaints de la chaleur et des moustiques. Manaus est une île off-shore dans un océan de végétation livrée aux coupes massives.

Les données scientifiques sur la région sont peu fiables et partielles, au dire des écologues de Santiago. Sans liaison informatique régulière avec leurs collègues des autres centres sud-américains de coopération, ils parviennent difficilement à établir et à mettre à jour avec précision les indicateurs que leur impose la charte méthodologique de l'OME. Néanmoins les tendances sont avérées : déboisement net et dégradation des terres arables, sécheresse aggravée et augmentation du nombre de foyers de désertification, forte croissance démographique, expansion urbaine incontrôlée (les zones construites de la région recouvrent 17 % de la superficie terrestre de la région, un doublement en trente ans), destruction des écosystèmes et extinction massive des espèces. Seuls les bunkers des privilégiés bénéficient d'un accès à l'eau potable, à l'assainissement et aux services de santé, tandis que la grande majorité des populations urbaines souffre de la mauvaise qualité de l'eau, de l'absence de traitement des déchets solides et de la pollution atmosphérique, notamment dans les petits pays et les îles des Caraïbes. Ainsi, l'élévation de la température moyenne a, semble-t-il, favorisé une épidémie de grippe tropicale (la dengue) due à la prolifération de certains moustiques en Jamaïque. La contamination s'est étendue à toute la sous-région, provoquant la fuite des résidents fortunés, puis de violents mouvements de protestation qui firent tomber la moitié des faibles gouvernements des pays et territoires caraïbes.

San Diego, 2 décembre 2021

Miraculeusement, le même cargo qu'au départ de Delhi (lié au cartel de la cocaïne ?) m'a permis de rejoindre San Diego. L'université de Californie du Sud est ensoleillée et délabrée, les écureuils et les moufettes y gambadent librement. Cependant, nos correspondants scientifiques analysent toujours les effets écologiques de la longue période de chaleur sèche qui frappe le milieu du continent nord-américain depuis dix ans, ce que les modèles du changement climatique avaient prévu dès le début du siècle. Le niveau des lacs et des cours d'eau a diminué, alors qu'augmente la demande pour l'irrigation. Cercle vicieux. Pour satisfaire les couches supérieures de la population urbaine, des groupes industriels étasuniens et canadiens se disputent sauvagement les projets de transfert au loin de l'eau des Grands Lacs. Mais le lobby paysan s'y oppose et conteste radicalement la réforme du soutien à l'agriculture du Middle West et des subventions pour l'eau. Les États-Unis et le Mexique entrent en conflit sur le partage et le détournement des eaux communes. Le stress hydrique provoque la chute des exportations agricoles américaines et le renchérissement de ces produits sur le marché mondial entraîne pénuries, tensions géopolitiques et violence. Certains économistes d'aujourd'hui, remontant la succession des causes, considèrent que le début de l'assèchement de la zone centrale de la région vers 2013 est à l'origine de la récession mondiale de 2019 dont j'ai décrit quelques effets en Amérique du Sud, dans ma note précédente. Tout se tient, en partant des grands cycles naturels.

Malgré les avertissements des savants dès la fin du siècle dernier, les États-Unis, isolationnistes, ont continué leur politique de transports basée sur les véhicules à moteurs thermiques, bien que de cylindrée plus faible qu'auparavant. Les carburants automobiles représentent la plus grande part de la consommation totale d'énergie du sous-continent et les émissions s'élèvent à 2 000 millions de tonnes de carbone par an (+25 % depuis l'an 2002). Les ressources naturelles de l'Alaska, rendues plus accessibles par l'allongement des périodes de climat tempéré, sont intensément exploitées. Pourtant, le gallon de carburant est en hausse continue depuis que les marchés ont intégré le déclin de l'extraction à bas coût dans les pays du Golfe persique, et cette augmentation du prix à la pompe modère la consommation des plus pauvres. Mais ce facteur économique ne suffit pas à compenser l'impact global de l'expansion démographique et le développement tentaculaire des villes. Dans ces immenses zones urbaines à faible densité de population, sans transports publics dignes de ce nom, presque tout le monde est tributaire de la voiture. Comme je l'ai constaté ailleurs, la demande de sécurité a fait émerger des polices privées et des services armés de gardiennage dans des centaines de groupes de résidences à accès restreint. C'est dire la mentalité de la *upper middle class* américaine qui considère le monde hors-USA comme un espace de barbarie, allant même jusqu'à convaincre le nouveau président de construire un bouclier électronique terrestre autour du territoire national pour détecter tous les mouvements migratoires. Cette xénophobie sécuritaire produit l'effet inverse de son objectif affiché en augmentant la polarisation sociale et le racisme à l'intérieur du pays qui conduisent ainsi de nouvelles recrues dans les groupes terroristes.

Le Canada aussi joue au développement non durable pour son compte : croissance des industries extractives, de l'hydroélectricité massive, de la mise en activité des gisements de gaz et de pétrole, construction de routes dans les forêts (Yukon, Québec). La biodiversité terrestre est en réduction partout. Dans les océans de la région, en revanche, on a cru longtemps que la température de l'eau s'élevant plus lentement, les ressources de la mer seraient préservées, voire augmentées. Mais les conflits internationaux au sujet du partage de ces ressources, vieux comme les disputes pour la morue avec les terre-neuvas d'antan, ont en réalité des conséquences négatives sur les écosystèmes marins et l'économie du secteur de la pêche.

Le Canada accompagne les États-Unis dans le repli sécuritaire. Les idéaux démocratiques sont oubliés au profit d'une demande d'ordre autoritaire qui se manifeste par l'abandon des programmes fédéraux d'aide sociale et la mise en place de circuits protégés d'intérêts économiques, environnementaux et sanitaires au profit d'une surclasse mondialisée.

Copenhague, 5 janvier 2022

Avant de rentrer à Londres, je suis allé recueillir les témoignages des experts de l'Agence européenne pour l'Environnement, à Copenhague. Leur premier sujet d'inquiétude n'est pas européen ! C'est l'effondrement du stock de krills dans la sous-région antarctique. Bien sur, les navires-usines ont depuis longtemps exploité les zones de pêche. Mais s'y ajoutent désormais de façon prépondérante les effets sur la dynamique démographique du krill des variations importantes de la géométrie de la calotte glaciaire (plus massive et plus épaisse grâce aux précipitations croissantes, mais dont certaines parties se détachent, comme la plateforme Larsen il y a trente ans) et de l'augmentation du rayonnement ultraviolet dû à l'appauvrissement de la couche d'ozone. Toute la chaîne des prédateurs supérieurs est évidemment perturbée. Les oiseaux, les phoques et les cétacés se reproduisent plus difficilement, et les satellites ont aussi observé le déclin des stocks de poissons et de calamars. Les plus faibles des entreprises de pêche ont disparu. Les arrangements internationaux pour gérer les ressources halieutiques ont échoué. L'extinction des espèces charismatiques telles que les pingouins, les phoques et les baleines est en cours.

Nos savants de l'Agence européenne se lamentent d'impuissance depuis que les traités internationaux et le régime juridique qui protégeaient l'Antarctique et la haute mer ont disparu de fait. Les rivalités entre les États gestionnaires de la sous-région et entre les puissantes entreprises de commerce n'ont abouti qu'à un compromis instable d'exploitation de l'Antarctique comme concession commune.

La situation écologique de l'Arctique n'est pas meilleure et se complique des revendications justes mais ignorées des peuples autochtones. Le Conseil de l'Arctique a bien tenté d'organiser le dialogue entre les multinationales et les peuples en établissant des accords légalement contraignants du type droit d'exploitation des ressources contre redevances et création d'emplois durables. Ce fut un marché de dupes. L'élite affairiste des États-Unis, du Canada, de la

Russie et des pays nordiques exploite sans scrupule ce qui reste de ressources (pétrole, gaz, minéraux), avec la complicité de certaines organisations des communautés locales alliées aux multinationales. Les populations découragées assistent à l'augmentation des concentrations de polluants chimiques issus d'autres régions de la planète. Le monde circumpolaire est fragmenté par les égoïsmes des pays septentrionaux qui abrogent unilatéralement les droits de pêche de tous les autres pays. Les populations d'animaux et de plantes endémiques ont considérablement diminué depuis trente ans, en raison de la détérioration et de la fragmentation des habitats. S'y ajoute même l'apparition d'espèces exotiques opportunistes qui parviennent à survivre dans ce climat plus chaud (+ 4 °C par rapport à la moyenne 1961-1990 !) en envahissant les niches.

Les fonctionnaires de l'Agence européenne de l'Environnement ont finalement abordé l'Europe : « *La situation est désastreuse, mais moins effroyable qu'ailleurs* » m'ont-ils avoué comme pour me rassurer.

Les difficultés économiques chroniques qu'endurent les populations des pays d'Europe centrale et orientale produisent paradoxalement un résultat modérateur des émissions de gaz à effet de serre de l'Union européenne (néanmoins en hausse d'un tiers par rapport au niveau de 2002 pour l'ensemble Europe + Asie centrale (sans la Turquie) à hauteur de 2 300 millions de tonnes de carbone). L'utilisation des sols et le régime des échanges agricoles ont fait peu de progrès, toujours marqués par la recherche productiviste du rendement, sans développement sensible de l'agriculture biologique. Malgré l'amélioration des techniques et de meilleures pratiques de gestion, la demande totale d'eau dans l'agriculture augmente alors que le stress hydrique sévit dans plusieurs zones. La directive-cadre sur l'eau et les accords relatifs aux mers régionales ne sont pas parvenus à éviter les conflits d'accès et d'utilisation, d'autant moins que l'eau est souvent contaminée par des activités industrielles peu contrôlées et qu'aucun gouvernement ne veut assumer les conséquences environnementales des politiques laxistes du passé. Le développement des infrastructures, notamment les complexes touristiques baltes et adriatiques, réduit encore la diversité biologique. Les rennes et les loups ont disparu, ainsi que de nombreuses espèces d'insectes et de plantes que l'on trouvait encore dans les fermes au début du siècle. Le projet Natura 2000 et les réseaux de corridors verts ont échoué.

Mais le plus préoccupant demeure la gestion politique de la grave panique alimentaire qui a ébranlé l'Europe à une échelle autrement plus grande que les crises de l'encéphalite spongiforme bovine (ESB) dans les années 1990. La maladie et la mort ont frappé les enfants sur tout le continent pendant plus d'un an jusqu'à ce que le phénomène soit élucidé : les changements climatiques avaient favorisé l'apparition et la dissémination d'un champignon présent dans de nombreuses céréales ; celui-ci produit une microtoxine peu commune qui empoisonne les organismes fragiles. La consommation de pain s'est arrêtée brutalement, provoquant de violentes réactions des artisans-boulangers. Pendant l'année noire de la panique, les gouvernements sécuritaires, dans l'incertitude des causes, ont attribué la crise alimentaire au terrorisme biologique et décrété l'état d'urgence. La psychose s'est élargie en xénophobie contre les immigrants considérés comme vecteurs potentiels de virus exotiques. Les embargos croisés entre pays de l'Union ont exacerbé les différents commerciaux intraeuropéens et renforcé le fantasme de l'invasion islamique venue du sud méditerranéen. Les partis d'extrême droite ont rassemblé des suffrages comme jamais et imposé aux parlements de plusieurs États-membres de voter le rétablissement des frontières intérieures et d'autres mesures de sécurité policières.

Londres, le 23 mars 2022

Dès mon retour à Londres, deux mois avant la présentation publique du long rapport GEO-6, j'ai proposé au directeur exécutif de l'OME un bref communiqué qui résumait les informations que j'avais rapportées du monde entier. Après acceptation, il fut diffusé hier à la presse :

OME. Londres. 22-03-22. La moitié des sept milliards d'habitants de la planète souffre de pénurie d'eau. Deux milliards d'entre eux n'ont pas accès à l'eau potable et sont menacés par le paludisme qui a tué trois millions de personnes en 2021. Les deux tiers des espaces naturels émergés abritant la faune et de la flore sauvages sont détruits, fragmentés ou perturbés au profit des villes, des routes, des lignes électriques, des aéroports et autres grandes infrastructures. Un quart des espèces de mammifères et plus de mille espèces d'oiseaux ont disparu depuis l'an 2000. Les forêts anciennes ont encore perdu un tiers de leur surface en trente ans, tandis que les zones humides, où naissent les alevins et nichent les oiseaux migrateurs, sont corrompues par la pollution. L'érosion des sols, l'accumulation de sel par irrigation excessive, la dégradation chimique ont rendu inutilisable une grande partie des terres agricoles. L'accumulation de gaz à effet de serre, provenant notamment de la combustion des combustibles fossiles, entraîne désormais des changements climatiques à aléas violents (tempêtes, inondations, sécheresses) pour un coût annuel de plus de 1 000 milliards d'euros (10 000 milliards selon les ONG). L'organisation politique et sociale s'est effondrée dans la moitié des pays du monde.

Index

CRÉDITS PHOTOGRAPHIQUES

9 : Réa/Jonas Hamers ; **10** : Akg-images/Carl-W. Röhrig ; **12** : Collection Christophel ; **15** : Akg-images/Schütze/Rodemann ; **19** : ANA/Jean-François Rollinger ; **21** : Biosphoto Boonsiri/Unep/Still Pictures ; **23** : RMN/Bulloz/Mouvement cosmique de Jean Crotti, 1921, © Adagp Paris 2009 ; **24** : Eyedea/Enzo Signorelli/Gamma ; **27** : Rue des Archives/BCA ; **29** : The Bridgeman Art Library/Collection © DACS ; **32** : Cosmos/Dennis Van Tine/LFI ; **35** : Iconovox/Honoré ; **38** : Rue des Archives/Mary Evans ; **41** : Photononstop/Joan Costa/Anzenberger ; **42** : Cosmos/Chris Butler/SPL ; **45** : MaxPPP ; **49** : Picturetank/Alain Le Bacquer ; **52** : CITimages/Eric Chauvet ; **54** : ASK images/G. Hagen/VISUM ; **57** : The Bridgeman Art Library ; **60** : The Bridgeman Art Library ; **62** : Cosmosphotos/EYE OF SCIENCE/ Oliver Meckes ; **65** : Picturetank/Aldo Sperber ; **70** : Agence Bernand/Pascal Gely ; **73** : Andia.fr/Laurent Caro/Belpress ; **75** : hemis.fr/Christian HEEB ; **79** : Rue des Archives/Mary Evans ; **83** : Kobal Collection/ Sogecine/ Canal + ; **87** : Agence VU/Emmanuel Pierrot ; **88** : Gamma/Eric de Mildt/KPA ; **91** : Cosmos/Peter Essick/Aurora ; **93** : Hoa-Qui/Nick Verdros/Age Fotostock ; **96** : Agence VU/Lars Tunbjork ; **99** : ArtComArt/Victor Tonelli ; **102** : Rue des Archives/BCA ; **106** : Rue des Archives/BCA ; **109** : Agence VU/Quentin Bertoux ; **111** : Œil Public/Philippe Brault ; **115** : Rue des Archives/BCA ; **119** : Œil Public/Johann Rousselot ; **123** : Agence VU/Bernard Faucon ; **125** : Altitude/Yann Arthus-Bertrand ; **129** : Rue des Archives/BCA ; **133** : Jupiterimages/Ingram Publishing ; **136** : Iconovox/Honoré ; **138** : The Bridgeman Art Library/Tamas Galambos ; **141** : Fedephoto/Cyril Biton ; **143** : Picturetank/Philippe Lesprit ; **145** : Agence REA/Izzet Keribar/IML ; **148** : CIT'en scène/Cécile Ossieux ; **151** : Œil Public/Stéphane Remael ; **153** : Arman, *La poubelle de Bernard Venet*, 1970, © Adagp, Banque d'Images, Paris 2009/photo : François Fernandez ; **157** : Eyedea/Dinodia/AGE/Fotostock ; **160** : Agence REA/Malosio/Fotogramma/ROPI ; **163** : Eyedea/François Ancellet/Rapho ; **165** : Agence REA/Ludovic ; **169** : Altitude/Yann Arthus-Bertrand ; **173** : Getty/Cristian Baitg ; **177** : Cosmos/Peter Menzel ; **180** : Picturetank/Aldo Sperber ; **185** : © Archives Alinari, Florence. Dist RMN/Fratelli Alinari/*La Voix des airs* (1924-1930) de René Magritte, © Adagp Paris 2009 ; **188** : Œil Public/Johann Rousselot ; **191** : Rue des Archives/BCA ; **194** : Franck Duval, voitures 2001/ © Adagp, Banque d'Images, Paris 2009 ; **197** : Urba Images Server/Danger/*Chat à vélo*, d'Alain Séchas à Bruxelles, © Adagp Paris 2009 ; **200** : Rue des Archives/BCA ; **203** : Eyedea/All over press Norway/Gamma ; **206** : Agence VU/Lars Tunbjork ; **208** : Roger-Viollet/Colette Masson ; **211** : Rue des Archives/Suddeutsche Zeitung ; **214** : Cartoon Courrier International/Larry Wright ; **219** : Agence VU/Ouka Leele ; **223** : Globepix/Henri Behar ; **225** : Andia.fr/Barthe ; **228** : Agence VU/Quentin Bertoux ; **231** : Rue des Archives/Varma ; **233** : Rue des Archives/United Archives ; **237** : Guinebault Jean-Michel, *Eve- 23 ans ; où est-il le jardin d'Eden ?/* © Adagp, Banque d'Images, Paris 2009 ; **241** : Iconovox/Tweed ; **244** : Picturetank/Aldo Sperber ; **248** : Iconovox/Lasserpe ; **254** : Eyedea/Springer/Gamma N-Y ; **258** : Roger-Viollet/Jean-Pierre Couderc ; **263** : Photo12.com/ARJ/César Baldaccini, Compression, 1972, © Adagp, Paris 2009 ; **265** : Picturetank/Aldo Sperber ; **268** : Collection Dagli-Orti ; **273** : Gamma/Mark Shenley/Camera Press ; **276** : Agence REA/Jess Hurd/Report Digital ; **283** : Rue des Archives/Agip ; **287** : Philippe Bruneteau, Faim du monde, 1999, © Adagp, Banque d'Images, Paris 2009/cliché de l'auteur ; **291** : Fedephoto/Pascal Bastien.

Imprimé en France par I.M.E - 25110 Baume-les-Dames
Dépôt légal : février 2009
4150005/01